D0443528

Graded French Reader

Graded French Reader

Première Étape

FOURTH EDITION

Camille Bauer
BROWN UNIVERSITY

D. C. HEATH AND COMPANY
Lexington, Massachusetts Toronto

Nous remercions messieurs les éditeurs qui ont bien voulu nous autoriser à reproduire les textes parus chez eux.

p. 149 *L'Anglais tel qu'on le parle* de Tristan Bernard. Reproduit avec la permission de la Librairie Théâtrale.

p. 261 "Pourquoi personne ne porte plus le caïman pour le mettre à l'eau," de Blaise Cendrars de *Petits contes nègres pour les enfants des blancs*. Reproduit avec la permission de Editions Denoël.

Cover: *"Bords de Loire, Le Concert, Paris"*, Cluny Museum/Giraudon/Art Resource

Illustrations: Linda Wielblad

Published simultaneously in Canada.

Printed in the United States of America.

International Standard Book Number: 0-669-12919-4
Library of Congress Catalog Card Number: 86-81281

Preface

Graded French Reader, Première Étape, offers present-day students a solid, yet enjoyable method for learning the French language. Simplified stories from different periods of French literature provide successful reading experiences, while the varied learning activities promote communicative skills and reinforce basic structures and vocabulary.

Organization

The text is divided into four parts. Part 1 contains a single story, *Dantès,* written almost entirely in the present tense. Although this selection has been edited and simplified to minimize linguistic problems, it still retains its flavor and authenticity.

Part 2 consists of another single selection, *Les Chandeliers de l'Evêque,* which follows the original text within the framework imposed by structural and vocabulary limitations. This story further expands the study of structures and vocabulary usage.

Part 3 contains *L'Anglais tel qu'on le parle.* This one-act play is designed to introduce students to everyday conversational French, while presenting no complex grammatical structures.

Part 4 consists of five tales reprinted in their original version with very minor modifications. In these tales, grammatical structures presented in previous selections are reviewed and the *passé simple* is introduced.

Exercises

The exercise section that accompanies each reading selection is an important feature of the *Première Étape.* Each exercise section begins with reading comprehension exercises. These in turn are followed by vocabulary-building exercises, which require students to use creatively all of the important words and expressions that have been presented in the selection.

Graded French Reader, Première Étape, is unique because in addition to structural exercises, brief grammatical explanations review the basic structures that appear in each reading selection. Other important features are the Writing Practice and the Review Exercise, which enable students to use the vocabulary and grammar previously learned.

The Communicative Activity at the end of each section contains topics that students can discuss in small groups, permitting them to develop oral skills as well as confidence in speaking French.

Contents

PART I

Dantès Alexandre Dumas 3

PART II

Les Chandeliers de l'évêque Victor Hugo 85

PART III

L'Anglais tel qu'on le parle Tristan Bernard 149

PART IV

Aucassin et Nicolette Anonymous 199
La Belle et la bête Mme Leprince de Beaumont 219
Le Chat botté Charles Perrault 249
Pourquoi personne ne porte plus le caïman pour le mettre à l'eau Blaise Cendrars 261
La Belle au bois dormant Charles Perrault 267

Vocabulary 285

PART I

Part I contains one selection, *Dantès*. It is an episode taken from the world-famous adventure classic *Le Comte de Monte-Cristo*, by Alexandre Dumas (1802–1870). Its universal appeal derives from the suspense of the narrative and the portrayal of imaginative and vibrant heroes. *Dantès* is the story of an innocent sea captain, thrown into the infamous prison of the Château d'If, off the harbor of Marseille. It describes the young man's despair turning into hope when he meets another prisoner who is trying to escape by digging a tunnel.

Many difficult words have been eliminated from the story and a great majority of the verbs appear in the present tense. New words and expressions appear as footnotes at the bottom of the page where they first occur. All new words and expressions appear in the story at least twice.

STUDY AIDS

The following suggestions will help you in your reading of the selections and in preparing for class activities.

1. Glance over the vocabulary exercises before reading the story. The main purpose of the vocabulary section is to drill and reinforce new words and idiomatic expressions that may present difficulties. It will also help you to understand the meaning of a new word because it often appears in a cluster of other words to which it is thematically related, thus making it possible to do some intelligent guessing.
2. Be sure to review the following grammar points at the end of the selection: the use and position of pronouns and adverbs;

the use of the imperative, the subjunctive, the present tense, the immediate past, and the **passé composé.**

Exercises reinforcing these grammar points appear at the end of the selection. Irregular verb forms will be included in the end vocabulary.

3. Try to guess the general meaning of each sentence before you verify your understanding by means of the footnotes and vocabulary. Read the story a second time with the aid of the footnotes when necessary. Try to recall the main ideas in the selection.
4. The *Communicative Activity* will allow oral self-expression. In preparing for class discussion either in groups or individually, it will help to: a) write down your thoughts on the topic you have chosen for discussion; and b) practice aloud several times in order to improve your oral skills. If you own a cassette recorder, it would be an excellent idea to tape your oral presentation. In listening to yourself, you will be able to evaluate both the improvement of your spoken French, and your effectiveness in getting a message across.

Dantès

ALEXANDRE DUMAS

1. M. L'INSPECTEUR FAIT SES VISITES

Le 30 juillet[1] 1816, M. l'inspecteur général des prisons de Sa Majesté Louis XVIII[2] visite, l'une après[3] l'autre, les chambres du Château d'If.[4] Il demande[5] aux prisonniers si la nourriture[6] est bonne, et s'il y a[7] quelque[8] chose[9] qu'ils désirent.

L'un après l'autre, les prisonniers lui répondent[10] que la nourriture est détestable et qu'ils désirent leur liberté.

L'inspecteur général leur demande s'ils n'ont pas autre chose[11] à lui dire.

Ils ne répondent pas. Quand[12] on est prisonnier, peut-on désirer autre chose que la liberté?

L'inspecteur se tourne et dit au gouverneur de la prison qui l'accompagne:

—Je ne sais pas pourquoi[13] je fais ces visites, ni[14] pourquoi je demande aux prisonniers s'il y a quelque chose qu'ils désirent. C'est toujours[15] la même[16] chose. La nourriture est toujours détestable, et les prisonniers sont toujours innocents. Ce qu'ils désirent, c'est toujours la liberté. En avez-vous d'autres?

—Oui, nous avons des prisonniers qui sont dangereux ou fous,[17] que nous gardons dans les cachots.[18]

—Eh bien, descendons dans les cachots.

—Mais on ne descend pas dans les cachots du Château d'If sans gardiens. Ces prisonniers-là sont très dangereux.

—Eh bien, prenez des gardiens.

—Comme vous voulez, dit le gouveneur.

2. LES CACHOTS

Au bout[19] de quelques moments, deux gardiens arrivent, tenant[20] des torches. Ils commencent à descendre un escalier[21] humide et

---

[1]**juillet** July. [2]**Louis XVIII** brother of Louis XVI, king of France from 1814 to 1824. [3]**après** after [4]**château** castle. The **Château d'If** was built by François Ier on the little island of If, two kilometers from Marseille, and served as a state prison. [5]**demander** to ask (for). [6]**nourriture** food. [7]**il y a** there is (are). [8]**quelque** some, any. [9]**chose** thing. [10]**répondre** to answer, reply. [11]**autre chose** something else. [12]**quand** when. [13]**pourquoi** why. [14]**ni** nor. [15]**toujours** always. [16]**même** same. [17]**fou (fol, folle)** mad, insane. [18]**cachot** dungeon, dark cell. [19]**bout** end; **au bout de** after. [20]**tenir** to hold. [21]**escalier** staircase, stairs.

sans lumière.[22] Une odeur désagréable fait hésiter l'inspecteur. C'est comme une odeur de mort.[23]

—Oh! dit-il, qui peut vivre[24] là?

—Un prisonnier des plus dangereux, Edmond Dantès. C'est un homme capable de tout. Il a voulu tuer[25] le porte-clefs[26] qui lui apporte[27] sa nourriture.

—Il a voulu tuer le porte-clefs?

—Oui, monsieur,[28] celui qui nous accompagne. Le désespoir[29] a rendu[30] ce prisonnier presque[31] fou. Voilà[32] pourquoi on le garde dans ce cachot.

—Il est préférable d'être complètement fou... on ne souffre[33] plus... on ne désire plus la mort.

—Sans doute, dit le gouverneur. Nous avons dans un autre cachot, dans lequel on descend par un autre escalier, un vieil[34] abbé,[35] un Italien. L'abbé est ici depuis[36] 1811. En 1813, le désespoir l'a rendu complètement fou. À présent, il désire vivre, il prend sa nourriture, il est content. Lequel de ces prisonniers voulez-vous voir?

—Tous les deux.[37] Commençons par Dantès.

—Très bien, répond le gouverneur, et il fait signe au porte-clefs d'ouvrir[38] la porte[39] du cachot.

3. LE PRISONNIER DANGEREUX...

La porte massive s'ouvre lentement.[40]

À la lumière des torches, on voit dans un coin[41] du cachot une forme indistincte. La forme fait un mouvement, se tournant vers[42] la lumière. C'est un homme. C'est Dantès.

Il s'approche[43] lentement du gouverneur. Quand il voit l'inspecteur, accompagné par deux gardiens, et auquel le

---

[22]**lumière** light. [23]**mort** *n.f.* death. [24]**vivre** to live. [25]**tuer** to kill. [26]**porte-clefs** turnkey, jailer. [27]**apporter** to bring. [28]**monsieur** sir, Mr. [29]**désespoir** despair, desperation. [30]**rendre** to render, make. [31]**presque** almost. [32]**voilà** there is (are), *here* = that is. [33]**souffre** (*pres. ind.* **souffrir**) suffer. [34]**vieil (vieux, vieille),** old. [35]**abbé** priest [36]**depuis** since, for; **l'abbé est ici depuis 1811** the priest has been here since 1811. [37]**tous les deux** both. [38]**ouvrir** to open. [39]**porte** door. [40]**lentement** slowly. [41]**coin** corner. [42]**vers** toward. [43]**s'approcher (de)** to approach.

gouverneur parle[44] avec respect, il n'hésite plus. Cet homme doit[45] être une autorité supérieure... on peut l'implorer... on peut lui parler de ses injustices... Avec une éloquence touchante, il implore son visiteur d'avoir pitié de[46] lui.

—Que demandez-vous? dit l'inspecteur.

—Je demande quel crime j'ai commis.[47] Je demande qu'on me donne des juges.[48] Je demande qu'on me tue, si je ne suis pas innocent. Mais, si je suis innocent, je demande ma liberté.

—Votre nourriture est-elle bonne?

—Oui, je le crois[49]... je n'en sais rien... cela n'a pas d'importance. Un homme innocent meurt[50] dans un cachot, victime d'une injustice... Voilà ce qui est important... à moi, prisonnier... à tous les juges qui rendent la justice... au roi[51] qui nous gouverne...

—Vous êtes très humble, à présent, dit le gouverneur. Vous n'êtes pas toujours comme cela. Vous n'avez pas parlé de cette manière le jour où[52] vous avez voulu tuer votre porte-clefs...

—Oui, je le sais, monsieur, et je demande pardon à cet homme qui m'apporte ma nourriture et qui est toujours bon pour moi[53]... Mais que voulez-vous?[54] Le désespoir m'a rendu furieux.

—Et vous ne l'êtes plus?

—Non, monsieur. La captivité m'a rendu humble... je suis ici depuis si longtemps![55]

—Si longtemps? demande l'inspecteur.

—Oui, monsieur. Je suis ici depuis le 28 février[56] 1815.

—Nous sommes le 30 juillet 1816. Cela fait dix-sept mois[57] que vous êtes prisonnier au Château d'If... ce n'est pas long.

—Ah! monsieur, dix-sept mois de prison! Mais vous ne savez pas ce que c'est que d'être prisonnier[58] dans un cachot du Château d'If! Dix-sept mois, ce sont dix-sept années![59]... et quand

---

[44]**parler** to speak, talk. [45]**doit** (*pres. ind.* **devoir**) must. [46]**avoir pitié de** to have pity on. [47]**commis** (*p.p.* **commettre**) committed. [48]**juge** judge. [49]**crois** (*pres. ind.* **croire**) believe, think. [50]**meurt** (*pres. ind.* **mourir**) dies. [51]**roi** king. [52]**où** where, when. [53]**bon pour moi** good (kind) toward me. [54]**Mais que voulez-vous?** But what do you expect? [55]**longtemps** long, long time. [56]**février** February. [57]**mois** month. [58]**ce que c'est que d'être prisonnier** what it is to be a prisoner. [59]**année** year.

on meurt lentement pour un crime qu'on n'a pas commis! Ayez pitié de moi, monsieur! Je demande des juges, monsieur... on ne peut pas refuser des juges à un homme accusé.

—C'est bien,[60] dit l'inspecteur. On va voir.[61]

La porte du cachot se referme.[62]

4. ON PASSE AU N° 27[63]

L'inspecteur général se tourne vers le gouverneur:

—De quels crimes cet homme est-il accusé? demande-t-il.

—De terribles crimes, je crois... Vous allez voir les notes dans le registre des prisonniers, en remontant[64]... mais, à présent, voulez-vous passer au cachot de l'abbé?

—Je préfère remonter... mais, après tout, il est nécessaire de continuer ma mission.

—Ah! le vieil abbé n'est pas un prisonnier comme l'autre. Sa folie[65] n'est pas désagréable.

—Et quelle est sa folie?

—Oh! une folie étrange[66]: il se croit possesseur d'un trésor[67] immense. La première[68] année de sa captivité, il a voulu offrir[69] au roi un million, en lui demandant sa liberté. La seconde année, deux millions; la troisième[70] année, trois millions, etc., etc. L'abbé est à sa cinquième[71] année de captivité; il va vous demander de vous parler en secret, et il va vous offrir cinq millions.

—Ah! ah! c'est curieux... et qui est ce millionnaire?

—Un Italien, l'abbé Faria.

—N° 27!

—C'est ici. Ouvrez, Antoine.

Le porte-clefs ouvre la porte du N° 27, et l'inspecteur regarde[72] avec curiosité dans le cachot de l'*abbé fou.*

---

[60]**C'est bien** All right. [61]**On va voir** We shall see. [62]**se refermer** to shut (close) again. [63]**N°** = **numéro** number. [64]**remonter** to go up again. [65]**folie** madness, insanity. [66]**étrange** strange. [67]**trésor** treasure. [68]**première (premier)** first. [69]**offrir** to offer. [70]**troisième** third. [71]**cinquième** fifth. [72]**regarder** to look (at).

5. LE PRISONNIER FOU

L'abbé Faria se tourne et regarde avec surprise ces hommes qui viennent de descendre[73] dans son cachot.

—Que demandez-vous? dit l'inspecteur.

—Moi, monsieur? dit l'abbé. Je ne demande rien.

—Vous ne comprenez[74] pas. Je suis agent du gouvernement. J'ai mission de descendre dans les prisons et de demander aux prisonniers si leur nourriture est bonne et s'il y a quelque chose qu'ils désirent.

—Je comprends, monsieur. La nourriture est la même que dans toutes les prisons; elle est mauvaise.[75] Mon cachot est humide... l'air ici est mauvais... mais que voulez-vous? C'est une prison. Mais tout cela n'est pas important. J'ai des révélations de la plus grande importance à faire au gouvernement... voilà ce qui est important, monsieur. Pouvez-vous me parler en secret?

—Monsieur, ce que vous me demandez est impossible.

—Mais, monsieur, s'il est question d'offrir au gouvernement une somme[76] immense?... une somme de cinq millions?...

—Mon cher[77] monsieur, dit le gouverneur, vous parlez de votre trésor, n'est-ce pas?

Faria regarde le gouverneur un moment en silence.

—Sans doute, dit-il. De quoi voulez-vous que je parle?

—Mon cher monsieur, dit l'inspecteur, le gouvernement est riche. Il n'a pas besoin de[78] votre argent.[79] Gardez-le pour le jour où vous sortirez[80] de prison.

—Mais si je ne sors pas de prison? Si on me garde dans ce cachot, et si j'y meurs sans avoir dit mon secret?... Ah! monsieur, un secret comme celui-là ne doit pas être perdu![81] J'offre six millions, monsieur; oui, j'offre six millions, si l'on[82] veut me rendre la liberté.

—Je vous ai demandé si votre nourriture est bonne.

—Monsieur, vous ne me comprenez pas. Je ne suis pas fou.

---

[73]**qui viennent de descendre** who have just descended. [74]**comprenez** (*pres. ind.* **comprendre**) understand. [75]**mauvais** bad, wretched. [76]**somme** sum. [77]**cher** dear. [78]**a besoin de** (*pres. ind.* **avoir besoin de**) needs. [79]**argent** money, silver. [80]**sortirez** (*fut.* **sortir**) *here* = get out. [81]**perdu** (*p.p.* **perdre**) lost. [82]**l'on: on** may be preceded by **l'** after **que, si, ou, où,** etc. to prevent hiatus; it has no vocabulary value.

Je vous dis la vérité.[83] Ce trésor dont je vous parle, existe. Voulez-vous me rendre[84] la liberté, si je vous dis où l'on peut trouver[85] le trésor?

—Vous ne répondez pas à ma question, dit l'inspecteur avec impatience.

—Ni vous à ma demande![86] Vous êtes comme les autres qui n'ont pas voulu me croire! Vous croyez tous que je ne dis pas la vérité! Je vous maudis![87] Vous ne voulez pas accepter mon argent? Je le garde! Vous me refusez la liberté? Dieu[88] me la donnera! Allez!... je n'ai plus rien à dire.

Les hommes sortent. Le porte-clefs referme la porte.

6. LE REGISTRE DES PRISONNIERS

—Je crois que l'abbé est possesseur de quelque trésor, dit l'inspecteur, en remontant l'escalier.

—Ou il s'imagine qu'il en est possesseur, répond le gouverneur. Moi, je crois qu'il est fou.

Arrivé dans la chambre[89] du gouverneur, l'inspecteur examine le registre des prisonniers.

Il y trouve cette note concernant Dantès:

EDMOND DANTÈS: *Bonapartiste*[90] *fanatique. A pris*[91] *une part active au retour*[92] *de l'île*[93] *d'Elbe. À tenir sous la plus stricte surveillance.*

L'accusation est très positive. Il n'y a pas de doute.

L'inspecteur général n'hésite plus. Il écrit[94] ces trois mots[95] sur la page du registre:

---

[83]**vérité** truth. [84]**rendre** to return, give back. [85]**trouver** to find. [86]**demande** *n.* request. [87]**maudire** to curse. [88]**Dieu** God. [89]**chambre** room. [90]The **Bonapartistes** were adherents of the imperial monarchy established by Napoleon Bonaparte in 1804. [91]**pris** (*p.p.* **prendre**) taken. [92]**retour** return. [93]**île** island. Following his abdication in April 1814, Napoleon was sent to the island of Elba, from which he escaped to France a year later. He regained power for a period known as the Hundred Days. Waterloo (June 18, 1815) ended his reign and caused his exile to St. Helena. [94]**écrit** (*pres. ind.* **écrire**) writes. [95]**mot** word.

Rien à faire.[96]

Il écrit les trois mots sans hésiter, et il referme le livre.[97]

Rien à faire... rien à faire... trois mots qui signifient la même chose que *perdu!* Mais dans le cachot de Dantès, un homme prend un morceau[98] de plâtre[99] et écrit sur le mur[100] une date:

30 JUILLET 1816

et après la date, chaque[101] jour, il fait une marque.

7. LE N° 34

Les jours passent, et les mois...

On change de gouverneur... on change de porte-clefs. Pour le nouveau[102] gouverneur, un prisonnier n'est plus un homme, c'est un numéro.

On ne dit plus: Dantès. On dit: *le numéro 34.*

Dantès connaît[103] toutes les formes du malheur.[104]

Il commence à douter de son innocence. Il prie,[105] non pas Dieu, mais les hommes.

Il prie qu'on le tire[106] de son cachot pour le mettre[107] dans un autre. Un autre cachot, c'est une distraction[108] de quelques jours. Il prie qu'on lui accorde[109] l'air, la lumière, des livres, des instruments... Rien de tout cela ne lui est accordé, mais il recommence ses demandes.

Il parle à son porte-clefs... parler à un homme est un plaisir.[110] Dantès parle pour le plaisir d'entendre[111] sa propre[112] voix.[113] Mais il ne peut pas tirer un mot[114] du porte-clefs.

Un jour, il prie le porte-clefs de demander pour lui un compagnon. Le porte-clefs transmet la demande du numéro 34 au

---

[96]**Rien à faire** Nothing to be done. [97]**livre** book. [98]**morceau** piece. [99]**plâtre** plaster. [100]**mur** wall. [101]**chaque** each. [102]**nouveau** (**nouvelle**) new. [103]**connaît** (pres. *ind.* **connaître**) knows. [104]**malheur** unhappiness. [105]**prier** to pray, beseech, beg. [106]**tirer** to take from (out of). [107]**mettre** to put, place. [108]**distraction** amusement. [109]**accorder** to allow, grant. [110]**plaisir** pleasure. [111]**entendre** to hear. [112]**propre** own. [113]**voix** voice. [114]**mot** word.

nouveau gouverneur. Mais le gouverneur s'imagine que Dantès veut trouver quelqu'un pour l'aider à s'échapper de[115] prison. Et il refuse.

Le cercle des ressources humaines est complet. Dantès se tourne vers Dieu.

8. LA RAGE[116]

Les mois passent...

Toujours la même vie[117] de prison... pas de lettre... pas de livres... pas de compagnon... pas un signe visible de Dieu en réponse à ses prières.[118] Seul[119] dans le silence profond de son cachot, Dantès n'entend que la voix de son propre cœur.[120] Dieu n'est plus là.

Dantès passe de la prière à la rage.

Il maudit le porte-clefs, le gouverneur, le roi. Il maudit les hommes qui l'ont mis[121] où il est. Il se dit que c'est la haine[122] des hommes, et non la vengeance de Dieu, qui est responsable de sa captivité au Château d'If. Il trouve que la mort est trop[123] bonne pour ces hommes, car[124] la mort, c'est le repos.[125] Et lui, victime innocente de leur injustice, ne connaît pas le repos.

Enfin,[126] dans sa rage, il maudit Dieu.

Il ne veut plus vivre. S'il meurt, il peut échapper à la haine des hommes, à la vengeance de ses ennemis, à cette horrible vie de prison. C'est dans la mort seule[127] qu'il peut trouver enfin le repos qu'il désire. Mais pourquoi cette mort n'arrive-t-elle pas? Veut-elle qu'il l'aide à venir?

Cette idée de suicide le rend plus calme.

La vie de prison, le malheur dans son cœur... il les trouve à présent plus supportables, car il sait enfin qu'il peut les laisser[128] là, quand il le veut.

La porte de sa prison s'ouvrira un jour.

---

[115]**s'échapper de** to escape. [116]**rage** madness, rage. [117]**vie** life. [118]**prière** prayer, entreaty. [119]**seul** alone. [120]**cœur** heart. [121]**mis** (*p.p.* **mettre**) put, placed. [122]**haine** hate, hatred. [123]**trop** too. [124]**car** for, because. [125]**repos** rest, repose. [126]**enfin** finally, at last. [127]**seul** only. [128]**laisser** to leave.

9. LA MORT PAR LA FAIM[129]

Quatre années passent lentement... lentement...

Dantès ne compte[130] plus les jours. Pour lui, le temps[131] n'existe pas. Il n'a qu'une seule idée: *mourir*.

Il y a deux moyens[132] de mourir. L'un est très simple: se pendre.[133] L'autre consiste à se laisser[134] mourir de faim.

Le premier moyen, Dantès le trouve mauvais. On pend des pirates, des criminels. Il ne veut pas adopter pour lui-même[135] une mort si peu honorable.

Il adopte le deuxième moyen: la mort par la faim.

Chaque jour, il jette[136] son pain[137] par la fenêtre[138] barrée[139] de son cachot. Les premiers jours, il le jette avec joie, puis[140] avec réflexion,[141] enfin avec regret.

Il n'est pas facile[142] de se laisser mourir de faim! Il n'est pas facile de refuser de vivre! Car le pain, c'est la vie!

Un jour, il prend le morceau de pain et le regarde longtemps. Il l'approche de sa bouche.[143] Il ouvre la bouche. Puis, d'un mouvement violent, il jette le pain par la fenêtre. Mais ce n'est pas son pain qu'il jette, c'est son existence! C'est la vie qu'il refuse là.

Les derniers[144] instincts de la vie combattent sa résolution de mourir. C'est un combat terrible, sans pitié. Enfin, un jour, il n'a plus la force[145] de jeter par la fenêtre le pain qu'on lui apporte. Il tombe[146] sur son lit.[147]

10. UN BRUIT[148] MYSTÉRIEUX

Le lendemain[149] matin,[150] en ouvrant les yeux,[151] Dantès ne voit plus, il entend avec difficulté. Quand il referme les yeux, il voit

---

[129]**faim** hunger. [130]**compter** to count. [131]**temps** time. [132]**moyen** way, means. [133]**se pendre** to hang oneself. [134]**laisser** to let, allow. [135]**lui-même** himself. [136]**jette** (*pres. ind.* **jeter**) **par** throws out. [137]**pain** bread. [138]**fenêtre** window. [139]**barré** barred. [140]**puis** then, afterward. [141]**avec réflexion** deliberately. [142]**facile** easy. [143]**bouche** mouth. [144]**dernier** last. [145]**force** strength, might, force. [146]**tomber** to fall. [147]**lit** bed. [148]**bruit** noise, sound. [149]**lendemain** next day, day after. [150]**matin** morning; **le lendemain matin** the next morning. [151]**yeux** (*sing.* **œil**) eyes.

des lumières brillantes. C'est le dernier jour de son existence qui commence!

Le soir,[152] vers neuf heures,[153] il entend un bruit dans le mur au coin de son cachot.

Dantès croit que c'est un rat, car les rats sont ses seuls compagnons de tous les soirs.[154] Il est indifférent au bruit qu'ils font.

Mais cette fois,[155] ce n'est pas le bruit d'un rat. C'est comme le grattement[156] d'un instrument sur une pierre.[157]

Dantès écoute.[158] Le grattement continue toujours. Cette idée toujours présente à l'esprit[159] de tous les prisonniers, *la liberté*, frappe[160] l'esprit de Dantès. Ce bruit qui arrive au moment où il va mourir, n'est-ce pas le signe que Dieu a enfin pris pitié de lui?

Le bruit mystérieux continue trois heures. Puis Edmond entend un autre bruit comme celui d'une pierre qui tombe. Puis, le silence.

Quelques heures après, le grattement recommence.

À ce moment, le porte-clefs entre dans le cachot.

11. LA JOIE ET LE DOUTE

Tous les soirs, quand le porte-clefs apporte la nourriture au prisonnier, il lui demande de quelle maladie il souffre. Dantès ne lui répond toujours pas. Puis le porte-clefs met la nourriture sur la table et regarde son prisonnier très attentivement. Edmond se tourne toujours vers le mur.

Mais ce soir, Dantès commence à parler sur tous les sujets possibles... de la mauvaise qualité de la nourriture... du froid[161] dont il souffre dans ce misérable cachot... de son lit qu'il trouve dur[162] comme une pierre... Il parle de tout cela comme un homme qui a la fièvre.[163]

Le porte-clefs, croyant que son prisonnier est aussi[164] fou que l'abbé Faria, met la soupe et le morceau de pain sur la table, et sort.

---

[152]**soir** evening. [153]**heure** o'clock. [154]**tous les soirs** every evening. [155]**fois** time. [156]**grattement** scraping, grating. [157]**pierre** stone. [158]**écouter** to listen (to). [159]**esprit** mind, spirit. [160]**frapper** to strike, knock. [161]**froid** cold. [162]**dur** hard. [163]**fièvre** fever. [164]**aussi** also, as; **aussi... que** as... as.

Dantès est fou, mais c'est une folie causée par la joie! Le porte-clefs n'a pas entendu le grattement dans le mur. Il n'a pas donné l'alarme. Et ce bruit qui est comme le compagnon de Dantès dans ses derniers moments, va continuer...

Dantès écoute.

Le bruit est si distinct que l'on peut l'entendre sans effort.

—Sans doute, se dit-il, c'est quelque prisonnier comme moi qui travaille[165] à sa délivrance. Et moi qui ne peux rien faire pour venir à son aide!

Puis une idée sombre passe dans l'esprit de Dantès: ce bruit n'est-il pas causé par le travail[166] d'un ouvrier[167] du château réparant la chambre voisine?[168]

Comment[169] savoir si c'est un prisonnier ou un ouvrier du gouverneur? Comment?...

12. LES TROIS COUPS[170]

Mais, c'est très simple!

On attend[171] l'arrivée[172] du porte-clefs, on lui fait écouter ce bruit, et on le regarde attentivement. Mais ce moyen est dangereux, car on risque tout.

Dantès est si faible[173] que son esprit n'est pas capable de réfléchir[174] longtemps à ce qu'il doit faire. Ses idées sont confuses et indistinctes.

Enfin, il fait un effort suprême pour redevenir[175] fort[176] et lucide: il s'approche de la table, prend l'assiette[177] de soupe, et la mange.

Au bout de quelques moments, il sent[178] revenir la force dans son corps.[179] Toutes ses idées reprennent leur place dans sa tête.[180]

---

[165]**travailler** to work. [166]**travail** work. [167]**ouvrier** workman. [168]**voisin** *adj.* next, neighboring. [169]**comment** how. [170]**coup** blow, knock. [171]**attendre** to wait (for). [172]**arrivée** arrival, coming. [173]**faible** weak, feeble. [174]**réfléchir** to think. [175]**redevenir** to become again. [176]**fort** strong. [177]**assiette** plate. [178]**sent** (*pres. ind.* **sentir**) feels. [179]**corps** body. [180]**tête** head.

Il se dit:

—Si celui qui travaille dans le cachot voisin est un ouvrier du gouverneur, je n'ai qu'à frapper contre[181] le mur, et il cessera son travail un moment pour écouter, et puis il continuera. Mais si c'est un prisonnier, il cessera son travail, car il risque tout en continuant.

Dantès s'approche d'un mur, détache une pierre, et frappe contre le mur.

Il frappe trois coups.

Au premier coup, le bruit mystérieux cesse.

13. LA CENT[182]-DEUXIÈME FOIS

Edmond écoute.

Une heure passe... deux heures passent...

Pas un bruit ne se fait entendre. Rien ne vient troubler le silence de sa prison.

Trois heures... quatre heures...

Le temps passe si lentement quand on attend, seul, dans un cachot!

Edmond mange[183] un morceau de pain et boit un peu d'eau.[184] Il se sent plus fort et plus optimiste.

Les heures passent, le silence continue toujours.

La nuit[185] vient enfin, mais le bruit ne recommence pas. On n'entend que des rats dans la chambre.

—C'est un prisonnier, comme moi! se dit Edmond, avec une immense joie. Et, avec l'espoir,[186] la vie lui revient[187] active et violente.

La nuit se passe sans bruit, comme les autres... Mais Edmond ne ferme pas les yeux. Il écoute toujours.

Trois jours passent, soixante-douze[188] mortelles heures comptées minute par minute.

---

[181]**contre** against. [182]**cent** hundred; **cent-deuxième** one hundred and second. [183]**manger** to eat. [184]**eau** water. [185]**nuit** night. [186]**espoir** hope. [187]**revient** (pres. *ind.* **revenir**) comes back, returns. [188]**soixante-douze** seventy-two.

Enfin, un soir, après la dernière visite du porte-clefs, Dantès met l'oreille[189] contre le mur et écoute. Pour la cent-unième fois, il lui semble[190] entendre quelque chose.

D'un mouvement violent, Dantès se jette sur son lit, la tête entre les mains:[191]

—Voilà la folie qui recommence! pense-t-il.

Quelquefois,[192] la nuit,[193] après des heures passées à écouter, il lui semble qu'il entend des coups indistincts... le grattement d'un instrument dur sur une pierre... une voix faible qui l'implore... Et il voit, écrits[194] en lettres de lumière sur le sombre mur de son cachot: *Justice... Délivrance... Vengeance.* Puis la lumière du jour entre par la petite fenêtre barrée... c'est le jour qui commence, et qui va passer... comme tous les autres! Et l'espoir se change en désespoir.

Eh bien,[195] cette vibration dans sa tête? l'a-t-il imaginée, aussi? A-t-elle été causée par le mouvement trop rapide de son propre cœur? Ou le travail d'un homme dans le cachot voisin?

Il s'approche du mur, met l'oreille contre la même pierre et écoute attentivement.

C'est la cent-deuxième fois.

14. UNE CRUCHE[196] CASSÉE[197]

Il n'y a plus de doute!

De l'autre côté[198] du mur, un homme, un prisonnier comme lui, travaille. Il travaille lentement, avec précaution. On n'a plus de difficulté à l'entendre.

Edmond est presque fou de joie. Il ne veut pas attendre une minute de plus pour venir en aide au travailleur[199] inconnu.[200]

D'abord,[201] il déplace[202] son lit, derrière[203] lequel il lui semble que le travail de délivrance se fait.[204] Puis il examine les

---

[189]**oreille** ear. [190]**sembler** to seem. [191]**main** hand. [192]**quelquefois** sometimes. [193]**la nuit** at night. [194]**écrit** (*p.p.* **écrire**) written. [195]**eh bien** well! [196]**cruche** jug. [197]**cassé** broken. [198]**de l'autre côté** on the other side. [199]**travailleur** worker. [200]**inconnu** unknown. [201]**d'abord** first. [202]**déplacer** to move, displace. [203]**derrière** behind. [204]**se fait** (*pres. ind.* **se faire**) takes place.

pierres du mur pour voir s'il est possible d'en détacher une, en creusant[205] dans le plâtre humide.

Mais il est impossible de creuser sans un instrument tranchant.[206] Edmond n'a pas d'objet tranchant.

Les barreaux[207] de sa fenêtre sont en fer.[208] Mais Edmond sait bien qu'ils sont très solides et bien attachés.

Le lit et la table sont en bois.[209] Le bois n'est pas tranchant.

La cruche?... ah! voilà pour Dantès la seule ressource: la cruche et, avec un des morceaux, creuser dans le plâtre...

Il laisse tomber[210] la cruche par terre.[211] La cruche se casse en cent morceaux.

Dantès prend deux ou trois morceaux tranchants, les cache[212] dans son lit, et laisse les autres par terre. Pourquoi se soucier d'[213]une cruche cassée?... L'accident est tout à fait[214] naturel.

Edmond a toute la nuit pour travailler, mais dans l'obscurité le travail n'avance pas vite. Finalement, il s'arrête[215] de creuser, remet le lit à sa place et attend le jour.

Avec l'espoir, vient la patience.

EXERCISES

1

READING COMPREHENSION

Rewrite the following statements where necessary to make them agree with the facts as presented in the story.

1. L'inspecteur visite les chambres du gouverneur.
2. L'inspecteur demande au gouverneur si la nourriture est bonne.
3. Les prisonniers disent à l'inspecteur qu'ils désirent autre chose que la liberté.
4. Quand un prisonnier est fou ou dangereux, on le garde dans un cachot.

---

[205]**creuser** to dig. [206]**tranchant** sharp, cutting. [207]**barreau** bar. [208]**en fer** made of iron. [209]**en bois** wooden. [210]**laisser tomber** to let fall, drop. [211]**par terre** on the ground. [212]**cacher** to hide. [213]**se soucier de** to worry about. [214]**tout à fait** quite. [215]**s'arrêter** to stop.

VOCABULARY STUDY

Write sentences of your own with the following words, using one or more in each sentence.

le gardien	garder	l'inspecteur
le gouverneur	le cachot	la prison
le prisonnier	innocent	dangereux
fou		

STRUCTURES

A. *Indirect Discourse*

In indirect discourse, **si** is used to report questions.

«La chambre est-elle humide?» demande l'inspecteur.
Il demande **si** la chambre est humide.

Rewrite the following sentences as indirect discourse, following the model and making the necessary changes.

EXAMPLE: «La nourriture est-elle bonne?» leur demande l'inspecteur.
L'inspecteur leur demande ***si*** *la nourriture est bonne.*

1. «Votre chambre est-elle bonne?» leur demande l'inspecteur.
2. «Désirez-vous autre chose?» leur demande l'inspecteur.
3. «Avez-vous autre chose à dire?» leur demande l'inspecteur.

B. *Word Order in Interjected Remarks*

In interjected remarks placed after direct discourse, the verb precedes the subject.

«C'est toujours la même chose», **dit l'inspecteur.**
"It's always the same thing," the inspector says.

Rewrite the following sentences as direct discourse, following the example and making the necessary changes.

EXAMPLE: L'inspecteur leur demande si la nourriture est bonne.

*«**La nourriture est-elle bonne?**» leur demande l'inspecteur.*

1. L'inspecteur dit qu'il ne sait pas pourquoi il fait ces visites.
2. L'inspecteur demande au gouverneur s'il a d'autres prisonniers.
3. Le gouverneur lui répond qu'il a des prisonniers dangereux.

C. *The Use of the Indefinite Article* **de**

The indefinite article **des** becomes **de** when it introduces a plural noun preceded by an adjective.

des choses *but:* **d'**autres choses

Rewrite the following sentences, inserting the adjective so that it precedes the noun in italics.

EXAMPLE: Nous avons des *prisonniers.* **(autres)**

Nous avons d'autres prisonniers.

1. L'inspecteur visite des *cachots.* (autres)
2. Le gouverneur a des *chambres.* (bonnes)
3. Se Majesté a des *prisons.* (vieilles)

2
READING COMPREHENSION

Rewrite the following statements where necessary to make them agree with the facts as presented in the story.

1. L'inspecteur hésite à descendre parce que Dantès est capable de tout.
2. Dantès a voulu tuer le porte-clefs qui accompagne l'inspecteur et le gouverneur.
3. Le vieil Italien ne veut plus la mort parce qu'il est complètement fou.
4. L'abbé est prisonnier depuis 1813.

VOCABULARY STUDY

Write sentences of your own by combining in as many ways as possible the expressions from *Column A* with those from *Column B*.

A	B
faire	fou
commencer	signe
rendre	hésiter
désirer	content
	descendre
	vivre

STRUCTURES

A. *The Imperative: First Person Plural*

The first person plural of the imperative is formed by dropping the personal pronoun.

Nous demandons. → **Demandons.** (*Let's ask.*)

Rewrite the following sentences in the imperative.

EXAMPLE: Nous commençons.
Commençons.

1. Nous descendons dans les cachots.
2. Nous accompagnons le porte-clefs.
3. Nous visitons les prisonniers dangereux.
4. Nous ouvrons cette porte.

B. *The Negative Adverb* ***ne ... plus***

With **ne ... plus**, the same pattern is used as with **ne ... pas.**

La porte **ne** s'ouvre **pas.**
The door does not open.

La porte **ne** s'ouvre **plus.**
The door does not open any longer.

Rewrite the following sentences according to the example.

EXAMPLE: Quand on est complètement fou, on souffre.

Quand on est complètement fou, on ***ne souffre plus*** *(you do not suffer any longer).*

1. Quand on est complètement fou/on veut la mort.
2. Quand on est complètement fou/on est un homme.
3. Quand on est complètement fou/on répond aux questions.
4. Quand on est complètement fou/on voit les autres.

C. *The Interrogative Pronoun* ***lequel***

Compare the forms of the interrogative adjectives and pronouns:

Quel gardien?	**Lequel?**
Quelle prison?	**Laquelle?**
Quels hommes?	**Lesquels?**
Quelles injustices?	**Lesquelles?**

The interrogative pronoun **lequel** agrees in gender and number with the noun it replaces. It corresponds to the English *which one(s).*

Rewrite the following sentences according to the example and make sure the interrogative pronoun agrees with the word in italics.

EXAMPLE: Il veut voir **quel prisonnier?**

Il veut voir ***lequel?***

1. Il veut voir *quel trou?*
2. Il veut inspecter *quels cachots?*
3. Il veut casser *quelle cruche?*
4. Il veut prendre *quelles torches?*

3

READING COMPREHENSION

Rewrite the following statements where necessary to make them agree with the facts as presented in the story.

1. Dantès implore le gouverneur d'avoir pitié de l'inspecteur.
2. Un bon roi commet une injustice s'il refuse de donner des accusés aux juges.

3. Dantès demande pardon au porte-clefs d'avoir voulu le tuer.
4. Ça fait dix-sept ans que Dantès est en prison.
5. L'inspecteur va voir si Dantès est victime d'une injustice.

VOCABULARY STUDY

Write sentences of your own with the following words, using one or more words in each sentence.

une autorité supérieure
le gouverneur
le juge
une injustice
condamner à mort
commettre un crime
être innocent
la prison
demander pardon à quelqu'un
avoir pitié de quelqu'un
implorer quelqu'un de faire quelque chose
le roi
gouverner
rendre la justice
condamner
mourir
tuer
être prisonnier
la captivité

STRUCTURES

A. *The Use of the Present Tense with* ***depuis***

One of the uses of the present tense is to describe actions that are going on or that have been going on for a certain amount of time, introduced by **depuis.**

Dantès **est** en prison **depuis** longtemps.
Dantès has been in prison for a long time.

Translate the following sentences:

1. L'inspecteur visite les prisons depuis longtemps.
2. Les prisonniers désirent la liberté depuis longtemps.
3. Le vieil abbé est fou depuis 1813.
4. Dantès est prisonnier depuis 1815.

B. *The Use of the Present Tense with* ***cela (ça) fait... que***

The phrase **cela (ça) fait... que** is used at the beginning of a sentence to emphasize the length of time an action has been going on.

Dantès **est** en prison **depuis** dix-sept mois.
Cela (ça) fait dix-sept mois que Dantès est en prison.
Dantès has been in prison for seventeen months.

In the following sentences, replace **depuis** with **cela (ça) fait... que** and make the necessary changes.

EXAMPLE: Vous êtes prisonnier depuis dix-sept mois.
Cela (ça) fait dix-sept mois que vous êtes prisonnier.

1. Je suis ici depuis longtemps.
2. Le gouverneur gouverne la prison depuis des années.
3. L'abbé italien est prisonnier depuis cinq ans.
4. Dantès meurt lentement depuis dix-sept mois.

C. *The Use of the Indefinite Pronoun* ***on***

On is much more commonly used in French than *one* is in English and is best translated with the passive voice or a personal pronoun.

On voit une forme.
A shape can be seen.

Je demande qu'on me donne des juges.
I ask to be given judges.

Quand on est fou, on ne souffre plus.
When you are (one is) insane, you don't (one doesn't) suffer any longer.

Translate the following sentences.

1. On garde les prisonniers dangereux dans les cachots.
2. Quand on est prisonnier, peut-on désirer autre chose que la liberté?

3. Et quand on meurt lentement pour un crime qu'on n'a pas commis!
4. On referme la porte du cachot.

COMMUNICATIVE ACTIVITY

Learning to speak French in Mini-Dialogues

Choose one of the following parts: **l'inspecteur, le gouverneur, Dantès.** After preparing the corresponding lines, perform one of the following scenes with another classmate:

1. Dialogue between the **inspecteur** and the **gouverneur,** *Section 1, Lines 13-14.*
2. Dialogue between the **inspecteur** and the **gouverneur,** *Section 2, Lines 3-21.*
3. Dialogue between the **inspecteur** and **Dantès,** *Section 3, Lines 5–20.*
4. Dialogue between the **inspecteur** and **Dantès,** *Section 3, Line 21 (page 6) to line 4 (page 7).*

4

READING COMPREHENSION

Rewrite the following statements where necessary to make them agree with the facts as presented in the story.

1. Le gouverneur dit que l'abbé est accusé de terribles crimes.
2. La folie de l'abbé est de se croire une autorité supérieure.
3. L'abbé fou va offrir un million la cinquième année de sa captivité.
4. Antoine, le porte-clefs, ouvre la porte avec curiosité.

VOCABULARY STUDY

Write sentences of your own with each of the following words and phrases.

préférer + *infinitive*
être accusé de quelque chose
il est nécessaire de + *infinitive*
se croire + *adjective* or *noun*

STRUCTURES

A. *The Immediate Future:* ***aller*** *+ infinitive*

The construction **aller** + *infinitive* is used to express the near future.

Il **va** vous **offrir** des millions.
He's going to offer you millions.

Rewrite the following sentences in the immediate future, following the example.

EXAMPLE: Vous voyez les notes.
Vous allez voir les notes.

1. Je vois les notes.
2. Ils continuent leur mission.
3. Nous passons au cachot de l'abbé.
4. Le porte-clefs ouvre la porte.

B. *The Position of Pronouns with Verbs Followed by an Infinitive*

Pronouns are inserted between the verb and the infinitive.

Il va **vous** offrir cinq millions.
He is going to offer you five million.

Rewrite the following sentences, inserting the pronoun in parentheses between the verb and the infinitive.

EXAMPLE: Il va demander sa liberté. (lui)
Il va lui demander sa liberté.

1. Il veut demander sa liberté. (lui)
2. Il va demander des juges. (vous)
3. Vous voulez parler? (me)
4. Il va offrir cinq millions. (nous)

C. *The Formation of Ordinal Numbers*

Ordinal numbers are derived from cardinal numbers.

Cardinal Numbers		Ordinal Numbers
un	⟶	**premier, première**
deux	⟶	**deuxième**
trois	⟶	**troisième**
quatre	⟶	**quatrième**
cinq	⟶	**cinquième**
six	⟶	**sixième**
neuf	⟶	**neuvième**
vingt-et-un	⟶	**vingt-et-unième**
cent	⟶	**centième**

Abbreviations of ordinal numbers are: **1er (1re), 2e, 3e**, etc.

Write out the abbreviated ordinal numbers in the following sentences.

1. La 1re fois, l'abbé a voulu offrir un million.
2. La 2e fois, l'abbé a voulu offrir deux millions.
3. La 3e fois, l'abbé a voulu offrir trois millions.
4. La 4e fois, l'abbé a voulu offrir quatre millions.
5. La 20e fois, l'abbé a voulu offrir vingt millions.
6. La 18e fois, l'abbé a voulu offrir dix-huit millions.

D. *The Use of* ***croire que*** *and* ***se croire***

Instead of **croire que, se croire** may be used with adjectives and nouns. **Il croit qu'il est millionnaire** has the same meaning as **Il se croit millionnaire** (*He thinks that he is a millionaire.*).

Rewrite the following sentences, replacing **croire que** with **se croire.**

1. Il croit qu'il est possesseur d'un trésor.
2. Nous croyons que nous sommes capables de tout.
3. Je crois que je suis innocent.
4. Vous croyez que vous êtes fou.

5

READING COMPREHENSION

Answer the following questions.

1. Qui vient de descendre dans le cachot de l'abbé Faria?
2. Quelle est la mission de l'inspecteur?
3. Que dit l'abbé de la prison?
4. Pourquoi l'abbé veut-il parler à l'inspecteur en secret?
5. Pourquoi l'inspecteur ne veut-il pas accepter?
6. Combien d'argent l'abbé offre-t-il pour sortir de prison?
7. Pourquoi l'abbé maudit-il l'inspecteur?

VOCABULARY STUDY

Write sentences of your own by combining in as many ways as possible the expressions from *Column A* with those from *Column B*.

A	**B**
dire	mission
rendre	question
sortir	besoin
être	liberté
avoir	prison

STRUCTURES

A. *The Immediate Past:* ***venir de*** *+ infinitive*

The construction **venir de** + *infinitive* is used to express the recent past.

Il **vient de comprendre.**
He has just understood.

Rewrite the following sentences using **venir de.**

EXAMPLE: Je dis la vérité.

*Je **viens de dire** la vérité.*

1. Vous descendez.
2. L'inspecteur visite le cachot de Dantès.
3. Les porte-clefs ouvrent les portes.
4. Tu comprends pourquoi.

B. *The Position of Indirect Object Pronouns*

Indirect object pronouns are usually placed immediately before the verb.

Il offre six millions **à l'inspecteur.**
Il **lui** offre six millions.

Il n'a pas demandé cela **à l'inspecteur.**
Il ne **lui** a pas demandé cela.

Rewrite the following sentences, using the pronoun in parentheses.

1. Il offre six millions. (leur)
2. Je n'ai pas demandé cela. (vous)
3. Ils ne disent pas la vérité. (lui)
4. Vous ne répondez pas. (me)
5. Vous refusez la liberté. (nous)

WRITING PRACTICE

Rewrite the following passage to make it agree with the facts as presented in the story.

L'abbé Faria regarde les hommes qui viennent de monter dans son cachot. Il n'est pas surpris. L'inspecteur est un agent secret qui a mission de rendre la liberté aux prisonniers. L'abbé veut lui parler en public de révélations sans importance et offrir une petite somme au gouvernement. L'inspecteur répond que le gouvernement est pauvre et qu'il a besoin de cet argent. L'abbé ne demande pas la liberté mais un autre cachot plus humide. L'inspecteur refuse parce qu'il croit que l'abbé a dit la vérité.

6

READING COMPREHENSION

Answer the following questions.

1. Que pensent l'inspecteur et le gouverneur de l'abbé Faria?
2. Que dit la note concernant Dantès?
3. Qu'est-ce que le retour de l'île d'Elbe?
4. Pourquoi l'inspecteur écrit-il: *Rien à faire?*
5. Que signifient ces trois mots pour Dantès?
6. Et Dantès, qu'écrit-il sur le mur?

VOCABULARY STUDY

Write a sentence of your own with each of the following words and phrases.

prendre part à quelque chose
concerner quelqu'un ou quelque chose
s'imaginer que
prendre une part active à quelque chose
remonter/descendre l'escalier

STRUCTURES

The Pronoun ***y***

Y is used to replace a noun introduced by a preposition of place **(à, dans, en, sous, sur).** It usually precedes the verb.

Il écrit **sur le mur.** → Il **y** écrit.

Rewrite the following sentences by replacing the words in italics with **y** and putting **y** before the verb.

EXAMPLE: Il trouve une note *dans le registre.*

*Il **y** trouve une note.*

1. Il examine le registre *dans la chambre.*
2. Il cache la cruche cassée *sous le lit.*
3. Dantès est prisonnier *au Château d'If* depuis dix-sept mois.
4. Dantès fait une marque *sur le mur.*

7

READING COMPREHENSION

Rewrite the following statements where necessary to make them agree with the facts as presented in the story.

1. La prison change de cachots.
2. Quand on est longtemps en captivité, on ne doute plus de son innocence.
3. Dantès demande qu'on le tire de son cachot parce qu'il est innocent.
4. Il parle au nouveau porte-clefs pour le plaisir de l'entendre parler.

VOCABULARY STUDY

Write sentences of your own with each of the following words and phrases.

changer de + *noun*
le plaisir
aider quelqu'un à faire quelque chose
accorder quelque chose à quelqu'un
s'échapper de + *noun describing a place*

STRUCTURES

Direct and Indirect Objects in the Passive Construction

The indirect object can never become the subject of a passive construction. Be aware that verbs such as **parler à, demander à, accorder à, refuser à,** and **répondre à** always take indirect objects. Therefore, when using these verbs, it is necessary to remember not to use the indirect objects as the subject of a passive construction.

Il parle **à l'abbé.** (**L'abbé** is the indirect object—the passive construction is not possible here.)

The direct object, however, may become the subject in a passive construction.

Il **me** voit. (**Me** is the direct object.)
Je suis vu par lui.

The objects in the following sentences are in italics. Make a list of direct and indirect objects, distinguishing them with the letters D or I.

1. Il *me* regarde.
2. Dantès *lui* demande des instruments.
3. Il refuse *l'instrument à Dantès.*
4. On ne *le* met pas dans un autre chachot.
5. Dieu va *me la* donner, ma liberté!

Rewrite the following sentences in the passive construction only when possible. Make sure to discriminate between direct and indirect objects.

EXAMPLE: On donne l'instrument à Dantès.
L'instrument est donné à Dantès.

1. Dantès écrit la date.
2. On ne parle pas à Dantès.
3. On lui refuse l'autre cachot.
4. On ne le tire pas de son cachot.
5. On ne lui accorde rien.
6. Le porte-clefs donne la demande au nouveau gouverneur.

8

READING COMPREHENSION

Rewrite the following statements where necessary to make them agree with the facts as presented in the story.

1. Seul dans son cachot, Dantès rend Dieu responsable de son malheur.
2. Il ne désire pas la mort de ses ennemis parce qu'il est bon.
3. Dans la mort, on peut échapper à la vengeance des hommes.
4. Dantès trouve ses malheurs plus supportables car il sait qu'il ne peut pas y échapper.

VOCABULARY STUDY

Write sentences of your own with the following words, using one or more in each sentence.

la rage
la haine
la vengeance
le malheur
le suicide
le repos
le calme
la mort
rendre calme
rendre supportable
la vie de prison
s'échapper de prison
échapper à quelqu'un ou à quelque chose
maudire
horrible

STRUCTURES

A. *Reflexive Verbs*

Reflexive verbs are very common in French and they do not always correspond to English reflexive verbs.

Il se **parle.**	*He talks to himself.*
La porte **s'ouvre.**	*The door opens.*

Translate the following sentences.

1. Faria se croit millionnaire.
2. Il s'imagine qu'il a un trésor.
3. Le prisonnier s'échappe de prison.
4. Le porte-clefs s'approche.
5. La porte se referme.
6. Dantès se tourne vers Dieu.
7. Il veut se tuer.
8. Il se dit qu'il est perdu.

B. *Interrogative Constructions with Nouns*

When the subject of an interrogative sentence is a noun, the question can be expressed in two ways:

1. With **est-ce que**

   Pourquoi **est-ce que la mort arrive** après la prison?

2. With inversion of subject and verb

   Pourquoi **la mort arrive-t-elle** après la prison?

Note that here the subject is expressed twice: once as a noun **(la mort)** and again as a pronoun **(elle),** because inversion is usually done with a pronoun subject and very rarely with a noun subject.

Rewrite the following sentences, replacing the **est-ce que** construction with the construction with inversion.

EXAMPLE: Est-ce que Dieu aide?

Dieu aide-t-il?

1. Pourquoi est-ce que Dantès a toujours la même vie?
2. Est-ce que les prières sont vaines?
3. Est-ce que la mort est trop bonne pour lui?
4. Est-ce que Dantès passe de la prière à la rage?
5. Comment est-ce que cette idée l'aide un peu?
6. Quand est-ce que la porte s'ouvrira?
7. Est-ce que les hommes sont responsables?
8. Est-ce que le prisonnier passe son temps à attendre?

9

READING COMPREHENSION

Rewrite the following statements where necessary to make them agree with the facts as presented in the story.

1. Pour Dantès, il est peu honorable de se laisser mourir de faim.
2. Il jette son pain par la fenêtre parce qu'il est mauvais.
3. Un jour, il hésite à jeter son pain parce qu'il ne peut plus combattre sa résolution.

VOCABULARY STUDY

Write sentences of your own with the following words, using one or more in each sentence.

trouver bon ou mauvais
moyen de + *infinitive*
pendre quelqu'un
jeter/se jeter
se laisser + *infinitive*
par la fenêtre
avec regret
ouvrir la bouche

STRUCTURES

A. *The Expression* ***ne ... que***

Ne ... que is a limiting expression meaning *only*.

Il y a deux moyens.
Il **n'**y a **que** deux moyens. (*There are only two ways.*)

Rewrite the following sentences using **ne... que** and then translate them.

EXAMPLE: Il a une seule idée.

Il n'a ***qu'****une seule idée.*
(He has only one thought.)

1. On pend les pirates.
2. Il pense à la liberté.
3. Il jette son pain.
4. Il a la force de tomber sur son lit.

B. *The Use of* ***c'est*** *and* ***il est*** *+ adjective*

The phrase **c'est** + *adjective* may be used at the beginning or at the end of a sentence whereas **il est** + *adjective* stands at the beginning of the sentence and must be followed by its complement.

C'est difficile de refuser de vivre!
Refuser de vivre **c'est difficile!**

but:

Il est difficile de refuser de vivre!
(*There is no alternative structure.*)

Rewrite the following sentences, replacing **c'est** with **il est.**

EXAMPLE: Mourir, ce n'est pas facile. (or: Ce n'est pas facile de mourir).

Il n'est pas facile de mourir.

1. Parler de suicide, c'est fou.
2. Se tuer, ce n'est pas simple.
3. S'échapper de prison, c'est bon.
4. Avoir des idées noires, c'est mauvais.

C. *Reflexive and Nonreflexive Verbs*

Translate the following sentences to show the change in meaning between the reflexive and nonreflexive use of a verb.

1. Il se laisse mourir de faim.
   On le laisse mourir de faim.

2. Il se pend.
   On pend le prisonnier.
3. Il se jette par la fenêtre.
   Il jette son pain par la fenêtre.
4. Il s'approche du pain.
   Il approche le pain de sa bouche.

WRITING PRACTICE

Write a short paragraph on Edmond Dantès, using the following guidelines. Your paragraph will be evaluated for grammatical accuracy and vocabulary usage. It should be at least fifty words in length.

Expliquez:

- Pourquoi Dantès est considéré comme dangereux
- Depuis combien de temps il est en prison
- de quoi il a été accusé
- son désir de justice
- son besoin de parler à quelqu'un
- pourquoi il est humble devant l'inspecteur
- ce qu'il fait tous les jours
- ses prières à Dieu, puis sa rage et sa décision de se tuer

COMMUNICATIVE ACTIVITY

Prepare one of the questions listed below to be discussed in class with two of your classmates. Once the topic has been thoroughly analyzed, your group should present a composite version of the discussion to the other members of the class.

General topic: La condition des prisonniers en 1816 et aujourd'hui.

1. Comment sont les cachots?
2. Comment est la nourriture?
3. Comment sont leurs gardiens?
4. Quelles sont leurs occupations?
5. Quels sont leurs sentiments (la solitude, la folie, le désespoir, la rage)?
6. Quels sont leurs désirs (de liberté, d'évasion, de suicide)?

10

READING COMPREHENSION

Rewrite the following statements where necessary to make them agree with the facts as presented in the story.

1. Dantès n'a plus beaucoup de forces et, en voyant des points brilliants, il croit que ce sont des rats.
2. Le bruit que font les rats est comme un grattement sur la fenêtre.
3. Les prisonniers n'ont qu'une seule idée: s'échapper.
4. En entendant le bruit, Dantès croit que Dieu l'a maudit.

VOCABULARY STUDY

A. *Vocabulary Usage*

Write sentences of your own with each of the following words or phrases.

prendre pitié de quelqu'un
le soir
tous les soirs
tous les jours
le lendemain matin
le lendemain soir
prendre possession de quelque chose
le matin
tous les matins

B. *The Meaning of* ***toujours***

Toujours has two meanings: *always* and *still.*

Le grattement continue **toujours.**
The scraping still goes on.

Cette idée est **toujours** présente.
This thought is always present.

Translate the following sentences.

1. Le bruit continue toujours.
2. Un prisonnier désire toujours la liberté.
3. Dantès mange toujours le soir, pas le matin.
4. Après trois heures, Dantès entend toujours le bruit.
5. Les rats mangent toujours le pain de Dantès s'il y en a.

STRUCTURES

*The Use of **en** with a Gerund*

After the preposition **en,** the gerund (form of the present participle) expresses simultaneous actions.

> **En entendant** le grattement, Dantès croit qu'il va mourir.
> *When (upon) hearing the scraping, Dantès thinks that he is going to die.*

Rewrite the following sentences, replacing **quand** with **en** + *gerund* and making the necessary changes.

EXAMPLE: Quand il ouvre les yeux, il ne voit plus.
En ouvrant *les yeux, il ne voit plus.*

1. Quand il tombe sur le lit, il n'a plus de forces.
2. Quand il referme les yeux, il voit des points brillants.
3. Quand il arrive à l'heure de la mort, il pense à Dieu.
4. Quand il entend le bruit, il pense à la liberté.

11

READING COMPREHENSION

Rewrite the following statements where necessary to make them agree with the facts as presented in the story.

1. Quand le porte-clefs apporte la nourriture, Dantès se tourne toujours vers lui pour répondre à ses questions.
2. Dantès parle beaucoup et à voix haute pour que le porte-clefs n'entende pas le bruit dans le mur.
3. Dantès sait que c'est un prisonnier qui fait le bruit et non un ouvrier qui répare un cachot.

VOCABULARY STUDY

A. *Vocabulary Usage*

Write sentences of your own with each of the following words and phrases.

souffrir du froid/de la faim/d'une maladie
comment savoir si...

venir à l'aide de quelqu'un
avoir la fièvre
comment faire pour...

B. *The Meaning of* ***ne ... toujours pas*** *and* ***ne ... pas toujours***

Rewrite the following sentences using **ne ... toujours pas** instead of **ne ... pas toujours** and translate the two sentences.

EXAMPLE: Dantès ne répond pas toujours.
(Dantès doesn't always answer.)

Dantès ne répond toujours pas.
(Dantès still does not answer.)

1. Il ne parle pas toujours.
2. Il n'écoute pas toujours.
3. Il ne mange pas toujours.
4. Il n'entend pas toujours le bruit.
5. Il ne travaille pas toujours.

STRUCTURES

A. *The Use of the Stress Pronoun for Emphasis*

One of the uses of the stress pronoun is to put emphasis on the subject of the sentence. As a reminder, here is a list of the stress pronouns:

moi	**nous**
toi	**vous**
lui	**eux**
elle	**elles**

Rewrite the following sentences, putting emphasis on the subjects by replacing the personal pronouns with the appropriate *stress pronoun* + **qui.**

EXAMPLE: Et je ne peux rien faire!
Et moi qui ne peux rien faire!

1. Et vous ne pouvez rien faire.
2. Et tu ne comprends rien.

3. Et il est en prison depuis si longtemps.
4. Et nous ne mangeons pas bien.
5. Et ils désirent la liberté.

B. *The Use of* ***si*** *+ adjective +* ***que***

Join the following sentences using **si** + *adjective* + **que.**

EXAMPLE: Le bruit est distinct. On l'entend sans effort.
Le bruit est si distinct qu'on l'entend sans effort.

1. Dantès est seul. Il doute de son innocence.
2. Il est facile de mourir. Dantès n'hésite plus.
3. Le bruit est mystérieux. Dantès ne le comprend pas.
4. Dantès est fou. Le porte-clefs sort.

12

READING COMPREHENSION

Rewrite the following statements where necessary to make them agree with the facts as presented in the story.

1. Pour savoir si le bruit est causé par un prisonnier ou par un ouvrier, Dantès fait écouter le porte-clefs.
2. Les idées de Dantès sont confuses parce qu'il n'a pas mangé depuis longtemps.
3. Dantès se dit que si un ouvrier l'entend frapper, il continuera son travail.
4. À l'arrivée du porte-clefs, le bruit mystérieux cesse.

VOCABULARY STUDY

Write sentences of your own with each of the following words and phrases.

coup
attendre
arrivée
faible/fort
réfléchir
redevenir
assiette
sentir
corps
tête
contre

STRUCTURES

Direct and Indirect Object Pronouns with ***faire*** *+ infinitive*

When replacing nouns in causative constructions, the direct or indirect object pronoun is used.

On fait réparer **le chambre.**
On **la** fait réparer. (*direct object*)
It is being repaired.

On fait réparer la chambre **à l'ouvrier.**
On **lui** fait réparer la chambre. (*indirect object*)
The room is being repaired by him.

Rewrite the following sentences, replacing the words in italics with a direct or indirect object pronoun.

1. On fait écouter *le porte-clefs.*
2. On fait écouter le bruit *au porte-clefs.*
3. On fait réparer le cachot *à l'ouvrier.*
4. On fait parler *le porte-clefs.*
5. On fait dire son nom *au prisonnier.*
6. On fait réparer *les cachots.*
7. On fait manger de la mauvaise nourriture *aux prisonniers.*
8. On fait manger *les prisonniers.*

WRITING PRACTICE

Complete the following summary of *Sections 10–12,* using the words from the list and making all necessary changes.

dernier	la nourriture
redevenir	une assiette
lendemain	si
aussi	le coup
ouvrir	le bruit
un ouvrier	le sujet
un effort	cesser

Le _____ matin, en _____ les yeux, Dantès ne voit plus. Le _____ jour de son existence commence. Le soir, il entend _____, puis un autre _____. Quand le porte-clefs lui apporte sa _____, Dantès lui parle sur tous _____. Le porte-clefs croit que son prisonnier est _____ fou que l'abbé Faria et sort. Le bruit continue. Il est _____ distinct que l'on peut l'entendre sans _____. Pour savoir si c'est un prisonnier ou _____, il prend une pierre et frappe trois _____. Le bruit _____. Pour _____ fort, Dantès mange _____ de soupe.

13

READING COMPREHENSION

Rewrite the following statements where necessary to make them agree with the facts as presented in the story.

1. Quand on est seul, les heures sont mortelles.
2. Dantès passe des heures à manger son pain.
3. La centième fois qu'il met l'oreille contre le mur. Dantès se croit fou.
4. Il ne sait pas s'il a imaginé la vibration ou si elle a été causée par un ouvrier.

VOCABULARY STUDY

Write sentences of your own with each of the following words and phrases.

quelquefois
passer des heures à faire quelque chose
il me (lui, nous, *etc.*) semble que...
cent fois
compter les heures minute par minute.

STRUCTURES

A. *The Expression of Quantity* ***un peu de***

Un peu de describes a small portion of a quantity not expressed in units.

Il mange de la nourriture.
Il mange **un peu de** nourriture.

Note that no definite article is used with **un peu de.**

Rewrite the following sentences, replacing **du, de la (l')** with **un peu de (d').**

1. Il boit de l'eau.
2. Il mange du pain.
3. Il a de l'argent.
4. Il y a de la joie dans son cœur.
5. Il mange de la soupe.
6. Il a de l'espoir.

B. *The Use of the Definite Article with Nouns Describing Parts of the Body*

The definite article is used with parts of the body.

Dantès ouvre **les** yeux.
Dantès opens his eyes.

Complete the following sentences with the appropriate definite article, then translate them.

1. Dantès ouvre _____ bouche.
2. Il n'a pas de force dans _____ corps.
3. Il a _____ tête entre _____ mains.
4. Il referme _____ yeux.
5. Il met _____ oreille contre le mur.

14

READING COMPREHENSION

Rewrite the following statements where necessary to make them agree with the facts as presented in the story.

1. Dantès est fou de joie parce que l'autre prisonnier travaille lentement.
2. Dantès déplace son lit pour creuser derrière.
3. Il peut détacher une pierre en creusant avec un des barreaux.
4. En tombant, la cruche se casse en deux.

VOCABULARY STUDY

Write sentences of your own with the following words, using one or more in each sentence.

travailler
arrêter le travail
détacher
un instrument tranchant
s'arrêter de travailler
un travail qui avance vite (ou lentement)
creuser

STRUCTURES

A. *The Use of* ***en*** *+ gerund*

The construction **en** + *gerund* (form of the present participle) is used to express means or methods.

> Dantès peut communiquer avec l'autre prisonnier **en frappant** trois coups.
> *Dantès can communicate with the other prisoner by striking three times.*

Rewrite the following sentences according to the model.

EXAMPLE: On creuse. On peut détacher une pierre.
En creusant, *on peut détacher une pierre.*

1. Il déplace son lit. Il peut creuser.
2. Il laisse tomber la cruche. Il va avoir un objet tranchant.
3. Il cache les morceaux. Il va avoir tout ce qui est nécessaire.
4. On travaille jour et nuit. On peut s'échapper.

B. *The Use of the Pronoun* **en** *with Numerals and Adjectives of Quantity*

Numerals and adverbs of quantity are repeated when the noun is replaced with **en.**

> Il mange **beaucoup de pain.** → Il **en** mange **beaucoup.**
> Il compte **soixante-douze heures.** → Il **en** compte **soixante-douze.**

Rewrite the following sentences, replacing the words in italics with **en** and repeating the numerals and adverbs of quantity.

EXAMPLE: Il fait tomber **une pierre.**

*Il **en** fait tomber **une.***

Il fait tomber **beaucoup de pierres.**

*Il **en** fait tomber **beaucoup.***

1. Il prend deux ou trois *morceaux.*
2. Il n'y a qu'une *cruche.*
3. À présent, il a cent *objets tranchants.*
4. Il cache trois *morceaux* dans son lit.
5. Il a un peu *d'espoir.*

WRITING PRACTICE

Write three sentences of your own, describing a sequence of actions introduced by: **d'abord...** ; **puis...** ; **finalement...** ; Your paragraph will be evaluated for grammatical accuracy and vocabulary usage.

Dantès, suite

15. UN TRAVAIL INUTILE[1]

Toute la nuit, Dantès écoute le travailleur inconnu.

Le jour vient enfin, le porte-clefs entre.

Dantès lui dit qu'en buvant[2] de l'eau, il a laissé tomber la cruche et qu'elle s'est cassée en tombant par terre.

Le porte-clefs, mécontent,[3] va chercher[4] une nouvelle cruche sans se soucier de prendre les morceaux de la cruche brisée. Et il ne cherche pas à voir si tous les morceaux sont là.

Il revient[5] un instant après, dit au prisonnier qu'il doit faire plus attention[6] et sort.

Dantès écoute le bruit de ses pas[7] dans l'escalier. Puis, quand il ne peut plus les entendre, il déplace son lit et examine le travail de la nuit précédente.

Il voit que la plâtre entre les pierres est humide. On peut le détacher par fragments. Au bout d'une heure, Dantès en a détaché assez[8] pour remplir[9] ses deux mains.

—Comme ça, se dit-il, un passage de deux pieds[10] de diamètre et de vingt[11] pieds de longueur[12] va prendre presque deux années! Et si je trouve, un jour, du roc[13] dans le passage?... Ou des barreaux de fer fixés dans le plâtre?...

Il pense aux heures lentes[14] des années passées à ne rien faire dans sa prison... Pourquoi n'a-t-il pas rempli ces heures d'un travail lent et continu?... d'un travail comme celui-ci?...

Cette idée lui donne une nouvelle force.

En trois jours, Dantès enlève[15] tout le plâtre autour d'[16]une des pierres du mur derrière son lit. Puis il fait des efforts pour enlever la pierre elle-même. C'est une pierre de plus de deux pieds de longueur.

---

[1]**inutile** useless. [2]**buvant** (*pres. part.* **boire**) drinking. [3]**mécontent** displeased, annoyed. [4]**chercher** to search, look for; **aller chercher** to go for. [5]**revient** (*pres. ind.* **revenir**) comes back, returns. [6]**faire attention** to pay attention, to be careful. [7]**pas** *n.* step. [8]**assez** enough. [9]**remplir** to fill. [10]**pied** foot. [11]**vingt** twenty. [12]**longueur** length. [13]**roc** rock. [14]**lent** slow. [15]**enlever** to remove, take away (out). [16]**autour de** around.

Impossible de la détacher! Les morceaux de cruche se cassent quand Dantès veut les utiliser[17] comme levier.[18]

Après une heure d'efforts inutiles, Dantès cesse le travail. Il cache les fragments de plâtre derrière son lit, replace le lit contre le mur, et réfléchit[19] à ce qu'il faut[20] faire.

Lui faut-il abandonner là son espoir? Lui faut-il attendre, inerte et inutile, que cet homme inconnu, de l'autre côté du mur, travaille pour sa délivrance? Y a-t-il un autre moyen?[21]...

Une nouvelle idée lui vient à l'esprit.

16. ET UN MANCHE[22] DE CASSEROLE[23]

Le porte-clefs apporte tous les jours la soupe de Dantès dans une casserole.

Cette casserole a un manche de fer. C'est à ce manche de fer que le jeune[24] homme pense en ce moment.

C'est toujours la même chose. Le porte-clefs entre, verse[25] la soupe de la casserole dans l'assiette de Dantès, et enlève la casserole. Le prisonnier mange la soupe, verse un peu d'eau dans son assiette pour la laver[26] et la garde pour un autre jour.

Mais ce soir, Dantès met son assiette par terre, entre la table et la porte. Puis, il attend.

Le porte-clefs entre et, ne voyant pas bien dans l'obscurité du cachot, il met le pied sur l'assiette et la casse en vingt morceaux.

Cette fois, il n'y a rien à dire contre Dantès. Dantès a laissé son assiette par terre, mais le porte-clefs n'a pas regardé à ses pieds.

Le porte-clefs regarde autour de lui pour voir s'il y a quelque chose où il pourra[27] verser la soupe. Il ne trouve rien.

—Laissez la casserole, dit Dantès, si vous voulez.

Le porte-clefs, ne voulant pas remonter, redescendre et remonter une seconde fois, laisse la casserole et sort.

Le cœur de Dantès se remplit de joie.

---

[17] **utiliser** to use, employ. [18] **levier** lever. [19] **réfléchir** to think about. [20] **faut** (pres. ind. **falloir**) it is necessary. [21] **moyen** way, means. [22] **manche** handle. [23] **casserole** saucepan, casserole. [24] **jeune** young. [25] **verser** to pour. [26] **laver** to wash, rinse. [27] **pourra** (*fut.* **pouvoir**) can.

Après avoir mangé la soupe, le jeune homme attend une heure pour être certain que le porte-clefs ne va pas revenir chercher[28] sa casserole. Puis il déplace son lit et recommence son travail, en utilisant le manche de fer de la casserole comme levier.

Au bout d'une heure, la pierre est tirée du mur où elle fait un trou[29] de plus de deux pieds de diamètre.

Dantès porte[30] les fragments de plâtre dans le coin[31] de sa prison, fait un trou et couvre[32] le plâtre de terre.

Il continue à creuser toute la nuit.

17. L'OBSTACLE

Le lendemain matin, il replace la pierre dans son trou, met son lit contre le mur et se jette sur son lit.

Le porte-clefs entre et met le pain du prisonnier sur la table.

—Eh bien! vous ne m'apportez pas une nouvelle assiette? demande Dantès.

—Non, répond le porte-clefs. Vous êtes un casse-tout.[33] Vous avez cassé votre cruche et à cause de[34] vous, j'ai cassé votre assiette. On vous laisse la casserole et on y verse votre soupe. Comme ça,[35] vous ne casserez plus rien!

Dantès sent dans son cœur une gratitude profonde et remercie[36] Dieu de ce morceau de fer, au moyen duquel[37] il compte,[38] un jour, retrouver[39] sa liberté.

Une chose l'inquiète:[40] le prisonnier de l'autre côté du mur ne travaille plus.

—Eh bien, se dit-il, si mon voisin ne vient pas vers moi, c'est à moi[41] d'aller vers mon voisin!

Toute la journée,[42] il travaille de toutes ses forces; le soir, il tire du trou assez de plâtre pour remplir trois fois sa casserole.

---

[28]**revenir chercher** to come back for. [29]**trou** hole. [30]**porter** to carry, take. [31]**coin** corner. [32]**couvre** (*pres. ind.* **couvrir**) covers. [33]**casse-tout** a person who breaks everything. [34]**à cause de** because of. [35]**comme ça** in that way. [36]**remercier** to thank (**de,** for). [37]**au moyen duquel** by means of which. [38]**compter** to expect. [39]**retrouver** to regain, find again. [40]**inquiéter** to worry, disturb. [41]**c'est à moi** it is for (up to) me. [42]**toute la journée** all day long.

Quand l'heure de la visite du soir arrive, il remet[43] la casserole sur la table. Le porte-clefs entre et y verse la soupe. Puis, la soupe versée, le porte-clefs sort et remonte l'escalier.

Dantès s'approche du mur et écoute.

Tout est silencieux. Il est évident que son voisin n'a pas confiance[44] en lui. Mais Dantès continue de travailler toute la nuit. Il ne prend pas de repos. Vers le matin, son instrument rencontre[45] un obstacle.

Le travail cesse.

18. UNE VOIX DE DESSOUS[46] TERRE

Cet obstacle, est-ce du roc?... Ou du fer?...

Dantès le touche avec ses mains. C'est du bois! Il faut creuser dessus[47] ou dessous, car l'objet barre complètement le passage.

Le jeune homme n'a pas pensé à cet obstacle.

—Oh! mon Dieu, mon Dieu! s'écrie-t-il,[48] je vous ai prié nuit et jour, et vous ne m'avez pas entendu! Mon Dieu! après m'avoir enlevé la liberté de la vie... mon Dieu! qui m'avez rendu la vie et l'espoir après m'avoir refusé le calme de la mort... mon Dieu! ayez[49] pitié de moi, ne me laissez pas mourir dans le désespoir!

—Qui parle ici de Dieu et de désespoir en même temps? dit une voix qui semble venir de dessous terre.

Edmond, tremblant des pieds à la tête comme un homme qui a la fièvre, s'écrie:

—Au nom[50] de Dieu! vous qui avez parlé, parlez encore![51] Qui êtes-vous?

—Qui êtes-vous vous-même? demande la voix.

—Un prisonnier.

—De quel pays?[52]

—Français.[53]

—Votre nom?

---

[43]**remet** (*pres. ind.* **remettre**) replaces, puts back. [44]**confiance** trust, faith, confidence. [45]**rencontrer** to meet, hit. [46]**dessous** under, underneath, beneath. [47]**dessus** above, over. [48]**s'écrier** to cry (out), exclaim. [49]**ayez** (*imper.* **avoir**) have. [50]**nom** name. [51]**encore** again; *also:* still, yet. [52]**pays** country. [53]**Français** French.

—Edmond Dantès.

—Votre profession?

—Marin.[54]

—Depuis combien[55] de temps êtes-vous ici?

—Depuis le 28 février 1815.

—Votre crime?

—Je suis innocent.

—Mais de quoi vous accuse-t-on?

—D'avoir conspiré[56] pour le retour de l'empereur.

—Quoi! pour le retour de l'empereur! l'empereur n'est plus sur le trône?

—Il a abdiqué à Fontainebleau[57] en 1814 et a été[58] sur l'île d'Elbe. Mais vous-même depuis combien de temps êtes-vous ici exilé?

—Depuis 1811.

Dantès ne trouve pas de réponse... quatre ans de prison de plus que lui![59]

19. UNE ERREUR

La voix continue:

—C'est bien, ne creusez plus. Mais dites[60]-moi à quelle hauteur[61] de la terre se trouve[62] l'excavation que vous avez faite?

—À la hauteur d'un pied, presque.

—Comment est-elle cachée?

—Derrière mon lit.

—A-t-on déplacé votre lit depuis que vous êtes entré en prison?

—Jamais.[63]

—Sur quoi donne[64] votre chambre?

---

[54]**marin** sailor. [55]**combien** how much (many); **Depuis combien de temps êtes-vous ici?** How long have you been here? [56]**conspirer** to plot. [57]**Fontainebleau** Napoleon signed his abdication April 4, 1814, at his favorite château of Fontainebleau, some 35 miles southeast of Paris. The château was built by François Ier. [58]**été** (*p.p.* **être**) been. [59]**quatre ans... que lui** four years more of prison than he. [60]**dites** (*imper.* **dire**) tell. [61]**hauteur** height. [62]**se trouver** to be, be located. [63]**jamais** never. **Ne** is omitted when there is no verb. [64]**donner sur** to look out (open, face) upon.

—Elle donne sur un corridor.

—Et le corridor.

—Communique avec l'intérieur du château.

—Hélas![65] murmure la voix.

—Mon Dieu! qu'y a-t-il?[66] s'écrie Dantès.

—Ah! j'ai fait une erreur sur mon plan! Je n'ai pas de compas. Une erreur sur mon plan a fait une différence de dix pieds en réalité. J'ai pris le mur que vous creusez pour le mur extérieur du château...

—Mais en creusant de l'autre côté, vous risquez de tomber dans la mer!

—C'est ça.

—Mais comment échapper à la mort dans la mer?

—Je sais nager.[67] En nageant, il est possible d'arriver à une des îles qui se trouvent près[68] du Château d'If...

—Mais comment pouvez-vous nager si loin?[69]

—J'ai confiance en Dieu... Mais, pour le moment, tout est perdu.

—Tout est perdu?

—Oui. Refermez votre trou avec précaution, ne travaillez plus, et attendez.

—Mais qui êtes-vous?... dites-moi qui vous êtes?

—Je suis... je suis... le N° 27.

20. AMI[70] OU TRAÎTRE?[71]

—Vous n'avez pas confiance en moi? demande Dantès, croyant que cet homme pense à l'abandonner. Ah! je vous assure que je ne suis pas un traître! Je préfère me tuer que de trahir[72] votre secret. Mais, au nom de Dieu! ne m'enlevez pas votre présence!... laissez-moi entendre encore votre voix... ou, je vous l'assure, je vais me briser[73] la tête contre ce mur!

---

[65]**hélas!** alas! [66]**qu'y a-t-il?** what is the matter? [67]**nager** to swim. [68]**près de** near, close to. [69]**loin** far. [70]**ami** friend. [71]**traître** traitor. [72]**trahir** to betray. [73]**briser** to break, smash.

—Quel âge avez-vous?[74] Votre voix semble être celle d'un jeune homme.

—Je na sais pas mon âge. Je ne sais pas ce qui s'est passé depuis que je suis ici. Ce que je sais, c'est que je suis entré dans cette prison à l'âge de dix-neuf[75] ans.[76]

—Presque vingt-six ans, murmure la voix. Eh bien! à cet âge on n'est pas encore un traître.

—Oh! non! non! je vous assure que je préfère me faire couper en morceaux[77] que de révéler ce que vous m'avez dit.

—Vous avez bien fait de me parler, vous avez bien fait de me prier de ne pas vous abandonner, car j'ai pensé à le faire. Mais votre âge me rassure,[78] je vais revenir... attendez-moi.

—Quand cela?

—Il faut que je calcule nos chances; laissez-moi vous donner le signal.

—Mais vous n'allez pas m'abandonner... me laisser seul. Vous allez venir à moi ou me permettre d'aller à vous. Et si nous ne pouvons pas nous échapper, nous pouvons parler, vous des personnes que vous aimez,[79] moi des personnes que j'aime. Vous devez aimer quelqu'un?

—Je suis seul... je n'ai pas d'amis.

—Eh bien, si vous êtes jeune, je serai votre camarade. Si vous êtes vieux, je serai votre fils.[80] J'ai un père[81] qui doit avoir l'âge de soixante-douze ans, s'il vit[82] encore. Je vous aimerai comme j'aime mon père.

—C'est bien, je reviendrai le matin.

21. LE SIGNAL

Dantès replace la pierre dans le trou et remet son lit contre le mur.

Le soir, le porte-clefs vient; Dantès est sur son lit. De là, il lui

---

[74]**Quel âge avez-vous?** How old are you? [75]**dix-neuf** nineteen. [76]**an** year. [77]**me faire couper en morceaux** to have myself cut into pieces. [78]**rassurer** to reassure. [79]**aimer** to like, love. [80]**fils** son. [81]**père** father. [82]**vit** (*pres. ind.* **vivre**) lives.

semble qu'il peut mieux garder son secret. Sans doute il regarde son visiteur d'un œil[83] étrange, car le porte-clefs lui dit:

—Encore la folie, hein?[84]

Edmond ne répond pas pour ne pas trahir l'émotion de sa voix en parlant.

Le porte-clefs verse la soupe dans la casserole et sort mécontent.

Dantès croit que son voisin va profiter du silence et de la nuit pour recommencer la conversation avec lui, mais la nuit se passe sans que le signal arrive.

Mais le lendemain matin, après la visite du porte-clefs, comme[85] Dantès déplace son lit, il entend frapper trois coups... Il enlève la pierre et écoute.

—Est-ce vous? dit-il. Me voilà![86]

—Votre porte-clefs, est-il remonté? demande la voix de dessous terre.

Oui, il ne va revenir que ce soir; nous avons douze[87] heures de liberté.

—Je puis continuer mon travail?

—Oh! oui, oui, sans perdre de temps, je vous prie!

Immédiatement la masse de terre sur laquelle se trouvent ses deux mains s'enfonce.[88]

La masse de terre et de pierres détachées disparaît[89] dans un trou qui vient de s'ouvrir au-dessous de[90] l'excavation que lui-même a faite.

Au fond[91] de ce trou sombre et profond, Dantès voit paraître[92] une tête, deux bras[93] et enfin un homme tout entier qui sort avec agilité de l'excavation.

Dantès prend dans ses bras ce nouvel ami, attendu depuis si longtemps, et l'examine au peu de lumière qui entre dans son cachot.

---

[83]**œil** eye (*pl.* **yeux**). [84]**hein?** eh? [85]**comme** as. [86]**Me voilà!** Here I am! [87]**douze** twelve. [88]**s'enfoncer** to sink in. [89]**disparaît** (*pres. ind.* **disparaître**) disappears. [90]**au-dessous de** under, beneath. [91]**fond** bottom. [92]**paraître** to appear. [93]**bras** arm.

22. L'ABBÉ FARIA

C'est un homme assez[94] petit, aux cheveux[95] blancs,[96] à l'œil pénétrant, à la barbe[97] noire[98] et très longue. Les lignes[99] de son visage[100] révèlent un homme plus habitué[101] à exercer ses facultés intellectuelles que ses forces physiques.

Il paraît[102] avoir soixante-cinq ans, mais une certaine vigueur dans les mouvements indique que c'est un homme beaucoup[103] plus jeune.

Les deux hommes se regardent quelques instants avec curiosité. Puis Dantès dit avec une émotion qu'il ne peut plus cacher:

—Ah! mon ami!... car vous l'êtes, n'est-ce pas?... dites-moi qui vous êtes et de quoi on vous accuse...

Le visiteur sourit[104]:

—Je suis l'abbé Faria, en 1807 secrétaire du cardinal Spada à Rome, mais depuis 1811 le numéro 27 au Château d'If. On m'accuse d'avoir des idées politiques contraires à celles de Napoléon Ier. Voilà tout!

—Mais votre vie ici?... les longues années passées dans la solitude?...

—Ma vie ici?... c'est très simple. J'ai passé les années à méditer sur les choses de l'esprit, à écrire un livre sur la vie politique de mon pays, à fabriquer[105] des outils[106] nécessaires à mes travaux, à faire des plans d'évasion,[107] à creuser ce passage... inutile!

Ce mot *inutile* révèle à Dantès la déception[108] profonde de Faria de trouver un second cachot là où il comptait retrouver la liberté.

L'abbé continue:

—Eh bien! Voyons s'il y a moyen de faire disparaître aux yeux de votre porte-clefs les traces de mon passage. Il ne faut pas

---

[94]**assez** rather, quite. [95]**cheveux** *pl.* hair. [96]**blanc (blanche)** white; **aux cheveux blancs** with white hair. [97]**barbe** beard. [98]**noir** black. [99]**ligne** line. [100]**visage** face. [101]**habitué** accustomed. [102]**paraît** (*pres. ind.* **paraître**) seems. [103]**beaucoup** much, many. [104]**sourit** (*pres. ind.* **sourire**) smiles. [105]**fabriquer** to make, manufacture. [106]**outil** tool. [107]**évasion** escape. [108]**déception** disappointment.

que cet homme sache[109] ce qui s'est passé,[110] ou tout est perdu pour jamais.

Il prend la pierre et la fait entrer dans le trou. Elle le ferme[111] assez mal.[112]

—Ah! dit l'abbé, en souriant, je vois que vous n'avez pas d'outils?

—Et vous? demande Dantès, avec surprise.

—J'ai passé quatre ans à en fabriquer de toutes sortes, répond l'abbé. Voulez-vous les examiner?

Dantès accepte l'invitation cordiale de son voisin et les deux hommes disparaissent dans le passage.

Pour ces deux prisonniers c'est une nouvelle vie qui commence.

23. LE PLAN

Les jours qui suivent sont remplis de visites, de conversations, de plans.

Dantès ne cesse pas d'admirer l'énergie, la patience et la haute intelligence de son nouvel ami, et de son côté,[113] Faria admire la résolution et le courage du jeune homme. Il trouve en Edmond un fils, comme celui-ci trouve en lui un père.

Un jour, l'abbé dit à Dantès:

—Vous avez retrouvé vos forces; nous pouvons recommencer notre travail. Voici mon plan: c'est de creuser un passage au-dessous de la galerie où se trouve la sentinelle. Une fois là, on fait une grande excavation au-dessous d'une des pierres qui forment le plancher[114] de la galerie. À un moment donné, quand la sentinelle marchera[115] sur la pierre, celle-ci s'enfoncera dans l'excavation, et l'homme aussi. On se jette sur lui, on le lie[116] et on le bâillonne.[117] Puis on passe par une des fenêtres de la galerie, on descend le long du[118] mur extérieur au moyen d'une

---

[109]**sache** (*pres. subj.* **savoir**) know, find out. [110]**se passer** to happen, take place. [111]**fermer** to close, shut. [112]**mal** badly, poorly. [113]**côté** side. [114]**plancher** floor. [115]**marcher** to walk. [116]**lier** to tie, bind. [117]**bâillonner** to gag. [118]**le long de** along, the length of.

corde fabriquée par moi et on s'échappe de l'île, en nageant dans la mer.

—Admirable! s'écrie Dantès. Et combien nous faut-il de temps pour exécuter ce plan?

—Un an.

—Quand pouvons-nous commencer?

—Immédiatement.

Le même jour, les deux hommes commencent à creuser le nouveau passage.

24. HÉLAS!

Après quinze[119] mois d'efforts nuit et jour, les deux travailleurs arrivent sous[120] la galerie. Au-dessus de[121] leur tête, ils entendent les pas de la sentinelle sur les pierres du plancher.

Dantès est occupé à placer un support de bois sous une des pierres quand il entend l'abbé Faria qui l'appelle[122] avec un accent de détresse.[123]

Il revient auprès de lui. Faria n'a que le temps de donner quelques instructions, avant de[124] tomber mourant dans les bras de son ami.

Dantès le porte dans sa chambre, où il lui fait boire une potion indiquée dans ses instructions. Faria est sauvé, mais son côté droit[125] est paralysé. Il lui est impossible de s'échapper du château.

Cette attaque est la seconde. La troisième fois il sera complètement paralysé ou il mourra.[126]

L'abbé appelle Dantès auprès de[127] son lit:

—Partez![128] lui dit-il. Ne restez[129] pas ici! Vous êtes jeune, ne vous inquiétez pas à mon sujet.[130] Je vais attendre la mort ici... seul!

—C'est bien, dit Dantès. Moi, aussi, je reste!

---

[119]**quinze** fifteen. [120]**sous** under. [121]**au-dessus de** above, over. [122]**appelle** (*pres. ind.* **appeler**) calls. [123]**détresse** distress. [124]**avant de** before (*with an infinitive*). [125]**droit** right. [126]**mourra** (*fut.* **mourir**) will die. [127]**auprès de** beside. [128]**partez** (*imper.* **partir**) leave. [129]**rester** to remain, stay. [130]**ne vous inquiétez pas à mon sujet** don't worry about me.

Faria regarde attentivement ce jeune homme si noble, si simple, et voit sur son visage la sincérité de son affection.

—Eh bien! dit-il, j'accepte!

Puis, lui prenant la main:

—Comme je ne puis et que[131] vous ne voulez pas partir, il faut remplir le passage sous la galerie. La sentinelle peut le découvrir[132] et donner l'alarme. Allez faire ce travail, dans lequel je ne puis plus vous aider. Employez-y toute la nuit et ne revenez que demain matin après la visite du porte-clefs. J'ai quelque chose d'important à vous dire.

Dantès prend la main de l'abbé, qui lui sourit, et sort avec ce respect qu'il a toujours accordé à son vieil ami.

25. LE TESTAMENT[133]

Le lendemain matin, en revenant dans la chambre de son compagnon de captivité, Dantès trouve Faria assis[134] sur son lit, le visage calme. L'abbé tient un morceau de papier dans la main gauche.[135]

Sans rien dire, il donne le papier à Dantès.

—Qu'est-ce que c'est? demande celui-ci.[136]

—Regardez bien, lui dit l'abbé en souriant. Ce papier, c'est mon trésor.

Dantès prend le morceau de papier sur lequel sont tracés des caractères étranges. C'est un vieux testament, portant la date du 25 avril[137] 1498, dans lequel un certain César Spada donne à un membre de sa famille des instructions pour trouver un trésor fabuleux qu'il dit caché dans les grottes de la petite île de Monte-Cristo.[138]

Par un curieux hasard[139] l'abbé Faria a découvert[140] le secret du vieux manuscrit qu'il a trouvé entre les pages d'un livre

---

[131] **que** *here* = **comme.** [132] **découvrir** to discover. [133] **testament** will. [134] **assis** seated, sitting. [135] **gauche** left. [136] **celui-ci** the latter. [137] **avril** April. [138] **île de Monte-Cristo** The little island of Monte-Cristo is south of the island of Elba, off the coast of Tuscany, Italy. [139] **hasard** accident, chance. [140] **découvert** (*p.p.* **découvrir**) discovered.

donné à lui par le dernier descendant de la famille Spada. Il est le seul possesseur légitime de ce trésor.

—Eh bien! mon ami, dit Faria, vous savez mon secret. Si jamais nous nous échappons de cette prison, la moitié[141] de ce trésor est à vous.[142] Mais si je meurs ici, et si vous vous échappez seul, je vous laisse cette fortune entière.

—Et vous dites que cette fortune se compose...

—D'environ[143] treize[144] millions de notre monnaie.[145]

—Impossible! C'est une somme énorme!

—Impossible!... et pourquoi? La famille Spada est une des plus vieilles d'Italie, une des plus riches autrefois![146]

—Eh bien, je ne dois accepter ni la moitié de la fortune, ni la fortune entière; je ne suis pas votre descendant légitime.

—Vous êtes mon fils, Dantès! s'écrie le vieil abbé. Vous êtes l'enfant[147] de ma captivité. Dieu vous a donné à moi pour consoler l'homme qui ne peut pas être père et le prisonnier qui ne peut pas être libre.[148]

26. ADIEU![149]

Faria ne connaît[150] pas l'île de Monte-Cristo, mais Dantès la connaît. Il a passé quelques heures sur cette petite île qui se trouve entre la Corse[151] et l'île d'Elbe. Elle est complètement déserte.[152] Dantès trace le plan de l'île, et Faria lui indique ce qu'il faut faire pour retrouver le trésor.

Les jours passent...

Une nuit, Edmond croit entendre une voix plaintive qui l'appelle.

Sans perdre un instant, il déplace son lit, enlève la pierre, entre dans le passage et arrive dans la chambre de l'abbé.

Faria est assis sur son lit, le visage pâle, les mains tremblantes:

---

[141]**moitié** half. [142]**est à vous** is yours. [143]**environ** about. [144]**treize** thirteen. [145]**monnaie** currency. [146]**autrefois** formerly. [147]**enfant** child. [148]**libre** free. [149]**adieu** good-bye. [150]**connaît** (*pres. ind.* **connaître**) know. [151]**Corse** Corsica. [152]**désert** deserted.

—Eh bien, mon ami, dit-il, c'est la troisième attaque qui commence... la dernière, vous comprenez, n'est-ce pas? Ne criez pas, ou vous êtes perdu!... vous et celui qui viendra prendre ma place ici... car un autre prisonnier va venir, après ma mort... et il faut que vous restiez près de lui pour l'aider. Je ne suis qu'une moitié de cadavre[153] liée à vous pour vous paralyser dans tous vos mouvements...

—Oh! pas encore! J'ai sauvé votre vie une fois; je la sauverai une seconde fois! Il reste[154] encore un peu de votre potion. Dites-moi ce qu'il faut que je fasse[155] cette fois; y a-t-il des instructions nouvelles? Parlez, mon ami, j'écoute.

—Il n'y a pas d'espoir. Mais... si vous voulez... faites comme la première fois. Si après avoir versé douze gouttes[156] dans ma bouche, vous voyez que je ne reviens pas à moi,[157] vous pouvez verser le reste. C'est tout. Maintenant,[158] approchez-vous, j'ai encore deux choses à vous dire. La première, c'est que je prie Dieu de vous accorder le bonheur[159] et la prospérité que vous méritez. La seconde, c'est que le trésor des Spada existe... le vieil abbé qu'on croit fou ne l'est pas... mon trésor existe! Partez! Allez à Monte-Cristo... profitez de notre fortune... vous avez assez souffert.[160]

Une convulsion violente secoue[161] son corps. Ses yeux ne voient plus. Il presse la main d'Edmond:

—Adieu! adieu! murmure-t-il. N'appelez personne! Je ne souffre pas comme la première fois... je n'ai plus assez de forces pour souffrir. C'est le privilège des jeunes de croire... de garder de l'espoir... mais les vieux voient plus clairement la mort. Oh! la voilà!... Elle vient... Libre, enfin!... Votre main, Dantès!... adieu!... adieu!...

Puis, avec un dernier effort il s'écrie «Monte-Cristo! Monte-Cristo!», et sa tête retombe[162] sur le lit.

---

[153]**cadavre** corpse. [154]**il reste** *here* = there remains. [155]**fasse** (*pres. subj.* **faire**) do. [156]**goutte** drop. [157]**que je ne reviens pas à moi** that I do not regain consciousness. [158]**maintenant** now. [159]**bonheur** happiness. [160]**souffert** (*p.p.* **souffrir**) suffered. [161]**secouer** to shake. [162]**retomber** to fall back.

27. LA MORT PASSE AU Nº 27

Dantès, suivant les instructions, verse le reste de la potion dans la bouche de son ami.

Une heure, deux heures passent...

Edmond, assis auprès du lit, tient la main pressée sur le cœur de Faria. Il sent le froid qui pénètre dans le corps inerte. Les yeux de l'abbé restent ouverts[163] et fixes. Enfin Dantès comprend qu'il est en présence d'un mort.[164] Saisi[165] d'une terreur profonde et invincible, il retourne vite dans le passage et remet la pierre à sa place.

Il est bien temps.[166] Le porte-clefs va venir.

Sa visite faite, le porte-clefs passe dans le cachot de Faria.

Dantès est impatient de savoir ce qui va se passer dans le cachot de son ami quand le porte-clefs verra[167] que le prisonnier est mort. Il rentre dans le passage et arrive à temps pour entendre les exclamations du porte-clefs, qui appelle à l'aide.

Les autres porte-clefs arrivent. Puis le gouverneur.

Edmond entend des voix qui disent:

—Inutile de jeter de l'eau au visage; il est bien mort.[168]

—Eh bien! le vieux fou est allé chercher son trésor!

—Avec tous ses millions, il n'est pas assez riche pour payer sa place dans un cimetière.[169]

—Oh! il n'est pas nécessaire de payer sa place dans le cimetière du Château d'If!

Le cimetière du Château d'If!

—On va lui faire les honneurs du sac![170]

Puis on n'entend plus les voix.

Dantès écoute toujours. Au bout d'une heure, il entend des pas qui reviennent, au-dessus de sa tête.

—Ce sont les hommes, pense-t-il, qui viennent chercher le cadavre.

Il y a des mouvements rapides, des bruits indistincts, le choc[171] d'un objet lourd[172] qu'on laisse tomber sur le lit...

---

[163]**ouvert** (*p.p.* **ouvrir**) *adj.* open. [164]**mort** *m.* dead man. [165]**saisir** to seize. [166]**Il est bien temps.** It is just in time. [167]**verra** (*fut.* **voir**) will see. [168]**bien mort** quite dead. [169]**cimetière** cemetery. [170]**sac** bag, sack. [171]**choc** shock. [172]**lourd** heavy.

—À quelle heure, ce soir? demande une voix.

—Vers dix ou onze[173] heures, répond une autre.

—Faut-il laisser un garde dans le cachot? demande la première.

—Pourquoi faire?[174] répond l'autre gardien. On va fermer le cachot comme toujours, voilà tout.

Les voix cessent. Les pas remontent le corridor.

Le silence de la mort descend sur le numéro 27 et pénètre dans le cœur de Dantès.

28. LES HONNEURS DU SAC

Edmond sort du passage et regarde autour de lui.

Le chambre du mort est vide.[175]

Sur le lit, le long du mur, il voit un sac, dans lequel il peut distinguer[176] la forme d'un corps humain.

—Voilà, pense Dantès, tout ce qui reste de Faria, l'ami, le bon compagnon. Il n'existe plus. Je suis seul... seul dans le silence de la prison... seul dans mon malheur. Je n'ai plus qu'à mourir!

Mais cette idée de suicide passe:

—Mourir! Oh non! s'écrie-t-il. J'ai trop souffert pour mourir maintenant. Non! je veux vivre... je veux retrouver le bonheur qu'on m'a enlevé. Avant de mourir, il faut me venger de[177] mes ennemis. J'ai des amis à récompenser[178]... Mais à présent on va me laisser ici... je ne sortirai de ce cachot que mort comme Faria.

Comme Faria?... comme Faria?...

Dantès reste là, les yeux fixes, comme un homme frappé d'une idée horrible:

—Oh! murmure-t-il, de qui me vient cette idée?... est-ce de vous, mon Dieu?... s'il n'y a que les morts qui sortent d'ici, pourquoi ne prend-on pas la place des morts?

Il se jette sur le sac hideux, le coupe[179] avec le couteau[180] de Faria, sort le cadavre du sac et le porte dans sa propre chambre.

---

[173]**onze** eleven. [174]**Pourquoi faire?** What for? [175]**vide** empty. [176]**distinguer** to make out, distinguish. [177]**se venger de** to avenge oneself (upon). [178]**récompenser** to reward. [179]**couper** to cut. [180]**couteau** knife.

Il met le cadavre sur son lit, le couvre, presse une dernière fois cette main froide, et tourne la tête le long du mur.

Puis il rentre dans le passage, remet le lit contre le mur, et passe dans l'autre chambre. Là, il prend une aiguille[181] et du fil,[182] cache ses vêtements sous le lit de Faria, se met dans le sac ouvert, se remet dans la même situation où il a trouvé le cadavre, et referme le sac au moyen de l'aiguille et du fil qu'il a pris.

C'est le travail d'une heure.

29. LE CIMETIÈRE DU CHÂTEAU D'IF

Vers onze heures, des pas se font entendre[183] dans le corridor.

Edmond comprend que l'heure de partir est venue.

La porte s'ouvre et trois hommes entrent dans la chambre. Le premier porte une torche, les deux autres portent une civière.[184]

Ils mettent la civière par terre. Puis ils s'approchent du lit, prennent le sac par les deux bouts et le transportent du lit à la civière.

Le cortège,[185] précédé par l'homme à la torche, remonte l'escalier. Ils sortent dans l'air de la nuit.

Au bout de quelques pas, les porteurs[186] s'arrêtent et mettent la civière par terre.

Ils vont chercher quelque chose; puis ils reviennent avec un objet lourd, qu'ils placent sur la civière auprès d'Edmond et qu'ils attachent avec une corde à ses pieds.

—Eh bien! c'est fait? demande l'un des porteurs.

—Oui, dit l'autre, et bien fait!

—Allons-y![187]

Ils font cinquante[188] pas, puis s'arrêtent pour ouvrir une porte. Dantès peut entendre le bruit de la mer qui vient se briser[189] contre les murs du château.

Encore quatre ou cinq pas,[190] en montant toujours...

---

[181]**aiguille** needle. [182]**fil** thread. [183]**se font entendre** (*pres. ind.* **se faire entendre**) are heard. [184]**civière** litter, stretcher. [185]**cortège** procession. [186]**porteur** bearer, porter. [187]**Allons-y!** Let's go! [188]**cinquante** fifty; **Ils font cinquante pas** They take fifty steps. [189]**vient se briser** is breaking. [190]**encore quatre ou cinq pas** four or five more steps.

Dantès sent qu'on le prend par la tête et par les pieds et qu'on le balance.[191]

—Une! disent les porteurs.

—Deux!

—Trois!

En même temps, Dantès se sent jeté dans un espace énorme, tombant, tombant toujours... tiré en bas[192] par un objet lourd...

Puis, avec un bruit terrible, il entre dans une eau froide et s'enfonce.

On l'a jeté dans la mer, avec un boulet[193] lourd attaché à ses pieds.

La mer est le cimetière du Château d'If.

EXERCISES

15

READING COMPREHENSION

Rewrite the following statements where necessary to make them agree with the facts as presented in the story.

1. Dantès dit au porte-clefs qu'il a cassé la cruche en mangeant.
2. Le porte-clefs compte les morceaux parce qu'il croit que ce n'est pas naturel.
3. Après des heures passées à détacher le plâtre, Dantès cherche à enlever la pierre.
4. En employant les barreaux de fer comme levier, Dantès les casse.

VOCABULARY STUDY

A. *Vocabulary Usage*

Write sentences of your own with each of the following words and phrases.

remplir
il faut + *infinitive*
chercher à faire quelque chose

[191]**balancer** to swing. [192]**en bas** down below. [193]**boulet** cannon ball.

B. *Word Formation Exercise*

The following adjectives and nouns contain a prefix which makes them negative. Write down the original word to which the prefix was added.

inutile	impossible	indistinct
inconnu	insupportable	le désespoir
l'impatience	l'injustice	

STRUCTURES

A. *The Use of the Preposition **en** + gerund: Recapitulation*

Translate the following sentences, keeping in mind the three possible meanings of **en** + *gerund.*

EXAMPLE: La cruche s'est cassée **en tombant.**
The jug broke in (upon) falling.

Il a laissé tomber la cruche **en buvant.**
He dropped the jug while drinking.

Il peut s'échapper **en creusant** un passage.
He can escape by digging a passage.

1. En arrivant au Château d'If, l'inspecteur visite les cachots.
2. En descendant l'escalier, l'inspecteur et le gouverneur parlent des prisonniers.
3. L'abbé Faria veut sortir de prison en offrant six millions.
4. En jetant le pain par la fenêtre, il refuse de vivre.
5. En entendant le grattement, il croit que c'est un rat.
6. En écoutant parler Dantès, le porte-clefs n'a pas entendu le bruit.
7. Dantès réfléchit en mangeant.

B. *The **Passe Composé** of Reflexive Verbs*

The auxiliary verb **être** is used to form the **passé composé** of reflexive verbs, and the past participle agrees in gender and in number with the preceding direct object (which in most cases is the reflexive pronoun).

La cruche **se casse.** → La cruche **s'**est cass**ée.**
Les cruches **se cassent.** → Les cruches **se** sont cass**ées.**

Rewrite the following sentences in the **passé composé.**

1. Le porte-clefs s'approche du mur.
2. Dantès s'arrête de creuser.
3. La porte se referme.
4. Les pierres se détachent.

16

READING COMPREHENSION

Rewrite the following statements where necessary to make them agree with the facts as presented in the story.

1. Le porte-clefs fait toujours la même chose. D'abord il enlève la casserole, puis il verse la soupe et finalement il entre dans le cachot de Dantès.
2. Le porte-clefs casse l'assiette parce que Dantès l'a mise près de la porte.
3. En employant le manche comme levier, Dantès peut détacher la pierre.
4. Dantès creuse un trou dans le coin pour y cacher la pierre.

VOCABULARY STUDY

Write sentences of your own with each of the following words and phrases.

venir chercher
faire un trou
couvrir quelque chose de quelque chose
revenir chercher
porter

STRUCTURES

A. *The Use of* ***c'est ... que*** *for Emphasis*

The construction **c'est ... que** is used to emphasize certain words.

C'est en creusant un trou **qu**'on peut s'évader.
It is by digging a hole that one can escape.

Rewrite the following sentences, using **c'est ... que** to emphasize the words in italics.

EXAMPLE: Le jeune homme pense *à ce manche.*

C'est à ce manche que le jeune homme pense.

1. Il va casser *l'assiette* en entrant.
2. Il va casser l'assiette *en entrant.*
3. Dantès fait *le trou* avec un morceau de cruche.
4. Il emploie *le manche* comme levier.

B. *The Past Infinitive*

The past infinitive is formed with **avoir** + *past participle.*

Après avoir mangé du pain, il a bu de l'eau.
After eating *some bread, he drank some water.*

Rewrite the following sentences according to the example.

EXAMPLE: Il a mangé. Il attend.

Après avoir mangé, il attend.

1. Il a versé la soupe. Il enlève la casserole.
2. Il a mangé la soupe. Il verse l'eau dans son assiette.
3. Il a mis l'assiette par terre. Il attend.
4. Il a cassé l'assiette. Il laisse la casserole.
5. Il a déplacé le lit. Il recommence à travailler.

17

READING COMPREHENSION

Rewrite the following statements when necessary to make them agree with the facts as presented in the story.

1. Le porte-clefs accuse Dantès de tout casser.
2. Dantès remercie le porte-clefs de lui avoir laissé la casserole.
3. Un matin, Dantès s'arrête de travailler parce que l'autre n'a plus confiance en lui.

VOCABULARY STUDY

Write sentences of your own with each of the following words and phrases.

avoir confiance en quelqu'un
remercier quelqu'un de quelque chose
inquiéter
compter + *infinitive*
faire quelque chose de toutes ses forces

STRUCTURES

The Use of the Relative Pronoun ***duquel***

Duquel (*masc. sing.*), **desquels** (*masc. pl.*), **de laquelle** (*fem. sing.*), and **desquelles** (*fem. pl.*) are relative pronouns used in prepositional phrases with **de.**

Dantès remercie Dieu de ce morceau de fer au moyen **duquel** il compte retrouver sa liberté.

Dantès thanks God for this piece of iron with the help of which he expects to find freedom again.

Complete the following sentences with the appropriate relative pronoun.

1. C'est le manche au moyen ____ il peut enlever la pierre.
2. Ce sont les morceaux de plâtre au moyen ____ il a pu détacher la pierre.
3. Il enlève la pierre autour ____ il n'y a plus de plâtre.
4. C'est le passage au bout ____ il va retrouver sa liberté.

WRITING PRACTICE

Complete the following summary of *Sections 15–17*, using the words from the list and making all necessary changes.

la casserole	boire
le morceau	enlever
le trou	inquiéter
avoir confiance	rencontrer
par terre	cesser
se casser	

Dantès explique au porte-clefs qu'en _____ de l'eau, la cruche _____ en tombant _____. Avec les _____ de la cruche, puis avec le manche de _____ il peut _____ le plâtre autour de la grosse pierre. Elle fait _____ de deux pieds de diamètre. Mais une chose inquiète Dantès. L'autre ne travaille plus. Il est évident qu'il n'a pas _____ en lui. Dantès continue son travail. Au bout d'une heure, il _____ un obstacle et doit _____ son travail.

18

READING COMPREHENSION

Rewrite the following statements where necessary to make them agree with the facts as presented in the story.

1. L'obstacle qui barre le passage est un barreau de fer.
2. Dantès demande à Dieu d'avoir pitié de lui et de le laisser mourir.
3. Le voisin demande à Dantès qui il est et de quel crime on l'accuse.
4. Dantès répond qu'il est accusé d'avoir conspiré pour le retour de Louis XVIII.

VOCABULARY STUDY

Write sentences of your own with each of the following words and phrases.

l'empereur	le trône
conspirer	abdiquer
des pieds à la tête	faire quelque chose nuit et jour

STRUCTURES

A. *The Personal Pronoun* **me** *with Commands*

In commands, the personal pronoun **moi** is used in the affirmative and **me** in the negative. Compare the following sentences:

Laissez-**moi** mourir.
Ne **me** laissez pas mourir.

Rewrite the following commands in the negative.

1. Laissez-moi mourir.
2. Regardez-moi tomber.
3. Attendez moi.
4. Enlevez-moi la vie.

Rewrite the following commands in the affirmative.

5. Ne m'écoutez pas.
6. Ne m'aidez pas.
7. Ne me répondez pas.
8. Ne me rendez pas la liberté.

B. *Shortened Speech*

When the context of a conversation is clear, questions and answers are often shortened.

—De quel pays êtes-vous? → **De quel pays?**
—Je suis Français. → **Français.**

Shorten the following questions and answers.

1. —Quelle est votre profession?
2. —Je suis inspecteur.
3. —Quelle est votre mission?
4. —J'ai mission d'inspecter les prisons.
5. —Quel est votre âge?
6. —J'ai cinquante ans.
7. —Vous êtes en prison depuis combien de temps?
8. —Je suis en prison depuis quatre ans.
9. —Vous êtes accusé de quels crimes?
10. —Je suis accusé d'avoir conspiré contre le roi.

COMMUNICATIVE ACTIVITY

Ask one of your classmates shortened questions covering the following points. The classmate will then give shortened answers whenever possible.

1. le nom
2. l'âge

3. l'adresse
4. la nationalité
5. le temps passé à l'école
6. la couleur préférée
7. la musique préférée
8. le livre préféré
9. l'homme politique favori
10. l'occupation préférée

19

READING COMPREHENSION

Rewrite the following statements where necessary to make them agree with the facts presented in the story.

1. Le passage creusé par Dantès se trouve à plus d'un pied de hauteur.
2. On n'a jamais déplacé le lit depuis que Dantès a été mis dans le cachot.
3. L'erreur du N° 27 est d'avoir pris le mur extérieur pour le mur intérieur.
4. Son plan est d'arriver dans une autre île par un passage creusé sous la mer.

VOCABULARY STUDY

A. *Vocabulary Usage*

Write sentences of your own with each of the following words, using one or more in each sentence.

la hauteur
faire un plan
le compas
prendre une chose pour une autre
une fenêtre ou une porte qui donne sur quelque chose
de l'autre côté
à la hauteur d'un pied (deux pieds, etc.)
faire une erreur
communiquer
le mur intérieur ou extérieur

STRUCTURES

B. *The Meaning of* **savoir** + *infinitive vs.* **pouvoir** + *infinitive*

Savoir + *infinitive* describes a learned skill or ability, whereas **pouvoir** + *infinitive* describes a possible action.

Je **sais nager.**
I can swim. (I know how to swim. I have mastered the skill of swimming.)

Je **peux nager.**
I can (or I may) swim. (Nothing or nobody can stop me from swimming.)

Complete the following sentences with a form of **savoir** or **pouvoir.**

1. On ne _____ pas nager si l'eau n'est pas assez profonde.
2. Dantès ne sait pas si l'abbé malade _____ nager très loin.
3. Si on est dans la mer profonde, il faut _____ bien nager.
4. On _____ écrire sur un mur avec du plâtre.
5. Dantès ne _____ pas creuser s'il n'a pas d'instrument.
6. Dantès ne _____ pas sortir sans la permission du gouverneur.

20

READING COMPREHENSION

Rewrite the following statements where necessary to make them agree with the facts as presented in the story.

1. Dantès dit à l'homme que s'il l'abandonne, il se tuera.
2. Dantès sait son âge mais l'autre prisonnier ne le sait pas.
3. L'homme ne veut pas abandonner Dantès car à son âge on ne trahit pas encore.
4. Dantès veut être le fils de cet homme car il ne sait pas si son vieux père vit encore.

VOCABULARY STUDY

A. *Vocabulary Usage*

Write sentences of your own with the following words, using one or more in each sentence.

le père
le camarade
le traître
préférer faire quelque chose que de + *inf.*
rassurer quelqu'un
laisser seul
jeune ou vieux
avoir + *number* + ans
le fils
l'ami
aimer
assurer quelqu'un
avoir confiance en quelqu'un
abandonner
un jeune homme
à l'âge de + *number* + ans

B. *The Meaning of* ***encore***

There is a shift in the meaning of **encore** depending on whether the verb is negative or affirmative.

Il vit **encore.**	*He* ***still*** *lives.*
On **n'**est **pas encore** un traître.	*You are not a traitor* ***yet.***

Translate the following sentences.

1. Dantès est encore jeune.
2. À son âge, on n'est pas encore un traître.
3. L'abbé pense encore à s'échapper à son âge.
4. Il est encore actif.
5. Il ne s'est pas encore échappé.

STRUCTURES

A. *The* ***Passé Composé*** *with* ***être***

With a limited number of verbs expressing motion, the auxiliary verb **être** is used to form the **passé composé.** Those verbs are:

aller
arriver
descendre
devenir
entrer
monter
mourir
naître
partir
passer
rentrer
rester
retourner
revenir
sortir
tomber
venir

Be careful to distinguish between **être** used as an auxiliary verb and **être** combined with a past participle that functions as an adjective.

Il **est entré.**	*He entered.*
Elle **est sortie.**	*She went out.*
but:	
Il **est** fatigué.	*He is tired.*
Elle **est** cassée.	*It is broken.*

Translate the following sentences, discriminating between **être** used as an auxiliary and **être** used with an adjective.

1. Dantès est entré en 1815.
2. Tout est perdu.
3. La cruche est tombée.
4. Le moment de s'échapper est arrivé.
5. Les prisonniers dangereux ne sont pas aimés.
6. Le porte-clefs est sorti.
7. Le trou est caché derrière le lit.
8. La porte est fermée à clef.

B. *The Formation of the* ***Passé Composé:*** *Recapitulation*

Rewrite the following sentences in the **passé composé,** using **être** with reflexive verbs and verbs of motion, and **avoir** with the other verbs. Irregular past participles are indicated.

EXAMPLE: Il entre au Château d'If.
Il est entré au Château d'If.

1. Qu'est-ce qui se passe?
2. Dantès est accusé d'un crime. (été)
3. La captivité le rend presque fou.
4. Il se tourne vers Dieu.
5. Dieu ne répond pas.
6. Il met l'oreille contre le mur. (mis)
7. Il laisse tomber sa cruche.
8. En tombant, elle se casse.

COMMUNICATIVE ACTIVITY

Choose the parts of **Dantès** or **l'abbé Faria.** After preparing the corresponding dialogue, perform one of the following scenes with a classmate.

1. Dialogue between Dantès and Faria, *Section 19.*
2. Dialogue between Dantès and Faria, *Section 20.*

21

READING COMPREHENSION

Rewrite the following statements where necessary to make them agree with the facts as presented in the story.

1. Quand le porte-clefs apporte la soupe, Dantès se met sur son lit pour mieux cacher le trou.
2. Le porte-clefs croit que Dantès est fou parce qu'il est au lit.
3. La terre est tombée dans le trou creusé par Dantès.
4. Dantès prend l'homme dans ses bras pour mieux l'examiner.

VOCABULARY STUDY

Write sentences of your own with each of the following words and phrases.

au-dessus *ou* au-dessous
tout entier
au fond de
prendre quelqu'un dans ses bras

STRUCTURES

The Negative Construction with Infinitives

Rewrite the following phrases in the negative according to the example.

EXAMPLE: pour trahir
pour ne pas trahir

1. pour recommencer
2. à remettre
3. de continuer

4. afin de parler
5. pour montrer l'émotion
6. du pain à manger

22

READING COMPREHENSION

Rewrite the following statements where necessary to make them agree with the facts as presented in the story.

1. L'abbé Faria est assez grand; il a des cheveux noirs, des yeux fous et une barbe blanche. Il est habitué aux exercices physiques. Il paraît être assez jeune mais certains mouvements lents révèlent un homme plus vieux.
2. L'abbé est accusé d'avoir voulu aider Napoléon à s'échapper du Château d'If.
3. L'abbé a fabriqué toutes sortes d'outils pendant sa captivité.

VOCABULARY STUDY

Write sentences of your own with the following words, using one or more in each sentence.

les cheveux	la barbe
les yeux	un œil pénétrant
les lignes	la force physique
la vigueur	les facultés morales
la déception (*disappointment*)	sourire

STRUCTURES

A. *The Use of **à** with Distinguishing Characteristics*

Rewrite the following sentences using **à l', à la, au, aux.**

EXAMPLE: Cet homme a des cheveux blancs.
C'est un homme aux cheveux blancs (with white hair).

1. Cet homme a des oreilles très longues.
2. Cet homme a un œil pénétrant.
3. Cet homme a une barbe blanche.
4. Cet homme a des bras longs.
5. Cet homme a une voix faible.

B. *The Use of the Subjunctive after **il faut que.***

The first and third person singular of the present subjunctive can be derived from the third person plural of the indicative of all regular and many irregular verbs by dropping the **-nt** from the **-ent** ending.

Ils réfléchisse**nt.** { Il faut que je **réfléchisse.**
Il faut qu'il **réfléchisse.**

Rewrite the following sentences according to the example.

EXAMPLE: Ils finissent.

Il faut que je finisse.
Il faut qu'il finisse.

1. Ils remplissent la casserole.
2. Ils viennent.
3. Ils répondent.
4. Ils lisent
5. Ils boivent

23

READING COMPREHENSION

Rewrite the following statements where necessary to make them agree with the facts as presented in the story.

1. Dantès admire la résolution et le courage de Faria et celui-ci admire l'énergie et la haute intelligence du vieil homme.
2. Le plan de Faria, c'est de faire une excavation sous les pieds du gouverneur.
3. Pour s'échapper il faut une corde et il faut savoir nager.
4. Il faut commencer le travail le même jour pour exécuter le plan.

VOCABULARY STUDY

A. *Vocabulary Usage*

Write sentences of your own with each of the following words and phrases.

le long de
être rempli de quelque chose
au moyen de
passer par

B. *The Meaning of* ***il faut***

Translate the following sentences according to the example.

EXAMPLE: Il nous faut travailler. (*verb obj.*)
We must work.
Il leur faut beaucoup de temps. (*noun obj.*)
They need a lot of time.

1. Il lui faut beaucoup de temps.
2. Il leur faut beaucoup travailler.
3. Il nous faut creuser.
4. Il vous faut des outils pour creuser.
5. Il me faut bien comprendre le plan.

STRUCTURES

The Use of ***c'est*** *to Emphasize the Subject*

Rewrite the following sentences using **c'est** according to the example.

EXAMPLE: Mon plan est de creuser un passage.
Mon plan, c'est de creuser un passage.

1. Mon idée est de creuser un passage.
2. Mon désir est de m'échapper.
3. Son espoir est de s'échapper.
4. Notre bonheur est de retrouver nos amis.

WRITING PRACTICE

Rewrite the following summary of *Sections 20–23*, using the words from the list and making all necessary changes.

se jeter	couper en morceaux	traître
assurer	œil	nouveau
le long	contraire	creuser
lier	nager	revenir
méditer	agilité	bras
trahir	s'enfoncer	outil

Dantès _____ qu'il n'est pas un _____ et qu'il préfère se faire _____ que de révéler ce que l'abbé lui a dit. L'abbé promet de _____. Le soir, Dantès regarde le porte-clefs d'un _____ étrange et ne lui parle pas pour ne pas _____ son émotion. Le lendemain, l'abbé continue son travail et la masse de terre _____. L'abbé sort du trou avec _____ et Dantès prend cet ami dans ses _____. L'abbé est accusé d'avoir des idées politiques _____ à celles de Napoleon Ier. Il a passé beaucoup de temps à _____ sur la vie, à fabriquer des _____, à _____ le passage. Une _____ vie commence pour les deux prisonniers. Leur plan est de _____ sur une sentinelle et de la _____, puis de descendre _____ du mur extérieur avec une corde et de s'échapper en _____.

24

READING COMPREHENSION

Rewrite the following statements where necessary to make them agree with the facts as presented in the story.

1. Il faut un an avant d'arriver au-dessous de la sentinelle.
2. Dantès fait boire de la soupe à l'abbé.
3. L'abbé demande à Dantès de partir parce qu'il veut mourir seul.
4. Il lui demande de revenir le lendemain soir.
5. Dantès le prend dans ses bras avant de sortir.

VOCABULARY STUDY

Write sentences of your own with each of the following words and phrases.

avant de + *inf.*	quelque chose de + *adj.*
il est impossible de + *inf.*	le lendemain matin
partir ou rester	demain matin

STRUCTURES

*Direct and Indirect Object Pronouns with **faire** + Infinitive*

Rewrite the following sentences by replacing the words in italics with the appropriate pronoun.

EXAMPLE: If fait boire *l'abbé*. (*direct obj.*)

*Il **le** fait boire.*

Il fait boire une potion *à l'abbé*. (*indirect obj.*)

*Il **lui** fait boire une potion.*

1. Le cri fait revenir *Dantès*.
2. Il fait remplir le passage *à Dantès*.
3. Il fait travailler *Dantès* toute la nuit.

4. Il fait faire ce travail *à Dantès*.
5. Il fait fermer le passage *à Dantès*.

25

READING COMPREHENSION

Rewrite the following statements where necessary to make them agree with the facts as presented in the story.

1. Le papier porte des instructions pour retrouver un trésor.
2. L'abbé est le dernier descendant de la famille Spada.
3. Le trésor de l'abbé se compose d'environ treize millions en monnaie italienne.
4. Dantès n'accepte pas le trésor parce qu'il est un enfant illégitime.

VOCABULARY STUDY

Write sentences of your own with each of the following words, using one or more in each sentence.

testament
assis/debout
gauche/droit
celui-ci
avril
par hasard
découvrir
moitié
être à + *pronoun*
environ
treize
monnaie
autrefois/aujourd'hui
enfant/père
libre/prisonnier

STRUCTURES

A. *The Position of* ***rien*** *with* ***sans*** *+ infinitive*

Rewrite the following sentences according to the example.

EXAMPLE: Il le regarde. Il ne dit rien.

Il le regarde sans rien dire (without saying anything).

1. Il passe la nuit. Il ne fait rien.
2. Il passe la nuit. Il n'écrit rien.
3. Il passe la nuit. Il n'attend rien.
4. Il passe la nuit. Il n'entend rien.

B. *The Position of* ***jamais*** *with* ***si***

Jamais follows **si** immediately.

> **Si jamais** nous quittons l'île, nous serons riches.
> *If we (should) ever leave the island, we'll be rich.*

Rewrite the following sentences according to the example.

EXAMPLE: Nous nous échappons. La moitié du trésor est à vous.
Si jamais nous nous échappons, la moitié du trésor est à vous.

1. Ils sortent de prison. Le trésor est à aux.
2. L'abbé meurt en prison. Il lui laisse toute la fortune.
3. Dantès arrive dans l'île. Le trésor est à lui.
4. Dantès trouve le trésor. Il est à lui.

26

READING COMPREHENSION

Rewrite the following statements where necessary to make them agree with the facts as presented in the story.

1. Dantès connaît bien Monte Cristo. Il y va souvent voir ses amis.
2. Dantès veut sauver une second fois l'abbé, qui a une troisième attaque.
3. L'abbé souffre plus que la première fois parce qu'il va mourir.
4. Avant de mourir, l'abbé parle de liberté et de son île au trésor.

VOCABULARY STUDY

Write sentences of your own with the following words, using one or more in each sentence.

enlever
crier
prendre la place de quelqu'un
ne... pas encore
encore une fois
sauver la vie de quelqu'un
il reste
goutte
revenir à + *stress pronoun*
bonheur
profiter de
souffrir
secouer
s'écrier
retomber

STRUCTURES

A. *The Formation of the Future Tense*

The verbs contained in the following sentences are in the future. Make a list of the infinitives from which the futures are formed. In the case of irregular forms, try to identify the infinitive from the context.

1. Il passera quelques heures sur l'île.
2. Ils rempliront le passage.
3. Il disparaîtra.
4. Dantès prendra le trésor.
5. Ils n'attendront pas longtemps.
6. L'abbé mourra de l'attaque.
7. Il sera bientôt mort.
8. Dantès le verra mourir.
9. Un autre prisonnier viendra à sa place.
10. Dantès ira à l'île de Monte Cristo.
11. Il fera tout ce qu'on lui a dit.
12. Il ne reviendra plus à la prison.
13. Il aura une fortune immense.
14. Il pourra faire ce qu'il voudra.

27

READING COMPREHENSION

Rewrite the following statements where necessary to make them agree with the facts as presented in the story.

1. Dantès verse le reste de la potion pour faire revenir l'abbé à lui.
2. Il retourne dans son cachot parce qu'il est impatient de revoir le porte-clefs.
3. «L'abbé n'est pas assez riche pour payer sa place au cimetière de la prison», disent les porte-clefs.
4. On viendra chercher le cadavre le lendemain.

VOCABULARY STUDY

Write sentences of your own with each of the following words, using one or more in each sentence.

ouvert	voir	choc
mort	bien mort	lourd
saisir	cimetière	onze
être bien temps	sac	pourquoi faire?

WRITING PRACTICE

Write five sentences of your own (questions or statements) calling for the rejoinder **pourquoi faire?**

28–29

READING COMPREHENSION

Rewrite the following statements where necessary to make them agree with the facts as presented in the story.

1. Dantès veut d'abord se suicider en voyant le corps de son ami dans le sac.
2. Pour sortir de prison, il faudra que Dantès se mette à la place du cadavre.
3. Dantès cache le cadavre sous son lit.
4. Les porteurs ont une civière pour transporter le sac.
5. Ils balancent le sac parce qu'ils aiment faire ça.
6. Le sac reste à la surface de l'eau parce qu'il n'est pas très lourd.

VOCABULARY STUDY

A. *Vocabulary Usage*

Write sentences of your own with each of the following words or phrases.

sentir
se sentir
prendre quelqu'un ou quelque chose par le bout/
  la tête/la main/les pieds
encore + *expression of quantity*

B. *The Meaning of* ***venir*** *+ infinitive and* ***venir de*** *+ infinitive*

Translate the following sentences.

EXAMPLE: Il vient manger. *He comes to eat.*
 Il vient de manger. *He has just eaten.*

1. Les rats viennent manger sur la table.
2. Les rats viennent de manger sur la table.
3. Les autres hommes viennent aider le porte-clefs.
4. Les autres hommes viennent d'aider le porte-clefs.

REVIEW EXERCISE

Review the vocabulary and the grammar points covered in *Part I.* Then rewrite each sentence with the correct form of the words in parentheses.

L'inspecteur demande au gouverneur s'il n'a pas _____ (*article* + **autre**) prisonniers. Le gouverneur _____ (*pronoun replacing* **à l'inspecteur**) répond qu'il y a des prisonniers dangereux comme Dantès. Ils descendent _____ (*pronoun replacing* **Dantès**) voir dans son cachot. Ils _____ (*pronoun replacing* **dans son cachot**) trouvent Dantès qui _____ (**être**) en prison _____ (*preposition*) 1815. Il est humble, il n'est pas _____ (*replace* **ne... pas** with **ne... plus**) furieux. Après _____ (*past infinitive of* **visiter**) ce cachot, les deux hommes vont dans celui d'un autre prisonnier. L'abbé Faria croit _____ qu'il est millionnaire (*replace* **croire que** *with* **se croire**). Il demande à l'inspecteur de _____ (*pronoun replacing* **à l'inspecteur**) parler en secret. L'inspecteur refuse. «Vous me refusez la liberté. Dieu me _____ (*pronoun replacing* **la liberté**) donnera. Je _____ (*insert* **vous**) maudis.» Les mois passent. On change _____ (*preposition*) gouverneur, on change (*preposition*) _____ porte-clefs. Dantès demande l'air, la lumière, _____ (*article*) livres, _____ (*article*) instruments mais rien ne _____ est accordé (*insert pronoun* replacing **à Dantès**). Il décide de se suicider en _____ (*present participle of* **se laisser**) mourir _____ (*preposition*) faim. Mais un jour, au moment où il _____ (*use immediate future construction with* **mourir**), il entend un bruit. C'est peut-être un ouvrier. Il faut que Dantès _____ (**réfléchir**): si c'est un ouvrier, il _____ (**n'avoir qu'à**) frapper. Il frappe trois _____ (*noun*), puis écoute, mais le bruit _____ (*use immediate past construction with* **s'arrêter**). Edmond boit de l'eau _____ (*replace* **de l'** *with* **un peu d'**) et écoute _____ (*insert* **toujours**). Finalement, il entend quelqu'un. Alors lui aussi commence à travailler. Il est nécessaire _____ (*preposition*) avoir des instruments. Il _____ _____ (*verb*) sa cruche par terre. Il _____ (*future tense of* **dire**) au porte-clefs qu'elle _____ (**passé composé** *of* **se casser**) en _____ (*present participle of* **tomber**).

PART II

Part II presents *Les Chandeliers de l'évêque*, taken from the immortal masterpiece *Les Misérables* by Victor Hugo (1802–1885). This central episode in the novel shows how a decent man can become a petty thief because of adverse circumstances and how imprisonment changes a human being into an animal. The main protagonist, Jean Valjean, is mercilessly sentenced to the galleys for stealing a single loaf of bread. Finally set free after many years, he seems doomed to fail in a hostile society when he meets a saintly man who saves his soul. Jean Valjean becomes a wealthy industrialist who redeems himself through renewed acts of generosity.

Although Victor Hugo's rich language has been simplified, the poignancy of the narrative and scenes has been preserved. New words and expressions appear as footnotes at the bottom of the page where they first occur.

STUDY AIDS

The following suggestions will help you in your reading of *Les Chandeliers de l'évêque* and in preparing for class activities:

1. Glance over the vocabulary exercises before reading the story.
2. Be sure to review the imperfect tense, the **passé composé** tense, the conditional mood, the use of the present participle, relative pronouns, and indirect discourse constructions. There are exercises reinforcing these grammar points at the end of each set of chapters.

3. Try to guess the general meaning of each sentence before you verify your understanding by means of the footnotes and vocabulary. Reread the story aloud with the aid of the footnotes when necessary.
4. Try to recall the main ideas in the story and list them in order of importance. Then try to recall the expressions you learned in this unit to be sure you know how they are used. Rewrite your ideas in a cohesive paragraph.
5. Be prepared in advance for the *Communicative Activity*. Write down your thoughts on the topics chosen for discussion and practice saying them aloud several times in order to improve your oral proficiency.

Les Chandeliers de l'évêque

VICTOR HUGO

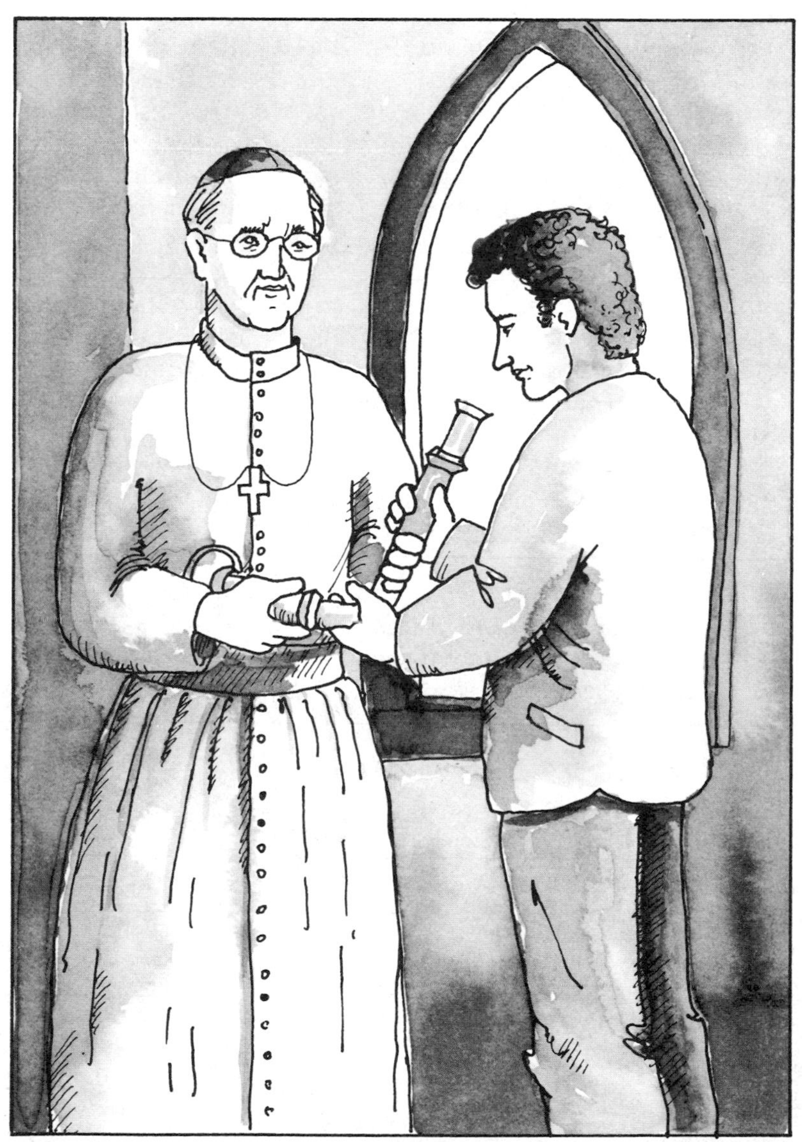

1. LA FAIM[1]

Un dimanche soir,[2] en décembre 1795, un jeune homme de vingt-cinq ans était assis[3] devant une table dans une petite maison du village de Faverolles en Brie.[4]

C'était Jean Valjean. Quand il était tout petit enfant, il avait perdu son père et sa mère. De sa famille, il ne restait que lui et sa sœur,[5] et les sept enfants de sa sœur, qui avait perdu son mari.[6] Le premier de ses enfants avait huit ans,[7] le dernier un an. Jean Valjean avait pris la place du père et par un travail dur[8] et mal payé, il gagnait sa vie[9] pauvrement, mais honnêtement.[10]

Il faisait ce qu'il pouvait. Certains jours, il gagnait dix-huit sous;[11] d'autres, il ne gagnait rien. La famille passait de nombreux[12] jours sans pain ni viande. Sa sœur travaillait aussi, mais que faire[13] avec sept petits enfants?

En ce mois de décembre, 1795, il faisait très froid.[14] Jean n'avait pas de travail. La famille n'avait pas de pain. Pas de pain! et sept petits enfants!

Assis seul devant la table vide,[15] il pensait à la situation, cherchant une solution. Dans la chambre voisine,[16] il pouvait entendre pleurer de faim les sept petits enfants. Comme la vie était dure et triste!

À dix heures du soir,[17] un boulanger[18] de la place[19] de l'Église[20] a entendu un grand bruit dans sa boulangerie.[21] Il est vite descendu et il est arrivé à temps pour voir un bras passé par un trou[22] dans la fenêtre. Le bras a saisi[23] un pain et l'a emporté.[24] Le boulanger est vite sorti et a vu le voleur[25] qui courait sur la place. Le boulanger a couru après lui et l'a arrêté. C'était Jean Valjean.

---

[1]**faim** hunger. [2]**un dimanche soir** one Sunday night. [3]**assis** (*p.p.* **asseoir**) seated, sitting. [4]**Brie** province to the south of Paris. [5]**sœur** sister. [6]**mari** husband. [7]**avait huit ans** was eight years old. [8]**dur** hard. [9]**vie** livelihood, living. [10]**honnêtement** honestly, respectably. [11]**dix-huit sous** (a **sou** is worth five **centimes**), i.e., very little money. [12]**nombreux** many (numerous). [13]**que faire...?** what can be done...? [14]**il faisait très froid** the weather was bitterly cold. [15]**vide** empty. [16]**voisin** next, near-by. [17]**heure** hour; **dix heures du soir** ten o'clock at night. [18]**boulanger** baker. [19]**place** square. [20]**Église** church. [21]**boulangerie** bakery. [22]**trou** hole. [23]**saisir** to seize. [24]**emporter** to carry off. [25]**voleur** thief.

2. AU TRIBUNAL[26]

On a conduit Jean Valjean devant le tribunal. La grande salle[27] du tribunal était pleine; tous les gens[28] du village qui connaissaient Jean Valjean, s'y trouvaient.

Jean Valjean écoutait la voix du juge:

«Jean Valjean, vous êtes accusé d'avoir volé[29] un pain au boulanger. Vous n'avez pas pu prouver que vous êtes innocent, vous êtes donc coupable.[30] Aux yeux de la justice, vous êtes un voleur. Vous avez quelque chose à déclarer?»

Jean Valjean a compris[31] qu'il devait se défendre, mais les mots ne pouvaient pas sortir d'entre ses lèvres. Enfin, il a répondu au juge:

«Je n'avais pas l'intention de voler. Je ne suis pas un voleur. Je suis honnête, comme tout le monde pourrait vous le dire. Vous ne savez pas ce que c'est que[32] d'avoir faim! Vous ne savez pas ce que c'est que[32] d'être sans travail, sans argent, sans pain! J'ai cherché dans tous les villages voisins; j'ai fait des kilomètres[33] pour trouver du travail, mais rien! Pas de travail, pas de pain. Je ne voulais pas faire quelque chose de malhonnête.[34] Tout le monde le sait, je n'avais pas l'intention de voler; j'avais seulement faim, et les petits avaient faim. Vous comprenez, faim, faim!»

«Il n'y a rien à faire,» dit le juge du tribunal. «Il faut que la justice se fasse. Vous êtes condamné à cinq ans de galères.»[35]

«Vous ne pouvez pas m'envoyer[36] aux galères pour avoir volé un pain!» s'est écrié Jean Valjean. Il ne pouvait pas croire ce qu'il avait entendu. Cinq ans de galères pour un pain!

Mais les gendarmes[37] l'ont saisi et l'ont emmené. Sa voix s'est perdue[38] dans le bruit de la salle.

---

[26]**tribunal** court. [27]**salle** hall, room. [28]**gens** people. [29]**voler** to steal. [30]**coupable** guilty. [31]**compris** (*p.p.* **comprendre**) understood. [32]**que:** disregard here. [33]**kilomètre** kilometer (= *app.* ⅝ *mile*); **faire des kilomètres** to travel (walk) miles. [34]**malhonnête** dishonest. [35]**galères** *pl.* (galleys), prison (with hard labor). [36]**envoyer** to send. [37]**gendarme** gendarme (state police officer). [38]**se perdre** to be lost.

3. NUMÉRO[39] 24601

Comme pour tous les autres prisonniers condamnés aux galères, à Toulon,[40] on ne l'a plus appelé par son nom.[41] Il n'était plus Jean Valjean; il était le numéro 24601.

Vers la fin de la quatrième année,[42] ses camarades l'ont aidé à s'évader.[43] Pendant deux jours il a été en liberté, dans les champs, si c'est être libre que[44] d'avoir peur de tout, d'un homme qui passe sur la route, d'un cheval qui court le long du chemin, d'une bête qui sort de son trou, d'un chien, des enfants, du jour parce qu'on voit, de la nuit parce qu'on ne voit pas. Le soir du deuxième jour, les gendarmes l'ont repris. Il n'avait ni mangé ni dormi depuis[45] trente-six[46] heures.

Le tribunal l'a condamné à trois ans de prison en plus des cinq premiers.

La sixième année, il a essayé de s'évader une deuxième fois.[47] Il s'est caché la nuit[48] dans un vieux bateau, au bord de l'eau. Mais il a été repris. Et il a été condamné à cinq ans de prison de plus, dont deux ans de double chaîne.[49] Treize ans, en tout.

La dixième année, il a essayé pour la troisième fois de s'évader. Il n'a pas mieux réussi.[50] Trois ans de plus. Ça fait seize[51] ans de prison.

Enfin, pendant la treizième année, il a essayé une dernière fois et n'a réussi qu'à se faire reprendre après quatre heures de liberté. Trois ans pour ces quatre heures. Dix-neuf ans...

Dix-neuf ans, c'est long! L'homme qui était entré en prison en 1796 pour avoir volé un pain, et qui pleurait à la pensée des sept petits enfants qui souffraient de la faim et du froid. En 1815, cet homme-là n'était plus. C'est cette année-là, 1815, que le numéro 24601 est sorti de prison.

Jean Valjean ne pleurait plus, il ne montrait plus ses émotions, il parlait peu, ne riait[52] jamais. Pour lui, la vie était devenue sombre, dure, sans espoir.[53] Depuis longtemps, il était

---

[39]**numéro** number. [40]**Toulon** seaport on the Mediterranean coast. [41]**nom** name. [42]**année** year. [43]**s'évader** to escape. [44]**que:** disregard here. [45]**depuis** since, for. [46]**trente-six** thirty-six. [47]**fois** time. [48]**la nuit** at night. [49]**dont deux ans en double chaîne** two [years] of them in double chains. [50]**réussir** to succeed. [51]**seize** sixteen. [52]**riait** (*imperf.* **rire**) laughed. [53]**espoir** hope

sans nouvelles[54] de sa famille; il n'allait plus revoir personne. Il était seul, tout seul, contre la société cruelle.

4. LIBERTÉ

En octobre 1815, la porte de la prison s'est ouverte. Jean Valjean était libre. Libre! Mais il entendait toujours ce qu'on lui avait dit en sortant:

«Il faudra aller te présenter à Pontarlier.[55] Tu connais les règlements.[56] Tu te présenteras au bureau de police, deux fois par semaine,[57] pendant la première année; tous les mois pendant la deuxième année; tous les trois mois pendant la troisième année, et le premier de l'an, tous les ans, pendant les dix années qui suivront. Si tu oublies de suivre les règlements une seule fois, tu risques de te faire arrêter.[58] Voici ton passeport et ton argent. Passe ton chemin!»

«J'ai un passeport jaune?»[59]

«Oui, il est jaune! Tu as essayé de t'évader plusieurs fois. On ne donne pas de passeport blanc à des gens comme toi!»

Jean Valjean s'en est allé sur la route de Digne.[60]

En traversant les petits villages sur son chemin, il essayait de trouver du travail. Il était très fort et pouvait faire le travail de quatre hommes, sans se fatiguer.[61] Mais il n'y avait pas de travail pour un homme à passeport jaune, un galérien![62]

Un soir, il est arrivé dans la petite ville de Digne, dans les Alpes.

Il y avait peu de gens dans les rues. Ceux qui regardaient cet homme misérable, sombre et fatigué, avec un sac[63] sur le dos[64] et un bâton fort à la main, passaient leur chemin sans lui parler.

Jean Valjean est entré dans la mairie,[65] puis est sorti peu

---

[54]**était sans nouvelles** (*imperf.* **être**) had not heard from. [55]**Pontarlier** a small town in Eastern France, north of Besançon, where Jean Valjean hoped to find work. [56]**règlements** regulations. [57]**semaine** week. [58]**arrêter** to arrest. [59]**jaune** yellow. [60]**Digne** city of southeastern France, north of Toulon where Valjean had been imprisoned. [61]**se fatiguer** to become tired, tire. [62]**galérien** convict. [63]**sac** knapsack. [64]**dos** back, shoulder. [65]**mairie** townhall (where the police station was located).

après. Un gendarme, assis près de la porte, l'a regardé, l'a suivi quelque temps des yeux, puis est rentré dans la mairie.

Jean Valjean avait faim. Il est entré dans la meilleure auberge[66] et a demandé un lit pour la nuit et quelque chose[67] à manger. Mais pendant qu'il attendait, l'aubergiste[68] avait envoyé un enfant au bureau de police pour savoir qui était cet homme qui se présentait à l'auberge.

«Monsieur,» dit l'aubergiste, «nous n'avons pas de chambre.»

«Mais je peux dormir avec les chevaux.»

«Il n'y a pas de place.»

«Alors, donnez-moi quelque chose à manger. J'ai de l'argent.»

«Je ne puis pas vous donner à manger.»

Jean Valjean se leva.

»Je meurs de faim. Je marche depuis ce matin. J'ai fait seize kilomètres. Je paye. Je veux manger.»

«Je n'ai rien,» dit l'aubergiste.

«Je suis à l'auberge; j'ai faim et je reste.»

L'aubergiste l'a regardé un moment; puis, il lui a dit:

«Allez-vous-en. Voulez-vous que je vous dise votre nom? Vous vous appelez Jean Valjean. Maintenant,[69] voulez-vous que je vous dise qui vous êtes? Vous êtes un galérien. Allez-vous-en!»

Jean Valjean a baissé la tête, a repris son sac et son bâton, et s'en est allé.

5. VA-T'EN!

Il faisait froid.

Dans les Alpes, on ne peut pas passer la nuit dans la rue. Alors Jean Valjean est entré dans une autre auberge, a pris une place devant le feu, et a demandé quelque chose à manger. L'aubergiste a mis une main sur l'épaule de l'étranger, et lui a dit:

---

[66] **auberge** inn. [67] **chose** thing. [68] **aubergiste** innkeeper. [69] **maintenant** now.

«Tu vas t'en aller d'ici.»

«Ah! vous savez?... »

«Oui.»

«Où voulez-vous que j'aille?»

«N'importe où; mais pas ici!»

Jean Valjean a pris son bâton, a mis son sac sur le dos et s'en est allé.

Il est passé devant la prison. Il a frappé à la porte. La porte s'est ouverte.

«Monsieur, voudriez-vous m'ouvrir et me donner une place pour cette nuit?»

«Une prison n'est pas une auberge. Faites-vous arrêter,[70] on vous ouvrira.»

La porte s'est refermée.

En passant devant une petite maison, Jean Valjean a vu une lumière. Il a regardé par la fenêtre. C'était une famille de paysans. Au milieu de la chambre, il y avait une table, sur laquelle se trouvaient du pain et du vin. Il a frappé à la fenêtre un petit coup, très faible... Il a frappé un second coup... un troisième coup.

Le paysan s'est levé pour aller ouvrir la porte.

«Pardon, monsieur» dit l'étranger. «En payant, pourriez-vous me donner une place pour dormir? Dites, pourriez-vous? en payant?»

«Pourquoi n'allez-vous pas à l'auberge?»

«Il n'y pas de place chez[71] Labarre.»

«Et à l'autre auberge?»

«Non plus.»

Le paysan a regardé le nouveau venu[72] de la tête aux pieds, puis il s'est écrié.

«Est-ce que vous seriez l'homme?... Va-t'en! Va-t'en?»

Puis il a refermé la porte.

Au bord de la rue, dans un jardin, Jean Valjean a vu une sorte de petite hutte. Il souffrait du froid et de la fatigue. Alors, il s'est glissé[73] dans la hutte.

---

[70]**Faites-vous arrêter** [*imp.*] Get yourself arrested. [71]**chez** at, in, into, to the house of. [72]**le nouveau venu** the newcomer. [73]**se glisser** to slip, slide.

Il y faisait chaud.[74] L'homme y est resté un moment sans pouvoir faire un mouvement. Puis il a essayé de mettre son sac à terre. En ce moment, un bruit lui a fait lever les yeux. Il a vu la tête d'un chien énorme derrière lui. Jean Valjean s'est armé de son bâton, a mis son sac entre lui et le chien et est sorti de la hutte comme il a pu.

Une fois dans la rue, il a marché vers la place de la ville, et s'est couché sur un banc[75] de pierre devant l'église, en se disant:

«Je ne suis pas même un chien!»

6. UN JUSTE[76]

Une vieille femme sortait de l'église en ce moment.

«Que faites-vous là, mon ami?» lui a-t-elle dit.

«Vous le voyez, bonne femme, je me couche,» a-t-il répondu, durement.

«Sur ce banc?»

«Oui, sur ce banc; un lit de pierre, ça n'a pas d'importance!»

«Mais vous ne pouvez pas passer ainsi la nuit.»

«J'ai frappé à toutes les portes... on m'a chassé.»

La bonne femme lui a montré[77] une petite maison, tout près de l'église.

«Vous avez frappé à toutes les portes?» lui a-t-elle dit.

«Oui.»

«Avez-vous frappé à celle-là?»

«Non.»

«Frappez-y.»

Jean a regardé la maison, s'est levé et s'est approché lentement de la porte.

C'était la maison de Mgr[78] Bienvenu, évêque[79] de Digne, un vieil homme de soixante-dix[80] ans, qui y vivait seul avec sa sœur, Mlle Baptistine, et une vieille servante, appelée madame Magloire.

---

[74]**Il y faisait chaud** It was warm there. [75]**banc** bench. [76]**juste** *n.* just or upright person. [77]**montrer** to show, point out. [78]**Mgr** (*abbreviation for* **monseigneur**) his (your) Grace (= title of church dignitary). [79]**évêque** bishop. [80]**soixante** sixty; **soixante-dix** seventy.

Entendant quelqu'un frapper à sa porte, le bon évêque a crié: «Entrez.»

La porte s'est ouverte. Un homme est entré, un sac au dos, un bâton à la main. Son air sombre et sauvage a fait peur à la petite servante, qui n'a même pas eu la force de jeter un cri.[81] Mlle Baptistine a regardé son frère, restant calme.

L'évêque a regardé l'homme d'un œil tranquille.

«Entrez,» a-t-il dit. «Que voulez-vous ici?»

«On m'a dit de venir ici. Êtes-vous aubergiste? J'ai de l'argent. Puis-je rester pour la nuit?»

Au lieu de[82] répondre à cette question, l'évêque a dit à madame Magloire:

«Mettez un couvert[83] de plus à la table.»

Puis, il a dit à l'étranger:

«Vous avez faim? Entrez donc!»

Jean l'a regardé un moment. Il ne pouvait pas comprendre cet homme-là. Pourquoi ne lui avait-il pas dit: «Va-t'en!»? Il s'est approché de[84] l'évêque et l'a regardé dans les yeux; puis, il lui a dit, lentement, lentement:

«Attendez! Il faut que je vous dise... Je m'appelle Jean Valjean. Je suis un galérien. J'ai passé dix-neuf ans en prison. Je suis libre depuis quatre jours[85] et en route pour Pontarlier. Ce soir, en arrivant dans cette ville, j'ai été dans une auberge, on m'a dit de m'en aller à cause de[86] mon passeport jaune. J'ai été à une autre auberge. On m'a dit: Va-t'en! Personne[87] n'a voulu de moi. J'ai été dans la hutte d'un chien. Ce chien m'a chassé comme s'il avait été un homme. Alors je me suis couché sur un banc de pierre, sur la place. Mais une bonne femme m'a montré votre maison et m'a dit: Frappe là... J'ai frappé. Qu'est-ce que c'est ici? est-ce une auberge? J'ai de l'argent; cent neuf francs quinze[88] sous que j'ai gagnés aux galères par mon travail en dix-neuf ans. Je payerai. Voulez-vous que je reste?»

«Madame Magloire, vous mettrez un couvert de plus,» a dit l'évêque.

---

[81]**jeter un cri** to utter a cry. [82]**au lieu de** instead of. [83]**couvert** place setting (= knife, fork, and spoon). [84]**s'approcher de** to approach. [85]**je suis libre depuis quatre jours** I have been free for four days. [86]**à cause de** because of. [87]**personne... ne** no one, nobody. [88]**quinze** fifteen.

L'homme s'est approché de plus près:

«Avez-vous bien compris? Je suis un galérien! un galérien! Je viens des galères.»

Il a tiré[89] de sa poche son passeport et l'a montré à Mgr Bienvenu.

«Voilà mon passeport,» lui a-t-il dit. «Jaune, comme vous le voyez. Tenez, voilà ce qu'on a mis sur le passeport: Jean Valjean, galérien libéré[90]... est resté dix-neuf ans an prison. Cinq ans pour vol.[91] Quatorze[92] ans pour avoir essayé de s'évader quatre fois. Cet homme est très dangereux.»

«Madame Magloire,» dit l'évêque, «vous mettrez des draps blancs au lit dans la chambre voisine.»

L'évêque s'est tourné vers l'homme:

«Monsieur,» lui a-t-il dit, «vous êtes le bienvenu. Asseyez-vous devant le feu. Nous allons souper[93] dans un moment, et l'on fera votre lit pendant que vous souperez.»

Enfin, Jean Valjean a compris. On ne le chassait pas. Il s'est mis à parler, en cherchant ses mots:

«Vrai? Quoi? vous me gardez? Vous ne me chassez pas? Vous m'appelez «monsieur», moi, un galérien! Je vais souper! J'ai un lit! Je payerai tout ce que vous voudrez. Pardon, monsieur l'aubergiste, comment vous appelez-vous? Vous êtes aubergiste, n'est-ce pas?»

«Je suis,» a dit l'évêque, «un prêtre[94] qui demeure[95] ici.»

«Un prêtre!» a répondu l'homme. «Oh! un brave homme de prêtre![96] C'est bien bon un bon prêtre. Alors vous n'avez pas besoin que je paye?»

«Non,» a dit l'évêque, «gardez votre argent.»

7. LES CHANDELIERS[97] D'ARGENT

Madame Magloire est rentrée. Elle apportait un couvert qu'elle a mis sur la table.

---

[89]**tirer** to draw, pull. [90]**libéré** freed, released. [91]**vol** theft. [92]**quatorze** fourteen. [93]**souper** to have supper. [94]**prêtre** priest. [95]**demeurer** to live, dwell. [96]**un brave homme de prêtre** a worthy man and a priest. [97]**chandelier** candlestick.

«Madame Magloire,» a dit l'évêque, «mettez ce couvert un peu plus près du feu. Il fait froid dans les Alpes, et monsieur doit avoir froid.»

Chaque fois qu'il disait ce mot *monsieur,* avec sa voix sérieuse et bonne, Jean Valjean sentait quelque chose remuer[98] dans son cœur.

«Voici,» a continué l'évêque, «une lampe qui ne donne pas beaucoup de lumière.»

Madame Magloire a compris et elle est allée chercher dans la chambre à coucher[99] de monseigneur les deux chandeliers d'argent qu'elle a mis sur la table tout allumés.[100]

«Monsieur,» a dit Jean, «vous êtes bon, vous me respectez. Vous me recevez chez vous et vous allumez vos beaux chandeliers d'argent pour moi. Ne vous ai-je pas dit d'où je viens, et que je suis un homme dangereux?»

L'évêque a mis sa main doucement sur celle de Jean Valjean, et a dit:

«Vous n'aviez pas besoin de me dire votre nom. Je vous connais. Cette porte ne demande pas à un homme qui y entre, s'il a un nom, mais s'il a une douleur. Vous avez faim et soif,[101] vous souffrez, ainsi vous êtes le bienvenu. Et il ne faut pas me remercier, parce que vous êtes chez vous.[102] Tout ce qui est ici est à vous. Alors je n'ai pas besoin de vous demander ce que je savais déjà.»[103]

«Vous me connaissez, donc?»

«Oui, vous êtes mon frère. Vous comprenez? mon frère. Et vous avez beaucoup souffert,[104] n'est-ce pas?»

«Oh! la blouse rouge, les chaînes aux pieds, une planche pour dormir, le chaud,[105] le froid, le travail, les gardiens, les coups de bâton, la double chaîne pour rien, même malade[106] au lit, la chaîne. Les chiens sont plus heureux! Dix-neuf ans! j'en ai quarante-six.[107] Et maintenant le passeport jaune. Voilà!»

«Oui, vous sortez d'un lieu de tristesse.[108] Écoutez. Il y aura

---

[98]**remuer** to stir, move. [99]**chambre à coucher** bedroom. [100]**allumé** lighted. [101]**soif** thirst; **avoir soif** to be thirsty. [102]**chez vous** at home, in your house. [103]**déjà** already. [104]**souffert** (*p.p.* **souffrir**) suffered. [105]**chaud** *n.* heat. [106]**malade** ill, sick. [107]**quarante** forty. [108]**tristesse** sadness.

plus de joie[109] au ciel pour un homme qui a fait le mal et qui le regrette que pour la robe blanche de cent justes. Si vous sortez de ce lieu douloureux avec des pensées de colère[110] contre les hommes, vous êtes digne de pitié; si vous en sortez avec des pensées de bonté[111] et de douceur, vous valez mieux[112] que n'importe lequel d'entre nous.[113] Si c'est comme ça que vous sortez, alors, il y a de l'espoir pour vous en ce monde, et après.»

Madame Magloire avait servi[114] le souper. On s'est mis à table.[115] Comme il faisait toujours quand quelque étranger soupait chez lui, l'évêque a fait asseoir Jean Valjean à sa droite,[116] entre sa sœur et lui.

Jean n'a pas levé la tête. Il a mangé comme une bête sauvage qui souffre de la faim.

Après le souper, Mgr Bienvenu a pris sur la table un des deux chandeliers d'argent, a donné l'autre à Jean Valjean, et lui a dit:

«Monsieur, je vais vous conduire à votre chambre.»

8. ON PENSE À TOUT

Pour passer dans la chambre où Jean Valjean allait coucher, il fallait traverser la chambre à coucher de l'évêque.

Au moment où ils la traversaient, madame Magloire mettait l'argenterie[117] dans un placard[118] dans le mur, près du lit de l'évêque. C'était la dernière chose qu'elle faisait chaque soir avant d'aller se coucher. Elle sentait les yeux de l'étranger qui suivaient tous ses mouvements, et, ayant peur de lui, elle a fermé le placard à clef et elle est vite sortie de la chambre. Mais, dans son émotion elle a oublié de prendre la clef avec elle.

Entrant dans la petite chambre voisine, l'évêque a fait signe à Jean Valjean de la suivre.

«Voilà votre lit, monsieur,» a-t-il dit. «Faites une bonne

---

[109]**joie** joy, happiness. [110]**colère** anger. [111]**bonté** kindness, goodness. [112]**valez mieux** (*pres. ind.* **valoir mieux**) are worth more. [113]**n'importe lequel d'entre nous** any one of us, no matter which. [114]**avait servi** (*pluperf.* **servir**) had served. [115]**se mettre à table** to sit down to table. [116]**droite** right hand, right. [117]**argenterie** silver (plate). [118]**placard** cupboard.

nuit.[119] Demain matin, avant de partir, vous boirez une tasse de lait[120] chaud.»

Jean Valjean l'a remercié. Puis, tout à coup,[121] il a eu un étrange mouvement du cœur. Il s'est tourné vers le vieillard,[122] a levé son bâton, et, regardant l'évêque avec des yeux de bête sauvage, il s'est écrié:

«Comment! Vous me donnez un lit chez vous, près de vous comme cela! Avez-vous bien pensé à tout? Qui est-ce qui vous dit que je n'ai pas tué un homme?»

L'évêque a répondu:

«Cela regarde[123] le bon Dieu.»

Puis, gravement et remuant les lèvres comme quelqu'un qui prie ou qui se parle à lui-même, il a levé la main droite et a béni[124] Jean Valjean, qui n'a pas baissé la tête. Sans regarder derrière lui, il est rentré dans sa chambre.

Il était si fatigué qu'il n'a pas profité des bons draps blancs et il a éteint[125] la lumière d'un coup de sa main et s'est laissé tomber sur le lit. Il s'est endormi tout de suite.

EXERCISES

1–2

READING COMPREHENSION

Rewrite the following statements where necessary to make them agree with the facts as presented in the story.

1. La famille avait du pain en décembre parce que le travail de Jean était bien payé.
2. Les sept enfants pleuraient parce qu'ils n'avaient pas de père.
3. Le boulanger est descendu dans la boulangerie parce qu'il avait entendu du bruit.
4. Le voleur a couru après le boulanger pour lui voler son pain.

---

[119]**Faites une bonne nuit** (*imp.*) Have a good night's sleep. [120]**une tasse de lait** a cup of milk. [121]**tout à coup** suddenly. [122]**vieillard** old man. [123]**regarder** here = to concern. [124]**bénir** to bless. [125]**éteint** (*p.p.* **éteindre**) extinguished, put out (a light).

5. Jean a dit que les gens du village savaient qu'il était un homme honnête.
6. Le juge a accusé Jean d'avoir eu l'intention de voler.
7. Jean Valjean n'avait rien fait pour trouver du travail.
8. Il a très bien compris pourquoi le juge le condamnait.

VOCABULARY STUDY

Write sentences of your own with the following words using one or more in each sentence.

un an	le mois
décembre	le jour
dimanche	dimanche soir
l'heure	avoir + *number* + ans
jeune	petit
la famille	le père
la mère	la sœur
l'enfant	le mari
perdre son mari	gagner sa vie
travailler	un travail dur et mal payé
le gendarme	saisir
emmener	conduire au tribunal
la justice	le juge
accuser d'avoir fait quelque chose	condamner
	le voleur
envoyer ou condamner aux galères pour avoir fait quelque chose	voler quelque chose à quelqu'un
	malhonnête/honnête
être coupable/innocent	ne pas avoir l'intention de faire quelque chose
se défendre	

STRUCTURES

A. *The Use of the Imperfect*

Generally speaking, the imperfect describes a condition or an action in progress in the past. It is used to answer questions like: *What were things or people like? What were people or things doing during a past period or at a given point in the past?*

Rewrite the following sentences in the imperfect.

EXAMPLE: Jean pense à sa situation
Jean pensait à sa situation.

1. Jean Valjean est un jeune homme.
2. Il a vingt-cinq ans.
3. Il gagne sa vie pauvrement.
4. Sa sœur travaille aussi.
5. Ce dimanche soir, il est assis dans une chambre.

B. *The Use of the* ***passé composé***

The **passé composé** is used to present conditions or actions as completed events and to answer questions like: *What happened at that moment? What happened next?*

Rewrite the following passage in the **passé composé** using the appropriate auxiliary verb, **avoir** or **être.**

EXAMPLE: Le boulanger voit le voleur.
Le boulanger a vu le voleur.

Jean Valjean arrive devant la boulangerie. Il voit le pain. Il fait un trou dans la fenêtre. Il prend le pain. Le boulanger entend le bruit. Il sort de la boulangerie. Il court après le voleur.

C. *The Use of the Imperfect and the* ***passé composé***

Rewrite the following passage in the past using the imperfect to describe actions in progress or existing conditions and the **passé composé** to express completed events.

À la mort des parents, il ne reste que deux enfants. La vie est très dure en 1795. Certains jours, Jean ne gagne rien. Sa sœur travaille aussi. Un dimanche soir, Jean est seul dans une chambre. Il n'a pas de pain pour les enfants. À dix heures, il sort de la maison. Il arrive devant la boulangerie. Il fait un trou dans la fenêtre. Le boulanger entend le bruit. Il sort vite. Il court après le voleur. Il l'arrête.

D. *The Use of* **à** *and* **de** *with* **quelque chose** *and* **rien**

The preposition **à** is used to introduce a verb after **quelque chose** and **rien,** whereas **de** is used to introduce an adjective.

Complete the following sentences with the appropriate preposition, **à** or **de.**

1. Jean n'avait rien _____ manger.
2. Il n'avait rien _____ bon à manger.
3. Il cherchait quelque chose _____ manger.
4. Il avait quelque chose _____ triste à dire.
5. Il n'avait rien fait _____ malhonnête.
6. Le juge a dit qu'il n'y avait rien _____ faire.

3–4

READING COMPREHENSION

Rewrite the following statements where necessary to make them agree with the facts as presented in the story.

1. Après quatre ans de prison, on a aidé Jean Valjean à s'évader.
2. Quand Jean Valjean a été repris par les gendarmes, il n'avait pas faim.
3. En 1815, Jean Valjean a réussi à s'évader.
4. Il était devenu un voleur parce que les sept enfants souffraient de la faim et du froid.
5. Le règlement que les galériens devaient suivre était d'aller se présenter à la police pendant treize ans.
6. Les galériens ordinaires recevaient un passeport jaune. Ceux qui avaient essayé de s'évader recevaient un passeport rouge.
7. Jean Valjean est entré dans la mairie de Digne pour demander du travail.
8. L'aubergiste savait qui était Jean Valjean parce qu'il s'était présenté à la mairie en arrivant.

VOCABULARY STUDY

A. *Vocabulary Usage*

Find the opposites of **premier, être en prison,** and **rire** and write sentences of your own with each of them.

B. *The Use of **an** and **année***

Use of *an*	**Use of *année***
With Numerals:	*With Indefinite Numbers:*
Il n'a pas vu sa famille depuis **dix-neuf ans.**	Il n'a pas vu sa famille depuis **des années.**
	With Ordinal Numbers:
Après **quatre ans** de prison, il s'est évadé.	Il s'est s'évadé pendant sa **quatrième année** de prison.
Il avait **vingt-cinq ans** quand il est entré en prison.	Il était dans sa **vingt-cinquième année** quand il est entré en prison.
In Set Phrases:	*To Emphasize Duration:*
Le premier janvier est **le premier jour de l'an.**	Le premier janvier est **le premier jour de l'année.**
Le premier janvier, c'est **le nouvel an.**	Le premier janvier, **une nouvelle année** commence.
Il doit se présenter à la police **tous les ans.**	Il doit se présenter à la police **chaque année.**
Il s'est présenté douze fois **par an.**	Il s'est présenté douze fois **cette année.**
*Phrases in which **an** and **année** are Interchangeable:*	
l'an dernier (passé, prochain)	**l'année dernière (passée, prochaine)**

Complete the following sentences with **an** or **année** making the necessary changes.

1. Jean Valjean a été condamné à cinq _____ de prison.
2. Il s'est évadé une deuxième fois pendant son/sa _____ sixième _____.
3. Il était sans nouvelles de sa famille depuis des _____.
4. Il était dans son/sa _____ trente-quatrième _____ quand il est sorti de prison.
5. Il devait se présenter à la police le premier de l'_____.
6. Il est allé à la mairie une fois par _____.

STRUCTURES

A. *The Formation of the* ***passé composé*** *of Reflexive Verbs*

The verb **être** is used to form the **passé composé** of verbs used reflexively.

Il échappe aux gendarmes.	**Il a échappé** aux gendarmes. *He escaped the gendarmes.*
but:	
Il s'échappe.	Il **s'est échappé.** *He escaped.*

Rewrite the following sentences in the **passé composé** using **être** when the verb is used reflexively.

EXAMPLE: Il s'évade.
Il s'est évadé.

1. Le boulanger arrête le voleur.
2. Jean Valjean ne s'arrête pas.
3. Il fait dix-neuf ans de prison.
4. Il se fait reprendre quatre fois.
5. Jean trouve un trou.
6. Il se trouve dans un trou.
7. Il cache son nom.
8. Il se cache sous un bateau.

B. *The Position of* ***premier*** *and* ***dernier*** *with Numerals*

Premier and **dernier** follow the numeral.

Les trois **premières** annees.	*The first three years.*
Les trois **dernières** années.	*The last three years.*

Insert the numerals in the following sentences.

EXAMPLE: Les premières années. (cinq)
Les cinq premières années.

1. Les premières années. (six)
2. Les dernières années. (trois)

3. Les premiers mois. (neuf)
4. Les dernières fois. (quatre)
5. Les premiers numéros. (vingt-quatre mille)

C. *The Use of the Gerund:* ***en*** *+ present participle*

Rewrite the following sentences according to the example.

EXAMPLE: Il entendait toujours ce qu'on lui avait dit quand il est sorti.

Il entendait toujours ce qu'on lui avait dit en sortant.

1. Il a essayé de trouver du travail quand il a traversé les villages.
2. Il avait faim quand il est arrivé à Digne.
3. Il avait son passeport quand il s'est présenté à la police.
4. Il a baissé la tête quand il s'en est allé. (s'en allant)

D. *The Use of the Infinitive with* ***sans***

Rewrite the following sentences by linking them with **sans.**

EXAMPLE: Il travaillait. Il ne se fatiguait pas.

Il travaillait ***sans se fatiguer.***

Il travaillait. Il ne devenait pas fatigué.

Il travaillait ***sans devenir fatigué.***

1. Il a traversé les villages. Il n'a pas trouvé de travail.
2. Il a traversé les villages. Il n'a pas pu trouver de travail.
3. Les gens l'ont regardé. Ils ne savaient pas qui il était.
4. On peut faire seize kilomètres. On ne s'arrête pas.

5–6

READING COMPREHENSION

Rewrite the following statements where necessary to make them agree with the facts as presented in the story.

1. Jean n'a pas pu passer la nuit dans la prison parce qu'il était un galérien.
2. Il voulait payer une place au paysan pour dormir.
3. Il s'est glissé dans la hutte parce qu'il n'y avait personne.
4. Il s'est couché sur un banc devant l'église.
5. La vieille femme a dit à Jean de frapper à la porte de l'église.

6. Jean ne savait pas qu'il était dans la maison de l'évêque.
7. Madame Magloire a crié de peur en voyant entrer le galérien.
8. L'évêque n'avait pas besoin que Jean lui explique sa situation pour le recevoir.
9. Jean voulait payer avec l'argent gagné dans les villages.

VOCABULARY STUDY

Write sentences of your own with each of the following words and phrases.

entrer dans
faire peur à quelqu'un
s'appeler
au lieu de + *infinitif*
s'approcher de
sortir de
avoir peur de quelqu'un ou de quelque chose
appeler quelqu'un
jeter un cri
avoir besoin de quelqu'un ou de quelque chose

STRUCTURES

A. *The Use of the Conditional of* ***pouvoir***

Rewrite the following sentences according to the example. Use the conditional of **pouvoir** instead of the imperative to make the request more polite.

EXAMPLE: Donnez-moi une place.
Pardon, monsieur, pourriez-vous me donner une place?

1. Montrez-moi un lit.
2. Passez-moi le pain.
3. Donnez-moi du pain et du vin.
4. Laissez-moi entrer.
5. Recevez-moi.

B. *The Use of* ***tu***

Note: The innkeeper uses **tu** when addressing a man he considers inferior. Likewise, as soon as the peasant realizes who the visitor is, he switches from the normal **vous,** used when addressing strangers, to **tu.**

Rewrite the following sentences switching from **vous** to **tu** and making all necessary changes.

EXAMPLE: Vous allez vous en aller d'ici.
Tu vas t'en aller d'ici.

1. Allez-vous-en!
2. Faites-vous arrêter, on vous ouvrira.
3. Vous pouvez vous coucher sur ce banc.
4. Pourquoi n'allcz-vous pas à l'auberge?
5. Voulez-vous que je vous dise votre nom?

C. *The Use of the Relative Pronoun **lequel***

The forms of the relative pronoun **lequel** are as follows:

Singular		**Plural**	
Masculine	*Feminine*	*Masculine*	*Feminine*
lequel	**laquelle**	**lesquels**	**lesquelles**
auquel	**à laquelle**	**auxquels**	**auxquelles**
duquel	**de laquelle**	**desquels**	**desquelles**

Complete the following sentences with the appropriate form of the relative pronoun.

EXAMPLE: Il y avait une table sur laquelle se trouvait du pain.

1. Il y avait une fenêtre à _____ Jean a frappé.
2. Il y avait un feu devant _____ il s'est assis.
3. Il y avait des rues au bord _____ se trouvaient des maisons.
4. Il y avait un paysan _____ Jean a demandé du pain.
5. Il y avait un jardin au milieu _____ se trouvait une hutte.

D. *The Use of the Imperfect in Indirect Discourse*

When changing a sentence to the past in indirect discourse, the main verb should be in the **passé composé** while the verb in the dependent clause should be in the imperfect.

«Je **m'appelle** Jean Valjean.» (*pres. ind./direct discourse*)
My name is Jean Valjean.

Il **a dit** qu'il **s'appelait** Jean Valjean. (**passé composé** and *imperfect/indirect discourse*)
He said that his name was Jean Valjean.

Rewrite the following statements as indirect discourse in the past using the appropriate tenses as in the example.

EXAMPLE: «J'ai de l'argent.»
*Il a **dit** qu'il **avait** de l'argent.*

1. «Je cherche une place pour la nuit.»
2. «Je suis un galérien.»
3. «Je viens de Toulon.»
4. «Je sors de prison.»
5. «Je meurs de faim.»

E. *The Use of the Pluperfect in Indirect Discourse*

When the verb in direct discourse is in the **passé composé,** it is changed to the pluperfect in indirect discourse.

«J'ai frappé à la porte» (*passé composé/direct discourse*)
Il **a dit** qu'il **avait frappé** à la porte. (*pluperfect/indirect discourse*)

Rewrite the following statements as indirect discourse using the appropriate sequence of tenses.

EXAMPLE: «J'ai passé neuf ans en prison.» (*passé composé*)
*Il **a dit** qu'il **avait passé** neuf ans en prison. (pluperfect)*

1. Je suis resté dix-neuf ans en prison.
2. J'ai fait seize kilomètres.
3. Je suis allé à l'auberge.
4. J'ai demandé une chambre.
5. J'ai été chassé.

F. *The Use of the Infinitive in Indirect Discourse*

Usually, when the verb in direct discourse is in the imperative, it will change to the infinitive in indirect discourse.

Chez l'évêque on m'a dit: «Entrez donc!»
Chez l'évêque on m'a dit **d'entrer.**

On m'a dit: «Approchez-vous!»
On m'a dit **de m'approcher.**

Note the agreement of the reflexive pronoun in a reflexive infinitive.

Rewrite the following statements as indirect discourse with infinitives.

EXAMPLE: On m'a dit: «Va-t'en!» (*imperative*)
On m'a dit ***de m'en aller.*** (*infinitif*)

1. À l'auberge on m'a dit: «Attendez quelques minutes.»
2. Au retour de l'enfant on m'a dit: «Allez-vous-en.»
3. À la prison de Digne on m'a dit: «Faites-vous arrêter.»
4. À Toulon on m'a dit: «Présentez-vous à la police.»
5. Vous m'avez dit: «Prenez place.»

WRITING PRACTICE

Make polite requests by writing sentences of your own using the following phrases.

1. Pardon, monsieur, pourriez-vous (+ *infinitif*)?
2. Pardon, madame, pourriez-vous (+ *infinitif*)?
3. Pardon, mademoiselle, pourriez-vous (+ *infinitif*)?
4. Pardon (Jean/Paul/Hélène, etc.), pourrais-tu (+ *infinitif*)?

COMMUNICATIVE ACTIVITY

Choose one of the following parts: **Jean Valjean, l'aubergiste, le gardien de la prison, le paysan, la vieille femme, l'évêque.** After preparing the corresponding lines, perform one of the following scenes with another classmate.

1. Dialogue between **Jean Valjean** and **l'aubergiste,** *Section 5, Lines 1–5 (page 91).*
2. Dialogue between **Jean Valjean** and **le gardien de la prison,** *Section 5, Lines 10–13 (page 91).*

3. Dialogue between **Jean Valjean** and **le paysan,** *Section 5, Lines 22–31 (page 91).*
4. Dialogue between **Jean Valjean** and **la vieille femme,** *Section 6, Lines 11–24 (page 92).*
5. Dialogue between **Jean Valjean** and **l'évêque,** *Section 6, Lines 7–15 (page 93).*

7–8

READING COMPREHENSION

Rewrite the following statements where necessary to make them agree with the facts as presented in the story.

1. Pour faire comprendre à madame Magloire d'aller chercher les chandeliers, l'évêque a dit que la lampe ne donnait pas beaucoup de lumière.
2. Jean Valjean sentait quelque chose dans son cœur chaque fois que l'évêque parlait aux deux femmes.
3. Jean Valjean était très heureux à Toulon: la robe blanche, un lit avec des draps blancs, les chaînes aux pieds des gardiens.
4. Chaque fois que l'évêque recevait un étranger à table, il le faisait asseoir à sa gauche, entre sa sœur et madame Magloire.
5. Après le souper, l'évêque a pris les chandeliers pour conduire Jean à l'auberge.
6. La chambre à coucher de Jean Valjean était voisine de celle de l'évêque.
7. Madame Magloire n'a pas pu fermer à clef la porte du placard parce qu'elle avait oublié de prendre la clef dans son émotion.
8. Jean Valjean a remercié l'évêque de lui avoir donné une tasse de lait.
9. Jean Valjean avait peut-être tué un homme mais cela n'avait pas d'importance aux yeux de l'évêque.
10. Jean a prié quand l'évêque l'a béni.

VOCABULARY STUDY

A. *Vocabulary Usage*

Write sentences of your own with the following words using one or more in each sentence.

être un juste	bon
la bonté	remercier quelqu'un

être le frère de quelqu'un
valoir mieux que quelqu'un
sérieux
le ciel
la douceur
la douleur
malheureux
la tristesse
la colère

être digne de quelque chose
respecter
sentir quelque chose remuer dans son cœur
la joie
l'espoir
douloureux
souffrir
regretter
faire le mal

la chambre à coucher
se coucher dans un lit ou sur un banc
éteindre la lumière
faire/passer une bonne nuit
la clef

coucher dans une chambre
faire son lit
le drap
s'endormir
le placard
fermer quelque chose à clef

B. *Word Formation*

1. Write the nouns corresponding to the following adjectives and verbs: **doux, joyeux, triste, bon, espérer, penser**.
2. Write the verbs or adjectives corresponding to the following nouns: **le regret, la souffrance, le respect, le bonheur, le malheur, la douleur, la dignité, le danger, la justice.**

STRUCTURES

The Uses of the Imperfect and the ***passé composé***

The imperfect is used to express an habitual action that was taking place within an undetermined period of time, while the **passé composé** is used to indicate clearly that an action was finished within a determined period of time.

Rewrite the following sentences in the past by using the phrase **chaque soir** at the beginning of the sentence and making the present tense the imperfect to show habitual action.

EXAMPLE: Madame Magloire **met** les couverts.
Chaque soir, *Madame Magloire* ***mettait*** *les couverts.*

1. Madame Magloire sert le souper.
2. L'évêque mange avec sa sœur.
3. Après le souper, Madame Magloire prend sa clef.
4. Elle ouvre le placard.
5. Elle y met les couverts.

Rewrite the following sentences in the past by using the phrase **ce soir-là** and making the present tense the **passé composé** to show that the action occurred at a specific time.

EXAMPLE: Ils **mangent** sans rien dire.
Ce soir-là, *ils* ***ont mangé*** *sans rien dire.*

1. Madame Magloire met les couverts comme les autres soirs.
2. Après le souper, Madame Magloire prend la clef.
3. Elle met les couverts dans le placard.
4. Elle ferme le placard mais elle oublie la clef.
5. Elle sort et va se coucher.

Les Chandeliers de l'évêque, suite

9. UN VOLEUR DANS LA NUIT

À deux heures du matin, Jean Valjean s'est réveillé.

Il avait dormi plus de[1] quatre heures. Sa fatigue était passée. Il n'a pas pu se rendormir,[2] et il s'est mis à réfléchir. Beaucoup de pensées lui venaient, mais il y en avait une qui chassait toutes les autres: celle de l'argenterie.

Les quatre couverts d'argent que madame Magloire avait mis sur la table étaient là. Tout près de lui. Ils étaient en argent massif.[3] Ils valaient au moins[4] deux cents francs. Le double de ce qu'il avait gagné en dix-neuf ans... Dans ce placard, dans la chambre voisine...

Trois heures ont sonné.[5]

Jean Valjean a rouvert les yeux. Il s'est brusquement levé. Il a écouté; pas un seul bruit dans la maison. Alors, il a marché droit vers la fenêtre. Elle n'était pas fermée; elle donnait sur le jardin. Il a regardé: le mur du jardin n'était pas haut, on pourrait monter dessus très facilement.[6]

Ce coup d'œil[7] jeté, il a pris son bâton dans sa main droite et, marchant très doucement, il s'est approché de la porte de la chambre voisine, celle de l'évêque. Arrivé à cette porte, il l'a trouvée entr'ouverte.[8] Jean Valjean a écouté. Pas de bruit... Personne ne remuait dans la maison.

Il a poussé[9] la porte, Elle s'est ouverte un peu. Il a attendu un moment, puis a poussé la porte une seconde fois, avec plus de force.

Cette fois, la porte s'est ouverte toute grande.[10] Mais, en s'ouvrant elle a fait un bruit aigu,[11] comme le cri d'une bête dans la forêt, la nuit.

---

[1]**plus de** more than. [2]**se rendormir** to go back to sleep. [3]**en argent massif** made of solid silver. [4]**au moins** at least. [5]**sonner** to sound, strike (a bell). [6]**facilement** easily. [7]**coup d'œil** glance, survey, **ce coup d'œil jeté** this survey made. [8]**entr'ouvert** half-open, partly open. [9]**pousser** to push. [10]**grand** *here* = wide; **s'est ouverte tout grande** (*p.c.*) opened wide. [11]**aigu** sharp, piercing.

Ce bruit est entré dans le cœur de Jean Valjean comme une épée. Il était terrible, ce bruit, comme le cri d'un homme condamné à mort.

Jean Valjean s'est cru perdu. Il s'est imaginé que toute la maison allait se réveiller. Il voyait déjà les gendarmes et... la double chaîne... pour la vie...

Il est resté où il était, ne faisant pas de mouvement. Quelques minutes ont passé. La porte restait toujours grande ouverte. Il pouvait regarder dans la chambre. Rien ne remuait dans la chambre de l'évêque. Il y est entré.

Comme la chambre était tranquille! Sans faire de bruit, l'homme a avancé vers le lit. Il s'est arrêté tout à coup. Il était près du lit.

Depuis une heure un sombre nuage[12] couvrait le ciel. Au moment où Jean Valjean s'est arrêté près du lit, le nuage est passé et la lune, comme une lumière qu'on avait éteinte[13] et puis vite rallumée, est apparue tout à coup au-dessus des arbres du jardin. Un rayon de lune[14] a traversé la longue fenêtre étroite de la chambre et a éclairé la figure pâle et les cheveux blancs de l'évêque.

Il dormait comme un enfant, comme un juste qui avait passé sa vie à faire le bien pour les autres, ses frères. Sa figure était si noble et si pleine de bonté et de douceur que Jean Valjean s'est senti le cœur remué par une émotion profonde et étrange. Son œil n'a pas quitté[15] la figure du vieux. Dans sa main droite, il tenait toujours son gros bâton. Mais il ne savait plus ce qu'il devait faire.

D'abord, il a eu l'idée de frapper... de prendre... de sauter; puis, il a voulu baiser[16] la main de celui qui avait dit: «Oui, vous êtes mon frère... vous avez souffert... de l'espoir... demain matin, du lait chaud... faites une bonne nuit... »

Il est resté là, les yeux fixés sur la figure de l'évêque. Au bout de[17] quelques minutes, il a laissé tomber lentement son bras

---

[12]**nuage** cloud. [13]**éteint** (*p.p.* **éteindre**) extinguished. [14]**rayon de lune** moonbeam. [15]**quitter** to leave. [16]**baiser** to kiss. [17]**au bout de** after.

droit; puis, il a levé son bras gauche[18] et a ôté[19] sa casquette.[20] Il est resté longtemps immobile.

Tout à coup, il a remis sa casquette et a vite marché le long du lit, sans regarder l'évêque, vers le placard qu'il voyait dans le mur. Il a saisi la clef, l'a tournée et a ouvert le placard. Le première chose qu'il a vue, c'était l'argenterie; il l'a saisie, a traversé la chambre, est rentré dans la chambre voisine, a ouvert la fenêtre, a mis l'argenterie dans son sac, a traversé le jardin en courant, a sauté par-dessus le mur comme un tigre et s'est enfui.

10. L'ÉVÊQUE ACHÈTE UNE ÂME[21]

Le lendemain matin, vers six heures, pendant que monseigneur Bienvenu faisait sa promenade[22] habituelle au jardin, madame Magloire est tout à coup sortie de la maison et a couru vers lui, en criant:

«Monseigneur, monseigneur, l'argenterie n'est plus dans le placard! Grand bon Dieu! elle est volée! c'est cet homme... je vous l'avais bien dit! Il est parti sans rien dire et il a emporté l'argenterie. Maintenant nous n'aurons plus de couverts en argent!»

L'évêque venait de remarquer une plante que Jean Valjean avait brisée[23] en sautant de la fenêtre. Il est resté un moment sans rien dire, puis a levé son œil sérieux et a dit à madame Magloire avec douceur:

«Et cette argenterie était-elle à nous?»

Madame Magloire n'a pas su que dire. Il y a eu encore un moment de silence, puis l'évêque a continué:

«J'avais depuis longtemps cette argenterie. Elle était aux pauvres. Qui était cet homme? Un pauvre, c'est évident. Il devait en avoir besoin,[24] et il l'a prise. C'est juste.»

---

[18]**gauche** left. [19]**ôter** to take off, remove. [20]**casquette** cap. [21]**âme** soul.
[22]**faisait sa promenade** (*imperf.*) was taking his walk. [23]**briser** to break.
[24]**Il devait en avoir besoin** (*imperf.*) He must have needed it.

Quelques minutes après, il déjeunait[25] à cette même table où Jean Valjean s'était assis la veille.[26] Sa sœur ne disait rien, mais madame Magloire parlait toujours de la perte de l'argenterie. Enfin, l'évêque lui a dit:

«Madame Magloire, à quoi bon regretter cette argenterie? On n'en a pas besoin pour manger son pain et boire son lait.»

Le frère et la sœur allaient se lever de table quand on a frappé à la porte.

«Entrez,» dit l'évêque.

La porte s'est ouverte. Un groupe étrange et violent est apparu. Trois hommes en tenaient un quatrième par les deux bras. Les trois hommes étaient des gendarmes; le quatrième était Jean Valjean.

Le brigadier[27] s'est avancé vers l'évêque.

Mais monseigneur Bienvenu s'était approché de Jean Valjean, en s'écriant:

«Ah! vous voilà, mon ami! Je suis heureux de vous revoir. Eh bien, mais! je vous avais donné les chandeliers aussi, qui sont en argent comme le reste et pour lesquels on vous donnera certainement deux cents francs. Pourquoi ne les avez-vous pas emportés avec vos couverts?»

Jean Valjean a ouvert les yeux et a regardé le vénérable évêque. Avec une émotion étrange, il n'a pu rien dire.

«Monseigneur,» a dit le brigadier, «ce que cet homme nous disait était donc[28] vrai? Nous l'avons rencontré il y a une heure; il courait dans les champs. Il avait cette argenterie dans son sac, la vôtre, et nous avons cru qu'il l'avait volée. Mais... »

«Il vous a dit,» a vite répondu l'évêque, «qu'elle lui avait été donnée par un vieux prêtre chez lequel il avait passé la nuit, n'est-ce pas? Je vois la chose. Et vous l'avez ramené ici? Vous avez fait votre devoir.[29] Mais, c'est une erreur, monsieur.»

«Ainsi,» a répondu le gendarme, «nous pouvons le laisser aller?»

---

[25]**déjeuner** to breakfast. [26]**veille** evening *or* day before. [27]**brigadier** sergeant. [28]**donc** therefore; *here*, used for emphasis: it *was* true. [29]**devoir** duty.

«Oui,» a dit l'évêque.

Les gendarmes ont lâché[30] Jean Valjean, qui a laissé retomber ses bras sans lever la tête:

«Est-ce que c'est vrai qu'on me laisse aller?» a-t-il dit d'une voix inarticulée.

«Oui, on te laisse, tu n'entends donc pas?» a dit le brigadier.

«Mon ami,» dit l'évêque, «avant de vous en aller, voici vos chandeliers. Prenez-les.»

Il est rentré dans la chambre, a pris les deux chandeliers d'argent et les a apportés à Jean Valjean, qui tremblait d'émotion.

Jean Valjean a pris les deux chandeliers. Il ne paraissait pas comprendre ce qu'il faisait.

«Maintenant,» a dit l'évêque, «allez en paix.»[31]

Puis, se tournant vers les gendarmes:

«Messieurs, vous pouvez partir. Je vous remercie de vos bons services.»

Les gendarmes s'en sont allés, lentement.

L'évêque s'est approché de Jean Valjean, l'a regardé un moment dans les yeux, et lui a dit d'une voix douce et pleine de bonté:

«N'oubliez pas, n'oubliez jamais que vous m'avez promis d'employer cet argent à devenir honnête homme.»

Jean Valjean, qui ne se souvenait[32] pas d'avoir fait cette promesse, n'a rien dit.

La voix sérieuse de l'évêque a continué:

«Jean Valjean, mon frère, votre âme n'appartient plus au mal,[33] mais au bien. Le mal est derrière vous. C'est votre âme que je vous achète[34] et je la rends à Dieu. Allez en paix.»

Jean Valjean, tenant toujours les deux chandeliers dans ses mains, n'a rien pu trouver à dire. Il était incapable de parler. Il est brusquement parti. L'évêque a suivi l'homme des yeux et ses lèvres[35] répétaient ces mots: «C'est votre âme que je vous achète... et je la rends à Dieu.»

---

[30]**lâcher** to let go. [31]**paix** peace. [32]**ne se souvenait pas** (*imperf.*) didn't remember. [33]**n'appartient plus au mal votre âme** no longer belongs to evil. [34]**acheter** to buy. [35]**lèvre** lip.

11. PETIT-GERVAIS

Jean Valjean est sorti de la ville comme s'il s'échappait.[36] Il s'est mis à marcher dans les champs, sans faire attention où il allait. Deux fois, quatre fois, il repassait sur le même chemin sans le reconnaître.

Il se sentait remué de sensations nouvelles,[37] étranges, il avait peur... Il se fâchait, mais il ne savait pas contre qui il se fâchait. De temps en temps, une douceur étrange remuait[38] son cœur; puis, tout à coup, les vingt terribles années aux galères s'élevaient comme un mur entre elle et lui. Il voyait qu'il n'était plus calme, que sa main tremblait, sa main dure de galérien!

Il entendait toujours: «Vous m'avez promis de devenir honnête homme... vous n'appartenez plus au mal... c'est votre âme que j'achète... je la rends à Dieu.»

Vers cinq heures du soir, Jean Valjean était assis sous un arbre dans une grande plaine absolument déserte, à douze[39] kilomètres de Digne. Au loin, on ne voyait que les Alpes. Pas de maison, pas de village. Il était seul, tout seul, avec ses pensées.

Tout à coup, il a entendu un bruit joyeux.[40]

Il a tourné la tête et a vu venir dans le chemin un garçon[41] de dix ou douze ans qui chantait, en jouant en même temps avec des sous et des pièces[42] d'argent qu'il avait dans la main. Il les jetait en l'air et les rattrapait[43] sur le dos de sa main. C'était toute sa fortune.

Le garçon s'est arrêté près de l'arbre sans voir Jean Valjean et a fait sauter son argent en l'air. Mais, cette fois, une pièce de quarante sous lui a échappé, est venue rouler[44] aux pieds de Jean Valjean.

Jean Valjean a mis le pied dessus. Mais l'enfant avait suivi sa pièce des yeux, et l'avait vu. Il n'a pas eu peur; il a marché droit à l'homme et a dit:

«Monsieur, ma pièce.»

«Ton nom?» a dit Jean Valjean.

«Petit-Gervais, monsieur.»

---

[36]**s'échapper** to flee, to escape. [37]**nouvelle** (*m.* **nouveau**) new. [38]**remuer** to move. [39]**douze** twelve. [40]**joyeux** (**joyeuse**) joyous, merry. [41]**garçon** boy. [42]**pièce** coin. [43]**rattraper** to catch again. [44]**est venue rouler** (*p.c.*) came rolling.

«Va-t'en,» a dit Jean Valjean.

«Ma pièce, monsieur, s'il vous plaît,[45] rendez-moi ma pièce.»

Jean Valjean a baissé la tête et n'a pas répondu.

«Ma pièce de quarante sous, monsieur.»

L'œil de Jean Valjean est resté fixé par terre.

«Ma pièce!» a crié l'enfant, «ma pièce blanche[46]!»

Le garçon l'a pris par le bras et a essayé de lui faire ôter le pied de dessus la pièce. Jean Valjean restait immobile, ne paraissant rien entendre.

«Ôtez votre pied, monsieur, s'il vous plaît! Je veux ma pièce, ma pièce de quarante sous!»

L'enfant pleurait. Jean Valjean a relevé la tête. Il a regardé autour de lui, comme s'il ne pouvait pas bien voir et cherchait d'où venait ce bruit. Quand il a vu l'enfant tout près de lui, il a mis la main sur son bâton, et a crié d'une voix terrible:

«Qui est là?»

«Moi, monsieur,» a répondu l'enfant. «Petit-Gervais! moi! Rendez-moi mes quarante sous, s'il vous plaît! Ôtez votre pied, monsieur, s'il vous plaît.»

«Ah! c'est encore toi!» a dit Jean Valjean, se levant brusquement, mais sans ôter le pied de dessus la pièce d'argent. «Va-t'en! va-t'en! ou je te frappe!»

L'enfant l'a regardé. Après quelques secondes de stupeur, il a commencé à trembler de la tête aux pieds. Puis il s'est enfui en courant de toutes ses forces, sans tourner la tête ni jeter un cri.

Le jour finissait...

12. UN MISÉRABLE[47]

Le garçon avait disparu.[48] Le soleil s'était couché. Jean Valjean n'avait pas mangé depuis la veille; il sentait le froid de la nuit qui tombait.

Avant de se mettre en route, il s'est baissé pour reprendre

---

[45]**s'il vous plaît** if you please. [46]**pièce blanche** silver coin. [47]**misérable** *n.* scoundrel, wretch. [48]**disparu** (*p.p.* **disparaître**) disappeared.

son bâton par terre. En ce moment, il a vu la pièce de quarante sous qu'il avait sous son pied. Il a eu une commotion.

«Qu'est-ce que c'est que cela?» s'est-il dit entre ses dents.

Il a fait quelques pas,[49] puis s'est arrêté. La pièce d'argent brillait[50] et l'attirait comme si elle était un œil ouvert fixé sur lui.

Au bout de quelques minutes, il a saisi convulsivement la pièce d'argent et s'est mis à regarder au loin dans la plaine, cherchant des yeux tous les points de l'horizon. Il n'a rien vu. La nuit tombait, la plaine était froide, le ciel était sombre et sans étoiles.

Il a dit: «Ah!» et s'est mis à marcher rapidement dans la direction où l'enfant avait disparu. Après trente pas, il s'est arrêté, a regardé et n'a rien vu. Alors, il a crié de toutes ses forces:

«Petit-Gervais! Petit-Gervais!»

Personne n'a répondu. Personne.

Jean Valjean a recommencé à courir dans la direction qu'il avait prise avant de s'être arrêté. De temps en temps, il s'arrêtait pour jeter dans la solitude son cri: «Petit-Gervais! Petit-Gervais!»

Si lc garçon l'avait entendu, il aurait eu peur et ne lui aurait pas répondu; mais l'enfant était déjà loin.

L'homme a rencontré un prêtre à cheval. Il s'est approché de lui, en disant:

«Monsieur, avez-vous vu passer un garçon?»

«Non,» a répondu le prêtre.

«Un garçon s'appelant Petit-Gervais?»

«Je n'ai vu personne.»

Jean Valjean a pris deux pièces de cinq francs dans son sac et les a données au prêtre.

«Voilà, monsieur, pour vos pauvres,» lui a-t-il dit. «C'était un garçon d'environ dix ans, je crois. Un pauvre, vous savez.»

«Je ne l'ai pas vu.»

«Alors, pouvez-vous me dire s'il y a quelqu'un qui s'appelle Petit-Gervais dans les villages voisins?»

«Si c'est comme vous dites, mon ami, c'est un petit enfant étranger.[51] Il y en a qui passent par ici. On ne les connaît pas.»

Jean Valjean a cherché dans son sac, a pris violemment deux autres pièces de cinq francs qu'il a données au prêtre.

---

[49]**pas** n. step. [50]**briller** to shine, gleam. [51]**étranger** foreign, stranger.

«Pour vos pauvres!» a-t-il dit. Puis, d'une voix qui tremblait d'émotion: «Faites-moi arrêter, monsieur; je suis un voleur... un voleur? vous comprenez!»

Le prêtre s'est enfui sans répondre, croyant que Jean Valjean avait perdu la raison.[52]

Jean Valjean s'est remis en route. Il a marché longtemps, cherchant des yeux dans la nuit, jetant toujours son cri vers tous les points de l'horizon, cherchant à entendre la réponse qui ne lui arrivait jamais.

Deux fois il a couru dans la plaine vers quelque chose qui lui paraissait être une personne couchée par terre, mais ce n'était qu'une grosse pierre ou le tronc d'un arbre mort.

Enfin, à un endroit d'où partaient trois chemins, il s'est arrêté. La lune s'était levée. Il a regardé autour de lui et a appelé une dernière fois: «Petit-Gervais! Petit-Gervais!»

Son cri s'est éteint dans la nuit et le silence, sans écho.

C'était là son dernier effort. Brusquement, ses jambes[53] ont faibli; il est tombé sur une grosse pierre, la tête entre les mains, et a crié: «Je suis un misérable... un misérable!»

Alors, il s'est mis à pleurer. C'était la première fois qu'il pleurait depuis dix-neuf ans...

A-t-il pleuré longtemps? Qu'a-t-il fait après avoir pleuré? Où est-il allé? On ne l'a jamais su.

Mais, cette même nuit, un paysan qui arrivait à Digne vers trois heures du matin, a vu en traversant la place de l'église un homme qui priait devant la porte de monseigneur Bienvenu.

13. LE PÈRE[54] MADELEINE

Vers la fin de l'année 1815, un homme, un inconnu,[55] était venu demeurer dans la petite ville de Montreuil-sur-Mer.[56]

---

[52]**avait perdu la raison** (*pluperf.*) had lost his mind. [53]**jambe** leg.
[54]**père** familiar way of calling older men. [55]**inconnu** unknown.
[56]**Montreuil-sur-Mer** industrial city of northwestern France, south of Boulogne; it is no longer on the sea.

Il avait eu l'idée de faire quelques changements[57] dans la fabrication du jais,[58] l'industrie spéciale de la ville.

En moins de trois ans, cet homme était devenu très riche, ce qui est bien, et avait enrichi tous ceux qui étaient autour de lui, ce qui est mieux. Il était étranger à Montreuil. De son origine, on ne savait rien.

Il paraît que, le jour de son arrivée, cet inconnu s'était jeté dans une maison en feu, et avait sauvé la vie à deux enfants qui se trouvaient être[59] ceux du capitaine de gendarmerie; voilà pourquoi on n'avait pas pensé à lui demander son passeport. Depuis ce jour-là, on avait su son nom. Il s'appelait *le père Madeleine*, c'était un homme de cinquante[60] ans, et il était bon. Voilà tout ce qu'on en pouvait dire.

Les changements qu'il avait apportés dans la fabrication du jais ont enrichi toute la ville. Si un homme avait faim et pouvait se présenter à la fabrique[61] il y trouvait du travail et du pain. Le père Madeleine employait tout le monde. Il ne demandait qu'une seule chose: Soyez honnête homme! Soyez honnête fille!

Ainsi le père Madeleine faisait sa fortune; mais ce n'est pas à cela qu'il pensait. Il pensait beaucoup aux autres, et peu à lui. En cinq ans, il avait donné plus d'un million de francs à la ville de Montreuil-sur-Mer, et aux pauvres.

En 1819, le roi l'a nommé maire[62] de la ville. Il a refusé. En 1820, il a d'abord voulu refuser une seconde fois. Mais un jour, il a entendu une vieille femme qui criait: «Un bon maire, c'est utile.» Est-ce qu'on recule devant du bien qu'on peut faire? Alors il a accepté.

Ainsi, le père Madeleine était devenu monsieur Madeleine, et monsieur Madeleine est devenu monsieur le maire.

Mais il était demeuré aussi simple que le premier jour. Il vivait seul. Il soupait seul, avec un livre[63] ouvert devant lui où il lisait.[64] Il aimait beaucoup lire, il disait que les livres sont nos meilleurs[65] amis. Il parlait à peu de gens; il ne riait pas. Le dimanche, il faisait une promenade dans les champs.

---

[57]**changement** change. [58]**jais** jet (for bead making). [59]**se trouver être** to turn out to be. [60]**cinquante** fifty. [61]**fabrique** factory. [62]**nommer maire** to appoint mayor (under the monarchy, mayors were appointed, not elected). [63]**livre** book. [64]**lisait** (*imperf.* **lire**) read. [65]**meilleur** better, best.

Il n'était plus jeune mais il était d'une force énorme. Il aidait ceux qui en avaient besoin, relevait un cheval qui tombait dans la rue, poussait une voiture.

Les enfants l'aimaient, et couraient après lui quand il passait dans un village.

Il faisait secrètement beaucoup de bonnes actions. Un pauvre homme rentrait chez lui le soir et trouvait la porte de sa chambre entr'ouverte; il croyait qu'on l'avait volé. Il entrait, et la première chose qu'il voyait, c'était quelques pièces d'agent oubliées sur la table. C'était le père Madeleine qui avait passé par là.

On disait dans la ville que personne n'entrait jamais dans la chambre à coucher de monsieur Madeleine. Un jour, deux dames sont venues chez lui et lui ont dit:

«Monsieur le maire, voulez-vous bien nous faire voir votre chambre? On dit que vous seul savez ce qu'il y a dans cette chambre.»

Monsieur Madeleine les y a fait entrer, sans rien dire.

Ce n'était qu'une chambre à coucher, très simple, avec un lit à draps blancs, une chaise[66] et une table sur laquelle il y avait quelques livres et deux vieux chandeliers d'argent. C'était tout.

Le matin du 15 janvier[67] 1821, monsieur Madeleine lisait comme d'habitude[68] le journal[69] de Montreuil-sur-Mer, en déjeunant.

Tout à coup, il a laissé tomber le journal, a jeté un cri de douleur, et s'est caché la figure dans les mains.

Il venait de lire dans le journal que monseigneur Bienvenu, évêque de Digne, était mort.

14. UN ACCIDENT

Un matin, monsieur Madeleine passait dans une rue étroite et mauvaise[70] de Montreuil-sur-Mer. Il a entendu du bruit et a vu un groupe de personnes à quelque distance. Il s'est approché.

---

[66]**chaise** chair. [67]**janvier** January. [68]**comme d'habitude** as usual. [69]**journal** newspaper. [70]**mauvais** bad, wretched.

Un vieil homme, appelé le père Fauchelevent, venait de tomber sous sa voiture. Le cheval s'était blessé en tombant. Il avait les deux jambes de derrière cassées[71] et ne pouvait se relever. L'homme se trouvait pris entre les roues[72] de la voiture, qui pesait[73] sur son corps. On avait essayé de le tirer de dessous[74] la voiture, mais on n'avait pas pu la soulever.[75] On ne savait plus que faire.

«Écoutez,» a dit M. Madeleine, «il y a encore assez de place sous la voiture pour qu'un homme s'y glisse et la soulève avec son dos. Y a-t-il ici quelqu'un qui ait du courage et des forces? Cent francs à gagner!»

Personne n'a remué dans le groupe.

«Deux cents francs,» a dit M. Madeleine.

Tous les hommes baissaient les yeux.

«Allons,»[76] a dit M. Madeleine, «quatre cents francs!»

Même silence.

«Ce n'est pas que nous ne le voulons pas,» a dit une voix, «mais c'est que nous n'en avons pas la force.»

M. Madeleine s'est retourné[77] et a reconnu Javert, inspecteur de police de la ville.

Javert était le seul homme à Montreuil-su-Mer qui n'aimait pas M. Madeleine. Chaque fois qu'ils se rencontraient dans une rue, Javert se retournait derrière lui et le suivait des yeux, en se disant: «Mais qu'est-ce que c'est que[78] cet homme-là?... Il est certain que je l'ai vu quelque part!»[79] M. Madeleine ne faisait pas attention à cet œil toujours fixé sur lui. Enfin, il s'en est aperçu,[80] mais it traitait Javert comme tout le monde, avec bonté.

«Monsieur Madeleine,» a continué Javert, «je n'ai connu qu'un seul homme capable de faire ce que vous demandez là.»

M. Madeleine a fait un mouvement qui n'a pas échappé aux yeux froids de l'inspecteur.

«C'était un galérien.»

«Ah!» a dit M. Madeleine.

«Oui, un galérien de la prison de Toulon.»

---

[71]**casser** to break. [72]**roue** wheel. [73]**peser** to weigh, rest heavily. [74]**dessous** under, underneath. [75]**soulever** to raise up, lift. [76]**Allons!** Come now! [77]**se retourner** to turn around. [78]**que** *disregard here.* [79]**quelque part** somewhere. [80]**s'en est aperçu** (*p.c.* **s'apercevoir**) noticed

M. Madeleine est devenu pâle.

Le père Fauchelevent, sur qui la voiture pesait de plus en plus[81] et qui souffrait beaucoup criait:

«Je ne peux plus respirer![82] Ça m'écrase! Vite! quelqu'un! Ah!»

M. Madeleine a regardé autour de lui:

«Il n'y a donc personne qui veuille gagner quatre cents francs et sauver la vie à ce misérable?»

Personne n'a remué. Javert a continué:

«Je n'ai jamais connu qu'un homme capable de faire cela; c'était un galérien.»

«Vite!» criait le vieux.

Madeleine a levé la tête, a rencontré l'œil cruel de Javert toujours fixé sur lui, a regardé les paysans et a souri[83] tristement. Puis, sans dire un mot, il s'est glissé sous la voiture.

Il y a eu un moment de silence. La voiture s'enfonçait de plus en plus.

Tout à coup on a vu l'énorme masse de la voiture se soulever un peu. On a entendu une voix qui criait: «Vite! vite! aidez!» C'était M. Madeleine qui faisait un dernier effort.

Tout le monde a mis la main à la voiture. Le courage d'un seul avait donné de la force et du courage à tous. La voiture a été soulevée par vingt bras. Le vieux Fauchelevent était sauvé.

Le lendemain matin, le vieil homme a trouvé mille francs sur la table près de son lit, avec ce mot de la main de M. Madeleine: «Je vous achète votre voiture et votre cheval.»

La voiture ne valait plus rien, et le cheval était mort.

15. JAVERT

Un jour, pendant que M. Madeleine écrivait[84] une lettre dans son bureau, on est venu lui dire que l'inspecteur de police Javert demandait à lui parler.

Javert avait arrêté une jeune femme, Fantine, qui travaillait dans la fabrique de M. Madeleine. Jugeant que Javert avait été

---

[81]**de plus en plus** more and more. [82]**respirer** to breathe. [83]**souri** (*p.p.* **sourire**) smiled. [84]**écrivait** (*imperf.* **écrire**) was writing.

trop sévère, M. Madeleine, comme maire de la ville, avait mis Fantine en liberté. Depuis cet incident au bureau de police, M. Madeleine n'avait pas revu l'inspecteur.

«Faites entrer,»[85] a-t-il dit.

Javert est entré.

M. Madeleine était resté assis à sa table, sans lever la tête. Il ne pouvait pas oublier la douleur de la pauvre Fantine. Alors, il n'a pas regardé Javert et a continué d'écrire.

Javert a fait deux ou trois pas dans le bureau et s'est arrêté. Monsieur le maire écrivait toujours. Enfin, il a levé la tête, a regardé l'inspecteur dans les yeux, et a dit:

«Eh bien! qu'est-ce que c'est, Javert?»

«C'est, monsieur le maire, qu'un acte coupable a été commis.»[86]

«Quel acte?»

«Un agent a manqué[87] de respect à un magistrat. Je viens, comme c'est mon devoir, vous le dire.»

«Qui est cet agent?» a demandé M. Madeleine.

«Moi,» a dit Javert.

«Et qui est le magistrat auquel on a manqué de respect?»

«Vous, monsieur le maire. Voilà pourquoi je viens vous demander de me chasser.[88] J'ai commis un acte coupable; il faut que je sois chassé. Monsieur le maire, il y a six semaines, après l'incident au bureau de police, j'étais furieux et je vous ai dénoncé à la Préfecture de Police,[89] à Paris.»

M. Madeleine, qui ne riait pas plus souvent que Javert, s'est mis à rire.

«Comme maire ayant fait obstacle à la police?»

«Comme ancien[90] galérien!»

Le maire est devenu pâle.

«Je le croyais,» a continué Javert. «Depuis longtemps, j'avais des idées: une ressemblance, votre force, l'accident du vieux Fauchelevent, votre façon[91] de marcher, enfin,[92] je vous prenais pour un certain Jean Valjean.»

---

[85]**Faites entrer** (*imp.*) Show him in. [86]**commis** (*p.p.* **commettre**) committed. [87]**manquer** to lack, be wanting; fail. [88]**chasser** to discharge. [89]**Préfecture de Police** police headquarters. [90]**ancien** former. [91]**façon** way, manner. [92]**enfin** in a word, in short (*in this context*).

«Un certain?... Comment[93] dites-vous ce nom-là?»

«Jean Valjean. C'est un galérien que j'avais vu il y a vingt ans quand j'étais à Toulon. En sortant de prison, ce Jean Valjean avait volé chez un évêque, puis il avait commis un autre vol, dans un chemin public, sur un petit garçon. Depuis huit ans il s'était caché, on ne sait comment, et on le cherchait. Moi, j'ai cru... Alors, j'ai fait cette chose! Je vous ai dénoncé à la Préfecture de Police de Paris.»

M. Madeleine a répondu d'une voix qui ne trahissait pas son émotion:

«Et que vous a-t-on répondu?»

«Que j'étais fou[94]... »

«Eh bien?»

«Eh bien, on avait raison.»

«C'est heureux que vous le reconnaissiez!»[95]

«Il faut bien, puisque[96] le vrai Jean Valjean est trouvé.»

La lettre que tenait M. Madeleine, lui a échappé des mains. Il a regardé Javert et a dit: «Ah!»

«Voici l'histoire, monsieur le maire,» a continué Javert. «Il paraît qu'il y avait dans la région un misérable qu'on appelait le père Champmathieu. On ne faisait pas attention à lui. Il y a quelques semaines, le père Champmathieu a été arrêté pour un vol de pommes. On met l'homme en prison, à Arras.[97] Dans cette prison d'Arras, il y a un ancien galérien nommé[98] Brevet. Monsieur le maire, au moment où ce Brevet voit le père Champmathieu, il s'écrie: ‹Eh! mais! je connais cet homme-là. Regardez-moi donc, mon vieux![99] Vous êtes Jean Valjean!› ‹Qui ça, Jean Valjean?› Le père Champmathieu ne veut pas comprendre. ‹Ah! tu comprends bien,› dit Brevet, ‹tu es Jean Valjean. Tu as été à la prison de Toulon, il y a vingt ans. Nous y étions, tous les deux.› On va à Toulon. Avec Brevet, il n'y a plus que deux galériens qui aient vu Jean Valjean. Ce sont les condamnés à vie Cochepaille et Chenildieu. On les fait venir à Arras et on leur fait voir le nommé Champmathieu. Ils le reconnaissent tout de suite,[100] c'est Jean

---

[93]**comment** how. [94]**fou (folle)** mad, crazy. [95]**reconnaissiez** (*subj.* **reconnaître**) admit. [96]**Il faut bien, puisque** I have to, since.... [97]**Arras** large industrial city, north of Paris and east of Montreuil. [98]**nommé** named, called. [99]**mon vieux** pal. [100]**tout de suite** immediately, at once.

Valjean. Même âge, même air, même façon de marcher, même homme, enfin, c'est lui. C'est à ce moment-là que je vous ai dénoncé comme étant Jean Valjean. On me répond que je suis fou et que Jean Valjean est à Arras au pouvoir de la justice. On me fait venir à Arras... »

«Eh bien?» a dit M. Madeleine.

«Monsieur le maire, la vérité[101] est la vérité. Je regrette, mais cet homme-là, c'est Jean Valjean. Moi, aussi, je l'ai reconnu.»

«Vous êtes certain?»

«Oui, certain! Et même, maintenant que je vois le vrai Jean Valjean, je ne comprends pas comment j'ai pu croire autre chose.[102] Je vous demande pardon, monsieur le maire.»

«Assez, Javert,» a dit M. Madeleine. «Nous perdons notre temps. Et quand est-ce qu'on va juger cet homme?»

«Demain, dans la nuit.»

«Bon,» a dit M. Madeleine, et il a fait signe à Javert de partir. Javert ne s'en est pas allé.

«Qu'est-ce encore?» a demandé M. Madeleine.

«C'est qu'on doit me chasser.»

«Javert, vous êtes un homme d'honneur. Votre erreur n'est pas si grande. Vous êtes digne de monter et non de descendre. Je veux que vous gardiez votre place.»

Mais Javert a continué:

«Monsieur le maire, dans un moment de colère, je vous ai dénoncé comme ancien galérien, vous, un homme aimé de tous, un maire, un magistrat! Ceci est sérieux, très sérieux. Monsieur, pour le bien du service, il faut me chasser!»

«Nous verrons,» a dit M. Madeleine. Et il lui a tendu[103] la main. Mais Javert ne l'a pas prise. Il a avancé vers la porte, puis s'est retourné et a dit, les yeux toujours baissés:

«Monsieur le maire, je continuerai le service en attendant d'être remplacé.»[104]

Il est sorti.

M. Madeleine est resté pensif, écoutant le pas de l'inspecteur qui s'en allait dans la rue.

---

[101] **vérité** truth. [102] **autre chose** anything else, otherwise. [103] **tendu** (*p.p.* **tendre**) stretched out; **tendre la main** to hold out one's hand. [104] **remplacé** replaced.

16. LA VOIX

Pour M. Madeleine, ce nom de Jean Valjean, prononcé par l'inspecteur, avait réveillé tout un monde d'idées sombres et d'émotions douloureuses. Ce Jean Valjean, c'était lui.

En écoutant parler Javert, il avait eu une première pensée, celle d'aller se dénoncer,[105] de tirer ce Champmathieu de prison et de s'y mettre.

Puis cela a passé, et il s'est dit: «Voyons! voyons!»[106] Il avait oublié ce premier mouvement de bonté et de justice, et n'a voulu que se sauver.[107]

Ce soir-là, M. Madeleine n'a pas soupé.

Il est rentré dans sa chambre et s'est assis, seul avec ses pensées.

Un bruit dans la rue l'a fait se lever, aller à la porte, et la fermer à clef, comme s'il avait peur. Un moment après il a éteint les chandeliers. Il pensait qu'on pouvait le voir.

Qui?

Hélas![108] ce qu'il ne voulait pas y laisser entrer, était déjà entré: sa conscience.

Seul, dans la chambre sans lumière, il s'est mis à examiner la situation.

«Est-ce que je ne rêve pas? Que m'a-t-on dit? Est-il bien vrai que j'aie vu ce Javert et qu'il m'ait parlé ainsi? Que peut être ce Champmathieu? Il me ressemble donc? Est-ce possible? Hier,[109] j'étais si tranquille! Qu'est-ce que je faisais donc hier, à cette heure?»

Il est allé à la fenêtre et l'a ouverte. Il n'y avait pas d'étoiles au ciel. Il est revenu s'asseoir près de la table.

La première heure a passé ainsi.

Puis, brusquement, il a compris qu'il était seul maître[110] de la situation; que ce terrible nom de Jean Valjean allait disparaître à jamais[111]; et que, de cette aventure, le digne monsieur Madeleine sortirait plus respecté que jamais. Tout ce qu'il fallait faire, c'était de laisser aller aux galères cet inconnu, ce

---

[105]**se dénoncer** to give oneself up. [106]**Voyons!** Come! [107]**se sauver** to flee. [108]**Hélas!** Alas! [109]**hier** yesterday. [110]**maître** master. [111]**à jamais** forever.

misérable, ce voleur de pommes, sous le nom de Jean Valjean. Comme ça, ce serait fini. Fini! Ah! fini à jamais!

À cette pensée, la conscience a commencé à remuer dans son cœur. Il a rallumé les chandeliers.

«Eh bien!» s'est-il dit, «de quoi est-ce que j'ai peur? Je ne suis pas coupable. Tout est fini. Ce chien de Javert qui me chasse toujours, le voilà content! Il me laissera tranquille, il tient son Jean Valjean! Moi, je ne fais rien. Rien! C'est Dieu qui a fait ceci, ce n'est pas moi! Comment! je n'en suis pas content? Mais qu'est-ce qu'il me faut,[112] donc? Qu'est-ce que je demande? C'est Dieu qui le veut. Et pourquoi? Pour que je continue ce que j'ai commencé, pour que je fasse le bien... alors, laissons faire le bon Dieu!»[113]

Il se parlait ainsi dans sa conscience.

Il s'est levé de sa chaise et s'est mis à marcher dans la chambre.

«Eh bien, n'y pensons plus. C'est décidé!»

Mais il ne sentait aucune joie. La pensée revenait toujours à sa première idée.

Que voulait-il sauver, son corps ou son âme? Redevenir honnête et bon, être un juste, est-ce que ce n'était pas ce qu'il avait toujours voulu, ce que l'évêque avait voulu qu'il soit? Fermer la porte à son passé?[114] Mais, il ne la fermait pas, il la rouvrait, en faisant une mauvaise action! Il redevenait un voleur, parce qu'il volait à un autre sa vie, sa paix, sa place au soleil! il tuait! il tuait un homme misérable, innocent. Aller au tribunal, sauver cet homme, reprendre son nom de Jean Valjean, redevenir par devoir un galérien, c'était vraiment fermer pour jamais l'enfer d'où il sortait! Il fallait faire cela!

Il a pris ses livres, et les a mis en ordre. Il a écrit une lettre, l'a mise dans sa poche, et a commencé à marcher. Il voyait son devoir écrit en lettres de feu: *Va! nomme-toi! dénonce-toi!*

Deux heures ont sonné.

Il avait froid. Il a allumé un peu de feu. Tout à coup, l'idée de

---

[112]**il me faut** I need. [113]**laissons faire le bon Dieu!** let God's will be done!
[114]**passé** *n.* past.

se sauver l'a saisi. Et il a recommencé son dialogue avec lui-même.

«Eh bien, cet homme va aux galères, c'est vrai, mais il a volé. Il est coupable. Moi, je reste ici, et je continue. Dans dix ans j'aurai gagné dix millions, je les mets au service de la ville, je ne garde rien pour moi. Ce n'est pas pour moi ce que je fais! C'est le bien de tous, de cent familles, de mille familles; elles sont heureuses, la misère disparaît, et avec la misère, le vol, les crimes! Il faut faire attention![115] Qu'est-ce que je sauve? un vieux voleur de pommes, un misérable, un homme qui ne vaut rien!»

Il s'est levé et s'est mis à marcher. Cette fois, il lui paraissait qu'il était content.

«Oui,» a-t-il pensé, «c'est cela. Ce que je fais, c'est pour le bien de tous. Je suis Madeleine, je reste Madeleine.»

Il a fait encore quelques pas, puis il s'est arrêté.

«Mais,» s'est-il dit, «il y a ici, dans cette chambre, des objets qui pourraient me nuire[116]; il faut qu'elles disparaissent.»

Il a cherché dans sa poche et y a pris une petite clef. Avec cette clef, il a ouvert un placard dans le mur, près de son lit.

Il n'y avait dans ce placard que de vieux habits, un vieux sac, et un gros bâton. Ceux qui avaient vu Jean Valjean, une nuit d'octobre, à Digne, auraient reconnu tous ces objets. Il les avait gardés, comme il avait gardé les chandeliers de l'évêque.

Il a regardé vers la porte; puis, d'un mouvement vif[117] il a tout pris, a tout jeté au feu et a refermé le placard.

Tout brûlait. La chambre était tout éclairée.

Dans le feu, près du bâton qui brûlait comme une vieille branche, il y avait quelque chose qui brillait comme un œil. C'était une pièce de quarante sous! La pièce de Petit-Gervais.

M. Madeleine ne l'a pas vue. Tout à coup ses yeux sont tombés sur les deux chandeliers d'argent.

«Ah!» a-t-il pensé, «tout Jean Valjean est encore là! Il faut tout détruire!»[118]

Il a pris les deux chandeliers et a remué le feu. Une minute de plus,[119] et ils étaient dans le feu.

En ce moment, il a cru entendre une voix qui criait:

---

[115]**Il faut faire attention** Let's be careful. [116]**nuire** to be harmful. [117]**vif (vive)** quick. [118]**détruire** to destroy. [119]**de plus** more.

«Jean Valjean! Jean Valjean!»

M. Madeleine a écouté ces mots terribles.

«Oui! c'est cela,» disait la voix. «Finis ce que tu fais! Détruis ces chandeliers! oublie l'évêque! oublie tout! va! va, c'est bien! Voilà un homme qui sait ce qu'il veut! Détruis ce Champmathieu, qui n'a rien fait, sur qui ton nom pèse comme un crime, qui va être pris pour toi, qui va être condamné, qui va finir ses jours dans les galères! C'est bien. Sois honnête homme, toi. Reste monsieur le maire, vis heureux et aimé! Pendant ce temps-là, pendant que tu seras ici dans la joie et la lumière, il y aura quelqu'un qui aura ton uniforme rouge, qui portera tes chaînes et ton nom en prison! Ah! misérable que tu es!»

Cette voix était devenue terrible.

M. Madeleine a regardé dans la chambre:

«Y a-t-il quelqu'un ici?» a-t-il demandé. Puis il a continué, en riant comme un fou[120]: «Comme je suis bête![121] Il n'y a personne ici.»

Il a mis les chandeliers sur la table.

Puis, il s'est remis à marcher, mais il marchait comme un petit enfant qu'on laisse aller seul.

Trois heures ont sonné. Le combat entre Jean Valjean et M. Madeleine continuait.

À quatre heures, une voiture dans laquelle il n'y avait qu'une seule personne, un homme tout en noir, est partie de Montreuil-sur-Mer et a pris la route d'Arras.

EXERCISES

9–10

READING COMPREHENSION

Rewrite the following statements where necessary to make them agree with the facts as presented in the story.

1. Jean avait gagné deux cents francs en dix-neuf ans.
2. Il a fait du bruit en s'approchant du lit de l'évêque.

---

[120]**fou** *n.* madman. [121]**bête** stupid.

3. Il a d'abord voulu tuer l'évêque, mais en voyant son visage noble et bon il est resté devant lui, la casquette à la main.
4. Il est sorti de la maison par la fenêtre, puis il a traversé le jardin en sautant.
5. Tous les jours, l'évêque faisait une promenade le soir.
6. En marchant, l'évêque avait brisé une plante.
7. Jean s'était fait reprendre dans les champs par les gendarmes.
8. L'évêque a dit au brigadier qu'il avait fait une erreur de croire Jean.
9. Jean avait promis à l'évêque de devenir honnête homme.
10. L'évêque voulait acheter à Jean son âme pour la rendre à Dieu.

VOCABULARY STUDY

A. *Vocabulary Usage*

Write sentences of your own with the following words, using one or more in each sentence.

remuer
monter
frapper
s'enfuir
faire un mouvement
sauter par-dessus
courir

le nuage
la lune
éclairer
le jardin
le ciel
un rayon de lune
un arbre

demain
hier
être heureux de quelque chose
être incapable de + *inf.*
se souvenir de quelqu'un ou de quelque chose
à quoi bon + *inf.*
ne plus + *inf.*
le lendemain
la veille
être heureux de faire quelque chose
promettre de + *inf.*
se lever de table
laisser + *inf.*

B. *Word Formation*

Some of the following verbs have a basic form to which a form of the prefix **re-** has been added to indicate repetition. Can you identify the verbs that indicate repetition? What would the infinitives be without the prefix **re-**?

1. Jean n'a pas revu sa famille.
2. Il ne s'est pas rendormi.
3. Il s'est réveillé.
4. Il est resté au lit.
5. Il a regardé l'évêque.
6. Il est rentré dans sa chambre.

STRUCTURES

A. *The Use of the Gerund:* **en** + *present participle*

Translate the following sentences and decide whether the gerund indicates a specific time or an action that occurs at the same time as the action of the main verb.

EXAMPLE: Jean est allé à l'auberge en arrivant à Digne.

Jean went to the inn on arriving in Digne. (specific time)

Jean a traversé le jardin en courant.

Running, Jean crossed the garden. (simultaneous action)

1. Jean s'est approché du lit en regardant l'évêque.
2. Il a ôté sa casquette en voyant la figure noble de l'évêque.
3. Il avait peur en s'approchant du lit.
4. La porte s'est ouverte en faisant un bruit aigu.
5. Il a vu l'argenterie en ouvrant le placard.

B. *The Use of Past Tenses*

Rewrite the following passage, using the **passé composé** or the imperfect according to the context.

Jean Valjean se réveille à deux heures. À trois heures il se lève. Il écoute: personne ne remue dans la maison. Il s'approche de la fenêtre. Le mur du jardin n'est pas haut. Il pousse la porte de la chambre voisine. Tout à coup, la lune éclaire la figure de l'évêque. Jean voit l'évêque qui dort. Ses cheveux sont blancs. D'abord, Jean a l'idée de la frapper. Puis, il ôte sa casquette. Après quelque temps, il prend l'argenterie. Il met l'argenterie dans son sac. Il s'enfuit.

C. *The Use of* ***me, te, nous, vous,*** *as Direct or Indirect Object Pronouns*

Rewrite the following sentences replacing the first and second person pronouns in italics with third person pronouns (direct: **le, la, les;** indirect: **lui, leur**).

EXAMPLE: L'argenterie *m'*a été donnée par l'évêque.
L'argenterie ***lui*** *a été donnée par l'évêque.*

Les gendarmes *nous* ont dit cela.
Les gendarmes ***leur*** *ont dit cela.*

On *m'*a laissé aller.
On ***l'****a laissé aller.*

1. Il *m'*a demandé cela.
2. On *vous* permet de partir.
3. Les gendarmes *m'*ont arrêté.
4. On *t'*a repris tout de suite.
5. On *vous* connaît.
6. On *vous* a montré le passeport.
7. Ils *me* reverront ce soir.
8. On *nous* a volé l'argenterie.
9. Jean ne *m'*a pas frappé.

D. *The Use of the Stress Pronoun with Certain Verbs*

Rewrite the following sentences, replacing **appartenir à** with **être à** + *stress pronoun.*

EXAMPLE: Cette clef **appartient à** Madame Magloire.
Cette clef ***est à elle.***

Cette clef **m'appartient.**
Cette clef ***est à moi.***

1. Cette maison m'appartient.
2. Ce chandelier ne t'appartient pas.
3. Ces chandeliers ne leur appartiennent pas.

4. Cette clef lui appartient (à Madame Magloire).
5. La maison leur appartient (à l'évêque et à sa sœur).

COMMUNICATIVE ACTIVITY

Learning to Speak French in Mini-Dialogues

Choose one of the following parts: **Jean Valjean, l'évêque, madame Magloire, le brigadier.** After preparing the corresponding lines, perform one of the following scenes with another classmate.

1. Dialogue between **l'évêque** and **madame Magloire,** *Section 10, Line 14 (page 113)* to *Line 28 (page 113).*
2. Dialogue between **l'évêque** and **le brigadier,** *Section 10, Line 17 (page 114)* to *Line 1 (page 115).*
3. Dialogue between **l'évêque** and **Jean Valjean,** *Section 10, Line 4 (page 115)* to *Line 28 (page 115).*

11–12

READING COMPREHENSION

Rewrite the following statements where necessary to make them agree with the facts as presented in the story.

1. Jean Valjean est sorti de Digne en courant pour échapper aux gendarmes.
2. Petit-Gervais jetait ses pièces en l'air parce que sa fortune était grande.
3. Petit-Gervais ne savait pas où était tombée sa pièce.
4. Petit-Gervais s'en est allé lentement.
5. Il faisait sombre parce que le soleil avait disparu derrière un nuage.
6. Quand Jean Valjean a revu la pièce d'argent, il s'est senti coupable.
7. Petit-Gervais était déjà loin. S'il avait entendu Valjean, il serait vite retourné auprès de lui.
8. Jean Valjean a demandé à un prêtre le chemin de Digne.
9. Quand Jean Valjean s'est accusé d'être un voleur, le prêtre l'a béni comme l'évêque.
10. Jean Valjean n'avait pas pleuré depuis un an.

VOCABULARY STUDY

A. *Vocabulary Usage*

Write sentences of your own with each of the following words and phrases.

s'élever
jeter en l'air
faire attention à
de temps en temps
au loin
relever
rattraper
faire de toutes ses forces
de la tête aux pieds

la lune
se lever
la nuit
tomber par terre
l'horizon
la pierre
le soleil
se coucher
tomber
le froid
les quatre points de l'horizon
le tronc d'un arbre

B. *Adverb Formation*

An adverb can often be recognized from the ending **-ment** added to the feminine form of an adjective. For adjectives ending in **-ent,** corresponding adverbs end in **-emment.**

sérieux → **sérieusement**
récent → **récemment**

Rewrite the following sentences, using a phrase with the adjectives from which they are derived.

EXAMPLE: Il parlait rapidement.
Il parlait d'une voix rapide.

Il parlait...

1. convulsivement.
2. doucement.
3. calmement.
4. joyeusement.
5. tranquillement.
6. violemment.

STRUCTURES

A. *The Use of the Adverb* ***ne... que*** *to Express a Restriction*

Rewrite the following sentences by replacing **seulement** with **ne... que.**

EXAMPLE: On voyait seulement les Alpes.
On ***ne*** *voyait* ***que*** *les Alpes.*

1. Jean Valjean pensait seulement aux galères.
2. Il entendait seulement la voix de l'évêque.
3. Le garçon avait seulement une pièce de quarante sous.
4. Il voulait seulement sa pièce.
5. Il demandait seulement sa pièce blanche.

B. *The Use of* ***comme si*** + *imperfect to Express a Hypothetical State or Action*

Rewrite the following sentences by using **comme si** + *imperfect.*

EXAMPLE: Il est sorti de la ville. Il paraissait s'échapper.
Il est sorti de la ville comme s'il s'échappait.

1. Il a couru. Quelqu'un paraissait être derrière lui.
2. Il est sorti de Digne. Les gendarmes paraissaient courir derrière lui.
3. Il a écouté. Il paraissait entendre une voix.
4. Il avait la tête baissée. Il paraissait réfléchir.
5. Il a regardé autour de lui. Il paraissait ne pas bien voir.

C. *Repetition for Emphasis*

Rewrite the following sentences, using repetition to give emphasis to the words in italics.

EXAMPLE: Rendez-moi ma pièce.
Ma pièce, rendez-moi ma pièce.

1. Rendez-moi *mon argent.*
2. Je veux *les chandeliers.*

3. Dites-moi *votre nom.*
4. Ôtez *votre pied.*

D. *Reflexive and Nonreflexive Verbs*

Translate the following sentences to show the change in the meaning between the reflexive and nonreflexive use of a verb.

EXAMPLE: Il s'est mis à marcher. / Il a mis les chandeliers ici.

He started walking. / He put the candlesticks here.

1. Jean se sentait remué. / Il sentait de la douceur.
2. Jean se fâchait. / Il n'avait pas fâché l'évêque.
3. Jean s'est arrêté. / Les gendarmes ont arrêté Jean.
4. Jean s'est levé. / Il a levé la tête.
5. Jean s'est mis à courir. / Il a mis le pied sur la pièce.

E. *The Position of **rien** and **personne***

Answer the following questions in the negative, using **ne... personne** or **ne... rien** and keeping the same tense.

EXAMPLE: Il a vu quelqu'un?

Il n'a vu personne.

Il voyait quelque chose?

Il ne voyait rien.

1. Il avait mangé quelque chose?
2. Il a rencontré quelqu'un?
3. Il entendait quelque chose?
4. On savait quelque chose sur l'étranger?
5. On a su quelque chose sur l'étranger?

F. *The Position of **jamais***

Jamais comes after the verb in simple tenses and between the auxiliary and the past participle in compound tenses.

On ne sait **jamais.**
On n'a **jamais** su.

Rewrite the following sentences in the negative, using **ne... jamais.**

1. Jean Valjean pleurait en prison.
2. Il a pleuré en prison.
3. Il a pu pleurer en prison.
4. Il montrait ses émotions.
5. Il se fatiguait.

COMMUNICATIVE ACTIVITY

Learning to Speak French in Mini-Dialogues

Choose one of the following parts: **Jean Valjean, Petit-Gervais, le prêtre.** After preparing the corresponding lines, perform one of the following scenes with another classmate.

1. Dialogue between **Jean Valjean** and **Petit-Gervais,** *Section 11, Line 31 (page 116)* to *Line 23 (page 117).*
2. Dialogue between **Jean Valjean** and **le prêtre,** *Section 12, Line 23 (page 118)* to *Line 3 (page 119).*

13–14

READING COMPREHENSION

Rewrite the following statements where necessary to make them agree with the facts as presented in the story.

1. En 1815, il y avait une fabrique de jais dans la ville de Montreuil-sur-Mer.
2. Monsieur Madeleine a fait sa fortune et celle de la ville.
3. Il a accepté de devenir maire pour le bien qu'il pouvait faire.
4. Il aimait mieux rester seul avec ses livres que de parler aux gens.
5. Les enfants couraient après lui dans les villages parce qu'il était le maire.
6. Fauchelevent a eu un accident sur la place de l'Église.
7. On a voulu sauver le vieux en tirant la voiture.
8. Pour le sauver, il fallait se glisser sous la voiture.
9. Monsieur Madeleine est devenu pâle en voyant s'enfoncer la voiture.

10. Le vieux Fauchelevent a pu être sauvé parce que tout le monde a aidé.

VOCABULARY STUDY

A. *Vocabulary Usage*

Write sentences of your own with the following words using one or more in each sentence.

le roi
le capitaine
le département
l'industrie
la fabrication
la voiture
employer
devenir riche
faire sa fortune

le maire
la gendarmerie
nommer quelqu'un maire
(évêque, juge,
professeur, etc.)
la fabrique
avancer ou reculer
enricher
faire fortune

de plus en plus
peser
soulever
se blesser
avoir la jambe cassée

être capable de faire
écraser
dessus ou dessous
se casser la jambe

B. *The Meanings of **demeurer** and **rester***

After studying the respective meanings of **demeurer** and **rester,** write four sentences of your own using each of the following sentences as models and making sure to use the correct auxiliary.

EXAMPLE: Il **a demeuré** dans la ville. (*he lived*)
Il **est demeuré** simple. (*he remained*)

Il **est resté** simple. (*he remained* or *stayed*)
Il **est resté** à Montreuil. (*he remained*)

STRUCTURES

A. *The Comparatives of* ***bien*** *and* ***bon***

Complete the following sentences using the comparative form that corresponds to **bien** or **bon.**

EXAMPLE: Être honnête, c'est **bien,** mais être généreux, c'est **mieux.**

Les amis sont ***bons,*** *mais les livres sont* ***meilleurs.***

1. Le père Madeleine vivait bien, mais beaucoup de gens vivaient ______.
2. Il avait de bons amis, mais ses livres étaient ses ______ amis.
3. Sa chambre à coucher était bonne, mais celles des dames étaient évidemment ______.
4. Les enfants lisaient bien, mais monsieur le Maire lisait ______.

B. *The Use of the Comparatives* ***moins de*** *+ object and* ***plus de*** *+ object*

Rewrite the following sentences replacing **plus** with **moins** and **moins** with **plus.**

1. Monsieur Madeleine avait plus de cinquante ans.
2. Il est devenu riche en plus de cinq ans.
3. Il a donné moins d'un million à la ville.
4. Il faisait moins de bien que les autres gens.

C. *The Use of* **venir** *and* **venir de** *with Infinitives*

Translate the following sentences.

EXAMPLE: Il **était venu** demeurer à Montreuil-sur-Mer.

He ***had come*** *to live at Montreuil-sur-Mer.*

Il **venait de lire** la nouvelle.

He ***had just read*** *the news.*

1. Les pauvres venaient se présenter à la fabrique.
2. Les deux dames ont dit qu'elles venaient voir la chambre.
3. Les dames ont dit à tout le monde qu'elles venaient de voir la chambre: elle était très simple.
4. Personne ne venait déjeuner avec le maire.
5. Le maire venait de déjeuner quand il a jeté un cri.

D. *The Use of the Subjunctive*

Rewrite the following sentences using the subjunctive and following the example. Irregular forms of the subjective are indicated in parentheses.

EXAMPLE: Il y a peut-être quelqu'un qui **sait** quoi faire.
*Y a-t-il quelqu'un qui **sache** quoi faire?*

1. Il y a peut-être quelqu'un qui a du courage.
2. Il y a peut-être quelqu'un qui est fort. (soit)
3. Il y a peut-être quelqu'un qui connaît un homme fort. (connaisse)
4. Il y a peut-être quelqu'un qui viendra m'aider. (vienne)
5. Il y a peut-être quelqu'un qui pourra soulever la voiture. (puisse)

E. *The Use of the Pronoun **en***

Rewrite the following sentences replacing the words in italics with **en** and placing it in the appropriate position.

EXAMPLE: Nous n'avons pas la force de soulever la voiture.
*Nous n'**en** avons pas la force.*

1. On a tiré l'homme *de dessous la voiture.*
2. Un seul homme était capable *de ce courage.*
3. Un seul homme a eu le courage *de le faire.*
4. Le galérien s'était échappé *de la prison de Toulon.*
5. Fauchelevent n'est pas mort *des conséquences de l'accident.*

15–16

READING COMPREHENSION

Rewrite the following statements where necessary to make them agree with the facts as presented in the story.

1. Un maire ne peut pas libérer une personne arrêtée par la police.
2. L'inspecteur Javert a accusé le maire d'avoir manqué de respect à la police.
3. Javert a écrit une lettre dans laquelle il dénonçait le maire.

4. Javert a reconnu qu'il avait été fou de prendre le maire pour Valjean.
5. Le maire ne voulait pas chasser Javert parce qu'il avait peur de lui.
6. Javert avait prononcé un nom qui avait réveillé le passé douloureux de M. Madeleine.
7. Madeleine a fermé sa porte à clef et éteint les chandeliers pour réfléchir en paix.
8. Javert chasserait toujours M. Madeleine parce qu'il l'avait reconnu.
9. Si M. Madeleine restait à Montreuil, il mettrait sa fortune au service des familles misérables.
10. Les vieux habits, le sac, le bâton et les chandeliers pouvaient nuire au maire: il fallait donc les brûler.
11. M. Madeleine est parti pour Arras pour se sauver.

VOCABULARY STUDY

Write sentences of your own by combining in as many ways as possible the expressions from *Column A* with those in *Column B*.

A	B
faire	main
avoir	prison
dire	vie
demander	pardon
mettre	vérité
condamner	raison
perdre	voir
tendre	obstacle
manquer	attention
venir	signe
entrer	respect

Write sentences of your own with each of the following contrastive words and phrases.

sauver	se sauver
réveiller	se réveiller
tout un monde (*a whole world*)	tout le monde (*everybody*)
ce soir (*tonight*)	ce soir-là (*that evening*)
cette nuit (*tonight*)	cette nuit-là (*during that night*)
cette année (*this year*)	cette année-là (*that year*)

STRUCTURES

A. *The Use of the Subjunctive with* ***vouloir***

Rewrite the following sentences using the subjunctive and following the example. Irregular forms of the subjunctive are indicated in the end vocabulary.

EXAMPLE: Il faut venir.
Je veux que vous ***veniez.***

1. Il faut faire attention.
2. Il faut dire la vérité.
3. Il faut devenir honnête.
4. Il faut partir.
5. Il faut s'en aller.
6. Il faut mettre l'homme en prison.

B. *The Use of the Imperfect and the* ***passé composé***

Rewrite the following passage in the past using the imperfect for a condition or for an action in progress and the **passé composé** for events forming a chronological sequence.

Il y a un misérable dans la région. On l'appelle le père Champmathieu. Personne ne fait attention à lui. On ne le connaît pas très bien. Un jour, on le voit voler des pommes. On l'arrête. On le met à la prison d'Arras. Dans cette prison, il y a un ancien galérien. Au moment où le galérien voit Champmathieu, il dit: «c'est Jean Valjean». Brevet dit qu'il connaît Jean Valjean. Mais le père Champmathieu ne dit rien. Un inspecteur va à Toulon. Il n'y a plus que deux galériens connaissant Valjean. Ce sont deux condamnés à vie. On les fait venir à Arras. On leur fait voir Champmathieu. Ils le reconnaissent tout de suite. Champmathieu a le même âge. Il marche comme Jean Valjean. Quand Javert va à Arras, il reconnaît Jean Valjean. Après être retourné à Montreuil, il demande pardon au maire.

C. *The Use of the Conditional*

Rewrite the following sentences in the conditional to indicate a hypothetical mood.

EXAMPLE: C'est fini.
Ce serait fini.

1. Il laisse faire la justice.
2. Le nom de Jean Valjean disparaît.
3. Il est aimé.
4. Il peut rester à Montreuil.
5. Il enrichit la ville.
6. Champmathieu va aux galères à sa place.

D. *The Use of* ***en*** *and* ***dans*** *to Express Time*

Translate the following sentences.

EXAMPLE: En dix ans, il **gagnera** un million.
In ten years he ***will earn*** *a million.*

Dans dix ans, il **aura gagné** dix millions.
Ten years from now he ***will have earned*** *ten million.*

1. En dix ans, la ville deviendra de plus en plus riche.
2. Dans dix ans, la ville sera devenue très riche.
3. Madeleine avait enrichi la ville en trois ans.
4. En cinq ans, il avait donné un million à la ville.
5. On pouvait aller de Montreuil à Arras en quatre heures.
6. Monsieur Madeleine voulait partir dans quatre heures.

REVIEW EXERCISE

Review the vocabulary and the grammar points covered in *Part II*. Then rewrite each sentence with the correct form of the word in parentheses.

Jean Valjean gagnait sa vie pauvrement mais _____ (*adverb corresponding to* **honnête**). Malgré tous ses efforts, les sept enfants de sa sœur n'avaient rien _____ (*preposition*) manger. Alors, un soir, il

_____ (*past tense of* **voler**) un _____ (*noun*) et il a été condamné à cinq _____ (*noun*) de galère. Il _____ (*past tense of* **essayer**) de _____ (*verb*). Il n'y avait rien _____ (*preposition*) faire. En octobre 1815, la porte de la prison de Toulon _____ (*past tense of* **s'ouvrir**). De Toulon, Jean Valjean _____ (*past tense of* **aller**) dans les Alpes. Personne n'a voulu le recevoir sauf Mgr Bienvenu, _____ (*church title*) de Digne. Jean Valjean lui a dit: «Partout on m'a dit de m'en _____ (*verb*) et vous me recevez chez _____ (*stress pronoun*). Vous allumez vos beaux _____ (*noun*) pour moi. Je suis un _____ (*noun*).» L'évêque _____ (*past tense of* **répondre**): «Je vous connais. Vous avez faim et _____ (*noun*), vous souffrez. Tout ce qui est ici vous appartient _____ (*replace* **vous appartient** *with the construction* **être à**). Après le souper, l'évêque _____ (*past tense of* **conduire**) le galérien dans sa chambre. Il _____ (*past tense of* **s'endormir**) tout de suite. Le lendemain matin, en _____ (*gerund of* **passer**) à côté du lit où _____ (*past tense of* **dormir**) l'évêque, Jean Valjean s'est senti le cœur _____ (*adjective*) par l'émotion. Puis, il _____ (*past tense of* **saisir**) l'argenterie, a traversé le jardin _____ (*use preposition + gerund of* **courir**) et _____ (*past tense of* **s'enfuir**). Quelques heures plus tard, les gendarmes _____ (*past tense of* **arriver**) avec Jean Valjean chez l'évêque. L'évêque leur a dit qu'ils pouvaient le _____ (*verb*) _____ (*verb*). Il a donné deux chandeliers à Valjean pour qu'il _____ (*subjunctive of* **devenir**) honnête homme. Mais l'honnêteté est difficile. Ayant recontré Petit-Gervais sur son chemin, le galérien a mis _____ (*article*) _____ (*noun*) sur sa pièce d'argent pour la lui _____ (*verb*). Jean Valjean savait qu'il _____ (*use construction* **ne... que** *with* **être** *in the past tense*) un misérable. Alors, pour la _____ (*adjective*) fois depuis dix-neuf ans, il _____ (*past tense of* **se mettre**) à pleurer, signe de sa conversion. Nous retrouvons le galérien à Montreuil-sur-Mer. _____ (*preposition*) dix ans, il était devenu riche, on l'_____ (*past tense of* **appeler**) monsieur Madeleine. Il _____ (*past tense of* **donner**) beaucoup d'argent aux pauvres. Sa vie _____ (*past tense of* **être**) simple. Un jour, le père Fauchelevent _____ (*past tense of* **avoir**) un accident. Monsieur Madeleine, qui était d'une _____ (*noun*) prodigieuse, _____ (*past tense of* **soulever**) la voiture sous _____ (*appropriate form of the relative pronoun* **lequel**) le vieux était écrasé, le sauvant d'une _____ (*noun*) certaine. À la fin de l'histoire, l'ancien galérien va à Arras pour sauver la _____ (*noun*) d'un homme accusé à sa place, Jean Valjean _____ (*past tense of* **redevenir**) honnête.

PART III

Part III is devoted to a different genre: the theater, with a one-act comedy by Tristan Bernard (1866–1947), *L'Anglais tel qu'on le parle*. It is a light and lively play which progresses at a fast pace through a series of very funny situations. It is about the linguistic difficulties of a self-styled interpreter who knows only French, and the sentimental difficulties of an Anglo-French pair of lovers. This play will certainly appeal to the struggling foreign language students who will be able to laugh at the phony and yet resourceful interpreter, and to empathize with the young couple's real but short plight.

The play appears here as originally written. It provides students with an excellent opportunity to practice conversational French in everyday situations.

STUDY AIDS

The following suggestions will help you in your reading of *L'Anglais tel qu'on le parle* and in preparing for class activities.

1. Glance over the vocabulary exercises before reading the play, particularly those dealing with the familiar phrases used in daily life.
2. Be sure to review the subjunctive and the use of adverbs and adjectives.
3. Try to guess the general meaning of each line within its situational context before you verify your understanding by means of the footnotes and vocabulary. Reread the scenes aloud with the aid of the footnotes when necessary.

4. Get prepared for the *Communicative Activity*. Write down the lines spoken by the characters and practice them aloud several times in order to improve your conversational skill. When taking part in performing one of the scenes, rehearse your part thoroughly and make an effort to speak in a natural way.

L'Anglais tel qu'on le parle[1]

TRISTAN BERNARD

[1] **tel qu'on le parle** as it is spoken.

Personnages	EUGÈNE	UN GARÇON[2]
	HOGSON	UN AGENT DE POLICE
	UN INSPECTEUR	LA CAISSIÈRE[3]
	JULIEN CICANDEL	BETTY

Eugène: *Interprète. Homme de trente ans, petit, assez gros, nerveux; quand il parle, il s'exprime d'une façon très vive,*[4] *en faisant des gestes avec la tête, les mains et les épaules, tout à la fois.*[5] *Cela le rend assez drôle, surtout puisqu'il se croit très adroit.*[6] *Cependant, il ne manque pas d'humour.*

Hogson: *Père de Betty. Un Anglais de cinquante ans, grand, distingué, et habillé avec grand soin.*

Julien Cicandel: *Un Français, jeune et beau, à la mode,*[7] *une canne à la main, etc. Il parle l'anglais avec un accent tout parisien, en faisant de petits gestes expressifs.*

L'inspecteur: *Homme brusque, sans humour, qui se prend au sérieux et qui laisse voir*[8] *une grande confiance*[9] *en lui-même.*

Le garçon: *Il porte une blouse bleue, avec un mouchoir autour du cou. Il a l'air intelligent, vif et un peu rusé.*[10]

Betty: *Une jeune Anglaise, jolie et blonde. Elle semble toujours inquiète, même effrayée.*[11] *D'abord, elle porte un costume de voyage, puis une robe de ville.*

La Caissière: *Une jeune Française, habillée en noir, d'un air chic et important.*

Tous les costumes sont modernes. La scène représente le vestibule d'un petit hôtel, à Paris. A droite, une porte au premier plan.[12] *Au fond,*[13] *un couloir d'entrée,*[14] *avec sortie*[15] *à droite et à gauche. Au premier plan, à gauche, une porte; au second plan, une sorte de comptoir, en angle,*[16] *avec un casier*[17] *pour les clefs des chambres. Affiches de chemin de fer*[18] *illustrées, un peu*

---

[2]**garçon** porter. [3]**caissière** cashier. [4]**vif (vive)** lively. [5]**tout à la fois** all at once. [6]**adroit** clever. [7]**à la mode** stylish. [8]**laisser voir** to show. [9]**confiance** confidence. [10]**rusé** sly. [11]**effrayé** frightened. [12]**au premier plan** in the foreground. [13]**au fond** in the back. [14]**couloir d'entrée** entrance hall. [15]**sortie** exit. [16]**comptoir, en angle** counter standing at an angle. [17]**casier** set of pigeonholes. [18]**affiche de chemin de fer** railroad poster.

partout. Horaires[19] *de trains et de bateaux. Au premier plan, à droite, une table; sur la table, des journaux, des livres et un appareil téléphonique.*

Scène I

JULIEN, BETTY, LE GARÇON, LA CAISSIÈRE

JULIEN

(*au garçon*) Il nous faudrait deux chambres.

LE GARÇON

Je vais le dire à madame.

JULIEN

Y a-t-il un bureau de poste[20] près d'ici?

LE GARÇON

Il y a un bureau de poste, place de la Madeleine. Monsieur a-t-il quelque chose à y faire porter?

JULIEN

(*comme à lui-même*) J'ai un télégramme pour Londres... Non, je préfère y aller moi-même. (*Le garçon sort.*)

BETTY

My dear, I should like a room exposed to the sun.

JULIEN

Yes, my dear.

BETTY

I am very tired. My clothes are dirty.

JULIEN

Il faut vous habituer à[21] parler français. Nous nous ferons moins remarquer.[22]

---

[19]**horaire** timetable. [20]**bureau de poste** post office. [21]**s'habituer à** to get used to. [22]**Nous nous ferons moins remarquer** We won't be noticed so much.

BETTY

Oh! je sais si peu bien parler français.

JULIEN

Mais non, vous savez très bien. Seulement, il faut vous habituer à le faire.

LA CAISSIÈRE

Monsieur désire?

JULIEN

(*à la caissière*) Deux chambres, pas trop loin l'une de l'autre.

LA CAISSIÈRE

Nous avons le 11 et le 12. C'est au deuxième étage.[23]

JULIEN

Le 11 et le 12.

LA CAISSIÈRE

Monsieur veut-il écrire son nom?

JULIEN

Ah! oui, le registre... Écrivez M. et Madame Philibert.

LA CAISSIÈRE

Voulez-vous attendre un instant? Je vais faire préparer les chambres. (*Elle sort.*)

BETTY

(*à Julien*) Oh! monsieur Phéléber! Oh! madame Phéléber! Oh! Oh!

JULIEN

Eh bien, oui, je ne peux pas donner nos véritables noms. Si j'avais dit M. Julien Cicandel et mademoiselle Betty Hogson!

---

[23] **deuxième étage** third floor.

Vous dites que votre père connaît cet hôtel et qu'il est fichu de venir nous relancer.[24]

BETTY

Il est fichu de nous relancer?...

JULIEN

Oui, il est capable de nous suivre et de nous chasser... ce qui serait bien drôle, n'est-ce pas?

BETTY

C'est une abominable chose.[25] Vous avez parlé plus que deux fois[26] de cet hôtel à la maison. Il a beaucoup mémoire.[27] Il doit se souvenir ce mot:[28] Hôtel de Cologne. C'est facile se souvenir[29]... Et puis je vais vous dire encore une terrible chose[30]... Je crois que je l'ai vu, tout à l'heure, mon père! J'ai vu de loin son chapeau gris.

JULIEN

Il y a beaucoup de chapeaux gris à Paris.

BETTY

J'ai reconnu le paternel chapeau.[31]

JULIEN

La voix du sang... Tu dis des bêtises.

BETTY

Des bêtises?... (*tendrement*) My dear.

---

[24]**il est fichu... relancer** he is quite capable of hunting us down. [25]**C'est une abominable chose** (*instead of* **c'est abominable**). [26]**Vous avez parlé plus que deux fois** (*instead of* **Vous avez parlé plus de deux fois**). [27]**Il a beaucoup mémoire** (*instead of* **Il a une bonne mémoire**). [28]**se souvenir ce mot** (*instead of* **se souvenir de ce mot**). [29]**C'est facile se souvenir** (*instead of* **Il est facile de s'en souvenir**). [30]**encore une terrible chose** (*instead of* **encore quelque chose de terrible**). [31]**le paternel chapeau** (*instead of* **le chapeau de mon père**).

JULIEN

Ne dis pas: my dear. Dis-moi: petit chéri.

BETTY

(*avec tendresse*) Petit chéri!... Petit chéri! Oh! je voudrais je fusse mariée[32] bientôt avec toi. Nous avons fait une terrible chose,[33] de partir comme ça tous les deux.

JULIEN

Il fallait bien. C'était le seul moyen de faire consentir votre père.

BETTY

Mais si votre patron[34] avait voulu... comment vous disiez?[35]... to take as a partner?

JULIEN

Associer.

BETTY

(*avec soin*) As-so-cier... mon papa aurait... comment vous disiez?... consenti me marier contre vous.[36]

JULIEN

Je le sais. Mais mon patron n'a pas voulu m'associer; il veut prendre son temps. Il me dit: Nous verrons dans trois mois. Votre père veut me faire attendre aussi jusqu'à ce que je sois associé. Zut! Il a fallu employer les grands moyens.[37]

BETTY

Vous deviez[38]... quitter tout de suite votre patron. Vous deviez lui dire: «Vous voulez pas me associer[39]... je pars!» Voilà.

---

[32]**je voudrais je fusse mariée** (*instead of* **je voudrais être mariée**). [33]**une terrible chose** (*instead of* **une chose terrible**). [34]**patron** boss. [35]**comment vous disiez** (*instead of* **comment se dit**). [36]**consenti me marier contre vous** (*instead of* **consenti à ce que je me marie avec vous**). [37]**employer les grands moyens** to take extreme measures. [38]**vous deviez** (*instead of* **vous auriez dû**). [39]**me associer** (*instead of* **m'associer**).

JULIEN

Oui, mais je n'ai pas de poste. S'il m'avait pris au mot,[40] s'il avait accepté, je me serais trouvé le bec dans l'eau.[41]

BETTY

Votre bec dans l'eau?... Oh! pourquoi votre bec dans l'eau?... (*riant*) Oh! monsieur Phéléber!

JULIEN

Et puis je devais venir en France au compte de la maison, qui me fait trois mille francs de frais.[42] Comme ça, les frais de l'enlèvement seront au compte de la maison.[43]

BETTY

Oui, mais puisque vous êtes à Paris... au compte de la maison... vous serez obligé me quitter[44] pour des affaires.

JULIEN

De temps en temps, j'aurai une course[45]... ça ne sera pas long. Et puis, il vaut mieux se quitter de temps en temps; si on était toujours ensemble sans se quitter, on finirait par s'ennuyer.[46] Il vaut mieux se quitter quelques instants, et se retrouver ensuite.

BETTY

Oh! moi, je me ennuie pas[47] avec vous.

JULIEN

En bien alors, disons que je n'ai rien dit. Je ne m'ennuie pas non plus. Voyez-vous? J'ai toujours peur que vous vous ennuyiez. Mais du moment que[48] vous ne vous ennuyez pas, je ne

---

[40]**prendré au mot** to take at one's word. [41]**le bec dans l'eau** in the lurch. [42]**au compte... frais** at the expense of the firm that pays me three thousand francs in business expenditures. [43]**les frais... maison** the firm will be responsible for the elopement costs. [44]**obligé me quitter** (*instead of* **obligé de me quitter**). [45]**course** errand. [46]**s'ennuyer** to get bored. [47]**je me ennuie pas** (*instead of* **je ne m'ennuie pas**). [48]**du moment que** seeing that.

m'ennuierai pas non plus...[49] Je vais vous quitter pendant une demi-heure... Je vais aller au bureau de poste télégraphier à mon patron, et puis j'irai voir un client rue du Quatre-Septembre... une petite course de vingt minutes...

BETTY

(*effrayée*) Oh! mais vous me laissez seule! Si je voulais demander quelque chose?

JULIEN

Mais vous parlez très bien le français. (*Entre la caissière.*)

BETTY

Je peux parler français seulement avec ceux qui sait aussi anglais, à cause je sais qu'il puissent me repêcher[50] si je sais plus.[51] Mais les Français, j'ai peur de ne plus tout à coup savoir,[52] et je ne parle pas.

JULIEN

En tout cas,[53]... (*à la caissière*) il y a un interprète ici?

LA CAISSIÈRE

Mais oui, monsieur, il y a toujours un interprète. Il va arriver tout à l'heure.[54] Il sera à votre service. Les chambres sont prêtes.

JULIEN

(*à Betty*) Je vais vous conduire à votre chambre et j'irai ensuite au bureau de poste. (*Ils sortent par la gauche.*)

---

[49]**pas non plus** not either. [50]**repêcher** to rescue. [51]**ceux qui sait... plus** (*instead of* **ceux qui savent aussi l'anglais, parce que je sais qu'ils pourront me repêcher si je ne sais plus**). [52]**j'ai peur de ne plus tout à coup savoir** (*instead of* **j'ai peur de tout oublier brusquement**). [53]**En tout cas** At any rate. [54]**tout à l'heure** shortly.

Scène II

LA CAISSIÈRE, LE GARÇON, puis EUGÈNE

LA CAISSIÈRE

Charles, qu'est-ce qui se passe?[55] Pourquoi l'interprète n'est-il pas arrivé?

LE GARÇON

M. Spork? Vous ne vous rappelez pas qu'il ne vient pas aujourd'hui? C'est le divorce de sa sœur. Toute la famille dîne au restaurant, à Neuilly. Mais, M. Spork a envoyé quelqu'un pour le remplacer. Il vient d'arriver. Le voilà dans le couloir.

LA CAISSIÈRE

Dites-lui de venir. (*Le garçon va au fond dans le couloir et fait un signe à droite. Eugène entre lentement, et salue.*) C'est vous qui venez remplacer M. Spork? (*Eugène fait un signe de tête.*) On vous a dit les conditions. Six francs pour la journée. C'est un bon prix. Le patron veut absolument qu'il y ait un interprète sérieux. Vous n'avez rien d'autre à faire qu'à rester ici et à attendre les étrangers.[56] Vous avez compris? (*Eugène fait signe que oui. La caissière sort un instant à gauche.*)

EUGÈNE

(*au garçon, après avoir regardé tout autour de lui*) Est-ce qu'il vient beaucoup d'étrangers ici?[57]

LE GARÇON

Comme ci comme ça.[58] Ça dépend des saisons. Il vient pas mal[59] d'Anglais.

EUGÈNE

(*inquiet*) Ah!... Est-ce qu'il en vient beaucoup en ce moment?

---

[55]**qu'est-ce qui se passe?** what's happening? [56]**étranger** foreigner. [57]**Est-ce qu'il vient beaucoup d'étrangers?** Do many foreigners come? [58]**Comme ci comme ça** So-so. [59]**pas mal** quite a lot.

LE GARÇON

Pas trop en ce moment.

EUGÈNE

(*satisfait*) Ah!... Et pensez-vous qu'il en vienne aujourd'hui?

LE GARÇON

Je ne peux pas dire. Je vais vous donner votre casquette.[60] (*Il lui apporte une casquette avec l'inscription* INTERPRETER. *Puis il sort.*)

EUGÈNE

(*lisant l'inscription*) In-ter-pre-terr!... (*Il met la casquette sur sa tête.*) Voilà! J'espère qu'il ne viendra pas d'Anglais! Je ne sais pas un mot d'anglais, pas plus que d'allemand... d'italien, d'espagnol... de tous ces dialectes! C'est cependant bien utile pour un interprète... Ça m'avait un peu fait hésiter pour accepter ce poste. Mais, je ne roule pas sur l'or.[61] Je prends ce qui se trouve. En tout cas, je désire vivement qu'il ne vienne pas d'Anglais, parce que notre conversation manquerait d'animation.

LA CAISSIÈRE

(*entrant*) Dites donc![62] j'ai oublié de vous demander quelque chose d'assez important. Il y a des interprètes qui parlent comme ci comme ça plusieurs langues, et qui savent à peine[63] le français. Vous savez bien le français?

EUGÈNE

Parfaitement!

LA CAISSIÈRE

C'est parce que tout à l'heure vous ne m'aviez pas répondu et, voyez-vous, j'avais peur que vous sachiez mal notre langue.

---

[60]**casquette** cap. [61]**rouler sur l'or** to be rolling in money. [62]**Dites donc!** Listen! [63]**à peine** hardly.

EUGÈNE

Oh! Vous pouvez avoir l'esprit tranquille,[64] madame. Je parle admirablement le français.

LA CAISSIÈRE

(*satisfaite*) En tout cas, nous n'avons pas beaucoup d'étrangers en ce moment. (*une sonnerie*[65]) Ah! le téléphone! (*Elle va jusqu'à la table de droite. À l'appareil,*[66] *après un silence*) On téléphone de Londres. (*Eugène, qui reste debout devant le comptoir, ne bouge pas. Elle regagne son comptoir.*) Eh bien, on téléphone de Londres! On téléphone en anglais! Allez à l'appareil!

EUGÈNE

(*Il va lentement à l'appareil et prend les récepteurs.*[67]) Allô!... Allô! (*au public, avec désespoir*[68]) Ça y est![69] des Anglais! (*Un silence. Au public*) Je n'y comprends rien, rien! (*dans le récepteur*) Yes! Yes!

LA CAISSIÈRE

(*de son comptoir*) Qu'est-ce qu'ils disent?

EUGÈNE

Qu'est-ce qu'ils disent? Des bêtises... des choses de bien peu d'intérêt.

LA CAISSIÈRE

Après tout, ils ne téléphonent pas de Londres pour dire des bêtises.

EUGÈNE

(*dans l'appareil*) Yes! Yes! (*A la caissière, d'un air embarrassé*) Ce sont des Anglais... ce sont des Anglais qui désirent des chambres. Je leur réponds: Yes! Yes!

---

[64]**avoir l'esprit tranquille** to rest assured. [65]**sonnerie** ringing. [66]**appareil** telephone. [67]**récepteur** receiver. [68]**désespoir** despair. [69]**Ça y est!** Now I'm in for it!

LE CAISSIÈRE

Mais enfin,[70] il faut leur demander plus de détails. Combien de chambres leur faut-il?

EUGÈNE

(*avec assurance*) Quatre.

LE CAISSIÈRE

Pour quand?

EUGÈNE

Pour mardi prochain.

LA CAISSIÈRE

Pour mardi prochain?... A quel étage?

EUGÈNE

Au premier.

LA CAISSIÈRE

Dites-leur que nous n'avons que deux chambres au premier pour le moment, que la troisième ne sera libre que jeudi le 15. Mais nous leur en donnerons deux belles au second.

EUGÈNE

Faut-il que je leur dise tout ça?

LA CAISSIÈRE

Mais oui... dépêchez-vous... (*Il hésite.*) Qu'est-ce que vous attendez?

EUGÈNE

(*au public*) En bien, tant pis![71] (*en donnant de temps en temps des coups d'œil*[72] *à la caissière*) Manchester, chapeau-chapeau, Littletich, Regent Street. (*Silence. Au public*) Oh! les mauvais

---

[70]**mais enfin** but still. [71]**tant pis** too bad. [72]**donner des coups d'œil** to look at.

mots qu'ils me disent là-bas. (*Il remet le récepteur. Au public.*) Zut! C'est fini! S'ils croient que je vais me laisser insulter comme ça pendant une heure.

LA CAISSIÈRE

Il faut que ce soit des gens chics.[73] Il paraît que[74] pour téléphoner de Londres, ça coûte dix francs les trois minutes.

EUGÈNE

Dix francs les trois minutes, combien est-ce que ça fait l'heure?

LA CAISSIÈRE

(*après avoir réfléchi un moment*) Ça fait deux cents francs l'heure. (*Elle sort.*)

EUGÈNE

Je viens d'être insulté à deux cents francs l'heure... J'avais déjà été insulté dans ma vie, mais jamais à deux cents francs l'heure... Comme c'est utile cependant de savoir les langues! Voilà qui prouve mieux que n'importe quel argument la nécessité de savoir l'anglais! Je voudrais avoir ici tout le monde et en particulier les interprètes, et leur recommander au nom de Dieu d'apprendre les langues! Au lieu de nous laisser vieillir sur les bancs de nos écoles, à apprendre le latin,[75] une langue morte, est-ce que nos parents ne feraient pas mieux... Je ne parle pas pour moi, puisque je n'ai jamais appris le latin... Allons! espérons que ça va bien se passer tout de même![76] (*Il s'appuie contre le comptoir et regarde vers la gauche. Hogson arrive par le fond à droite. Il va poser sa valise sur une chaise à gauche de la table de droite. Il s'approche ensuite d'Eugène qui ne l'a pas vu et continue à lui tourner le dos.*)

---

[73] **gens chics** people with class. [74] **il paraît que** apparently. [75] **Au lieu de... latin** Instead of letting us waste our time at school learning Latin.
[76] **Allons!... même!** Well! Let's hope that everything will be all right just the same!

Scène III

EUGÈNE, HOGSON, LA CAISSIÈRE

HOGSON

Is this the Hôtel de Cologne?

EUGÈNE

(*se retournant*) Yes! Yes! (*Il retourne sa casquette sur sa tête pour que l'inscription* «interpreter» *ne soit pas vue de l'Anglais.*)

HOGSON

Very well. I want to ask the landlady if she has not received a young gentleman and a lady.

EUGÈNE

Yes! Yes! (*Il recule*[77] *jusqu'à la porte de gauche, premier plan, et disparaît.*)

HOGSON

(*au public*) What is the matter with him? I wish to speak to the interpreter... Where is he?... (*gagnant le fond*[78]) Interpreter! Interpreter!...

LA CAISSIÈRE

(*arrivant par la gauche*) Qu'est-ce qu'il y a? Qu'est-ce que ça veut dire?[79]

HOGSON

Oh! good morning, madam! Can you tell me if master Cicandel is here?

LA CAISSIÈRE

Cécandle?

---

[77]**reculer** to back up. [78]**gagnant le fond** going upstage. [79]**Qu'est-ce qu'il y a?... dire?** What's the matter? What does this mean?

HOGSON

Cicandel?

LA CAISSIÈRE

C'est le nom d'un voyageur... Nous n'avons pas ici de Cécandle. (*remuant la tête*) Non! non!

HOGSON

Now look here! Have you received this morning a young gentleman and a young lady?

LA CAISSIÈRE

(*souriante et un peu effrayée*) Ah! je ne comprends pas. Interprète! Interprète! Mais où est-il donc? Qu'est-ce qu'il est devenu? (*au garçon qui vient*) Vous n'avez pas vu l'interprète?

LE GARÇON

Il était là tout à l'heure.

HOGSON

(*cherchant dans un petit dictionnaire*) Commissaire... police... here. (*Il fait un signe pour dire: «ici»*)

LE GARÇON

(*S'appuyant contre le comptoir. A la caissière.*) En tout cas, il ne parle pas français... Qu'est-ce qu'il dit?

LA CAISSIÈRE

Je crois qu'il voudrait un commissaire de police. (*à l'Anglais, en criant, et en lui montrant le fond*) Tout près d'ici!

HOGSON

(*faisant signe de ramener quelqu'un*) Commissaire police... here!

LE GARÇON

Moi, je n'y comprends rien! Qu'est-ce qu'il dit?

LE CAISSIÈRE

Je crois qu'il voudrait qu'on fasse venir ici le commissaire de police.

HOGSON

(*tendant une pièce d'or au garçon*) Commissaire... police... Come here...

LE GARÇON

Il m'a donné dix francs.

LA CAISSIÈRE

Ça vaut douze francs cinquante ce qu'il vous a donné[80]... Eh bien, écoutez! Trottez-vous[81] jusqu'au bureau du commissaire. Vous lui ramènerez[82] un inspecteur. Il lui dira ce qu'il a à lui dire.

LE GARÇON

Mais il ne sait pas le français.

LA CAISSIÈRE

Nous avons l'interprète.

HOGSON

Now I want a room.

LA CAISSIÈRE

Ça veut dire: chambre, ça. On va vous en donner une, de room. (*au garçon*) Conduisez-le au 17 en passant. (*Elle prend une clef dans le casier et la lui donne.*)

HOGSON

(*au moment de sortir par la porte de droite, premier plan*) Take my luggage.

---

[80]**Ça vaut douze francs cinquante...** (The porter mistakes the coin for a ten-franc piece; a half-sovereign, it was worth more.) [81]**Trottez-vous** Run. [82]**ramener** to bring back.

LE GARÇON

(*sans comprendre*) Oui, monsieur.

HOGSON

Take my luggage.

LE GARÇON

Parfaitement!

HOGSON

(*en se fâchant*) Take my luggage. (*Il montre sa valise. Le garçon la prend avec colère.*) What is the matter with this fellow? I don't like repeating twice... Now then, follow me. (*Il sortent par la droite.*)

LA CAISSIÈRE

Où est donc cet interprète? (*Elle sort par le fond à droite. Entrent par le fond à gauche Betty et Julien*)

Scène IV

BETTY, JULIEN

BETTY

Alors, vous partez! Vous ne resterez pas longtemps?

JULIEN

Je vais jusqu'au bureau de poste.

BETTY

J'ai si peur! Avez-vous entendu crier tout à l'heure? Je pense c'était[83] la voix de mon père.

JULIEN

Mais non, mais non. C'est une obsession. Ce matin c'était son chapeau gris que vous aviez aperçu. Maintenant c'est sa voix que vous croyez entendre! Allons, au revoir.

---

[83]**je pense c'était** (*instead of* **je crois que c'était**).

BETTY

Au revoir, my dear.

JULIEN

Dites: petit chéri.

BETTY

Petit chéri. (*Elle rentre à gauche. Il sort par la droite.*)

Scène V

EUGÈNE, LA CAISSIÈRE, puis HOGSON, puis L'INSPECTEUR

EUGÈNE

(*Peu après, se glisse*[84] *sur la scène, en rentrant, premier plan, à gauche. Il a toujours sa casquette à l'envers.*[85]) Personne!... Et il n'est que dix heures et demie. Ah! si l'on croit que je vais rester ici jusqu'à ce soir, à minuit! (*allant au fond consulter une affiche en couleur*) Voyons l'horaire. Il n'arrive pas de train de Londres avant sept heures. Je vais être presque tranquille, alors, jusqu'à sept heures.

LA CAISSIÈRE

(*entrant au deuxième plan, à droite*) Interprète! Ah! vous voilà! Où étiez-vous donc tout à l'heure?

EUGÈNE

J'étais parti... j'étais très pressé... j'avais entendu crier: au secours![86] au secours!... en espagnol, vous savez... mais je m'étais trompé, ce n'était pas ici.

LA CAISSIÈRE

Vous étiez si pressé que vous aviez mis votre casquette à l'envers.

EUGÈNE

(*touchant sa casquette*) Oui! Oui!

[84]**se glisser** to slip. [85]**à l'envers** on backwards. [86]**au secours!** help!

LA CAISSIÈRE

Eh bien, qu'est-ce que vous attendez pour la remettre à l'endroit?[87]... Remettez-la... Essayez de ne plus bouger maintenant. (*Il s'assied devant le comptoir, où la caissière regagne sa place.*[88]) Il va venir un Anglais que ne sait pas un mot de français... Il a demandé un inspecteur de police... Je ne sais pas ce qu'il veut...

EUGÈNE

(*à lui-même*) Moi non plus. Il y a des chances pour que je ne le sache jamais.

VOIX DE HOGSON

(*à droite*) Look here, waiter!... waiter!... Give us a good polish on my patent leather boots and bring us a bottle of soda water!

EUGÈNE

Oh! quel jargon! quel jargon! Où est le temps où la langue française était universellement connue à la surface de la terre? Il y a cependant une société pour la propagation de la langue française. Qu'est-ce qu'elle fait donc?

HOGSON

(*entrant par la droite, premier plan, en même temps que l'Inspecteur entre par le fond*) Well, what about that Inspector?

L'INSPECTEUR

Hein! Qu'est-ce qu'il y a? C'est ce monsieur qui me demande! Eh bien! Vous n'avez pas peur. Vous ne pourriez pas vous déranger[89] pour venir jusqu'au bureau?

HOGSON

Yes!

---

[87]**remettre à l'endroit** to put back on frontwards. [88]**regagner sa place** to go back to her place. [89]**se déranger** to take the trouble.

L'INSPECTEUR

Il n'y a pas de «Yes»! C'est l'usage.[90]

HOGSON

Yes!

L'INSPECTEUR

Je vois que vous êtes un homme bien élevé. Alors, une autre fois, il faudra vous conformer aux habitudes du pays, n'est-ce pas?

HOGSON

Yes!

L'INSPECTEUR

(*à la caissière*) Allons! Il n'est pas difficile.[91]

LA CAISSIÈRE

Il ne sait pas un mot de français.

L'INSPECTEUR

Et moi je ne sais pas un mot d'anglais... Nous sommes faits pour nous entendre.

LA CAISSIÈRE

(*à Eugène qui a gagné le fond sans être vu*) Interprète!

EUGÈNE

(*s'arrêtant court*) Voilà!...

L'INSPECTEUR

Faites-lui reconter son affaire.[92] (*Eugène s'approche de Hogson.*)

HOGSON

(*regardant la casquette d'Eugène—avec satisfaction*) Oh! Interpreter!...

---

[90]**C'est l'usage** That's the custom. [91]**difficile** hard to please. [92]**Faites-lui raconter son affaire** Have him tell his story.

EUGÈNE

Yes! Yes!

HOGSON

Tell him I am James Hogson, from Newcastle-on-Tyne... Tell him!... I have five daughters. My second daughter ran away from home in company with a young gentleman, master Cicandel... Tell him. (*Eugène continue à le regarder sans bouger.*) Tell him!... (*se fâchant*) Tell him, I say!

L'INSPECTEUR

Qu'est-ce qu'il dit? Je n'y comprends rien.

EUGÈNE

Voilà... c'est très compliqué... c'est toute une histoire...[93] Ce monsieur est Anglais...

L'INSPECTEUR

Je le sais.

EUGÈNE

Moi aussi. Il vient pour visiter Paris comme tous les Anglais.

L'INSPECTUER

Et c'est pour ça qu'il fait chercher le commissaire?

EUGÈNE

Non... attendez!... attendez!... Laissez-moi le temps de dire ce qu'il a dit.

HOGSON

Oh! tell him also this young man is a Frenchman and a clerk in a banking house of Saint James Street.

EUGÈNE

Précisément!... (*à l'Inspecteur*) Pourquoi un Anglais à peine arrivé à Paris peut-il avoir besoin d'un commissaire? (*embarrassé*)

---

[93]**c'est toute une histoire** it's a long story.

Pour un vol[94] de... de portefeuille.[95] (*Une idée lumineuse lui vient soudain.*) Voilà, Monsieur descend du train...

HOGSON

Tell him that the young gentleman....

EUGÈNE

(*à Hogson, en faisant un geste de la main de lui fermer la bouche*) Ferme! (*à l'Inspecteur*) Monsieur descend du train à la gare du Nord[96] quand un homme le pousse et lui prend son portefeuille. (*l'Inspecteur fait quelques pas vers la gauche pour prendre des notes.*)

HOGSON

(*approuvant ce que vient de dire Eugène*) Yes!... Very well... yes...

EUGÈNE

(*étonné*) Yes?.... Eh bien, mon vieux,[97] tu n'es pas difficile... (*Il gagne le fond avec précaution. Hogson s'approche de l'Inspecteur, en tirant son portefeuille.*)

L'INSPECTEUR

(*étonné*) Vous avez donc deux portefeuilles?[98] (*à l'interprète*) Il avait donc deux portefeuilles!

EUGÈNE

Toujours! toujours!... les Anglais.

HOGSON

(*tendant son portefeuille à l'Inspecteur*) That is the likeness, the young man's photo... photograph!

L'INSPECTEUR

(*étonné*) La photographie de votre voleur?

---

[94]**vol** theft. [95]**portefeuille** wallet. [96]**gare du Nord** North Station (one of the railroad stations in Paris). [97]**mon vieux** old chap. [98]**Vous avez donc deux portefeuilles?** So you have two wallets?

HOGSON

Yes.

L'INSPECTEUR

Ils sont étonnants, ces Anglais!... un inconnu les pousse dans la gare ou dans la rue et vole leur portefeuille. Ils ont déjà sa photographie... (*après réflexion*) Mais comment a-t-il fait cela?

EUGÈNE

Je ne vous ai pas dit que l'homme qui l'a poussé était un homme qu'il connaissait très bien?

L'INSPECTEUR

Non! Comment s'appelle-t-il? Demandez-le-lui.

EUGÈNE

Il faut que je lui demande? Il m'a déjà dit son nom... Il s'appelle... John... John... (*Il pousse une sorte de gloussement.*)[99] Lroukx.

L'INSPECTEUR

Comment est-ce que ça s'écrit?

EUGÈNE

Comment est-ce que ça s'écrit?... W... K... M... X...

L'INSPECTEUR

Comment prononcez-vous cela?

EUGÈNE

(*poussant un autre gloussement*) Crouic!

L'INSPECTEUR

Enfin![1] J'ai pas mal de renseignements.[2] Je vais commencer des recherches actives.

---

[99]**gloussement** cluck. [1]**Enfin!** Well! [2]**pas mal de renseignements** lots of information.

EUGÈNE

Oui! oui! allez. (*montrant l'Anglais*) Il est très fatigué. Je crois qu'il va aller se coucher.

L'INSPECTEUR

Je m'en vais. (*à l'Anglais*) Je vais commencer d'actives recherches. (*Il sort.*)

EXERCISES

Scenes I–V

READING COMPREHENSION

Rewrite the following statements where necessary to make them agree with the facts presented in the play.

1. Betty avait l'air inquiet parce qu'il lui semblait avoir vu le chapeau de son père.
2. Julien et Betty ont quitté Londres pour forcer le père à les laisser se marier.
3. Le patron de Julien voulait attendre trois mois avant de l'associer.
4. L'interprète ordinaire n'est pas venu à cause du mariage de sa sœur.
5. Eugène n'était pas interprète, mais il avait besoin d'argent.
6. La caissière avait peur qu'Eugène sache mal l'anglais.
7. Quand on a téléphoné de Londres, Eugène a dit que c'était pour demander quatre chambres.
8. Hogson a donné dix francs au garçon pour qu'il lui ramène un inspecteur de police.
9. Eugène a mis sa casquette à l'envers parce qu'il était pressé.

VOCABULARY STUDY

Write sentences of your own with the following words or phrases using one or more in each sentence.

la caissière
le garçon (d'hôtel)
un étranger
le casier avec les clefs
une affiche de chemin de fer
un horaire
le premier étage = *second floor*
le deuxième étage = *third floor*
être libre ou prêt
faire porter la valise

Rewrite each of these sentences substituting the appropriate expression in the following list for the near-equivalent in italics.

comme ci, comme ça	une affaire
pas mal de	à peine
falloir à quelqu'un	manquer d'animation
relancer	ne pas rouler sur l'or

1. *Nous avons besoin de* deux chambres.
2. Le père de Betty était capable de venir *poursuivre* Julien et Betty.
3. Eugène *n'était pas riche.*
4. La conversation *n'est pas très animée* quand on ne parle pas la même langue.
5. Cet interprète parle *plus ou moins bien* plusieurs langues.
6. L'inspecteur a pris *beaucoup de* renseignements.
7. Cette Anglaise *ne* savait *presque pas* parler français.
8. Hogson a raconté son *histoire.*

Match each of the situations under *Column A* with the corresponding expression under *Column B.*

A	B
1. on demande au client ce qu'il veut	a. allô!
2. on dit des choses peu intelligentes	b. qu'est-ce qui se passe?
3. on est déçu	c. Monsieur désire?
4. on veut savoir ce qu'il y a	d. tant pis!
5. on veut indiquer une quantité qui n'est pas grande	e. comment est-ce qu'on prononce...?
6. on attire l'attention de quelqu'un avant de parler	f. au secours!
7. on répond au téléphone	g. comment est-ce que ça s'écrit?
8. on ne comprend pas ce que quelqu'un a dit	h. je n'y comprends rien
9. on a besoin de secours	i. comme ci, comme ça
10. on dit à quelqu'un qu'on est là	j. voilà!
11. on demande comment s'écrit un mot	k. dites donc!
12. on demande comment se prononce un mot	l. ce sont des bêtises
13. on se résigne à faire quelque chose malgré les conséquences	m. zut!

STRUCTURES

A. *The Use of the Infinitive after* **dire**

Rewrite the following sentences according to the example.

EXAMPLE: Il faut qu'il **vienne** ici.
Dites-*lui* ***de venir*** *ici.*

1. Il faut qu'il attende les clients.
2. Il faut qu'il prenne la valise.
3. Il faut qu'il aille téléphoner.
4. Il faut qu'il fasse son service.
5. Il faut qu'il soit sérieux.
6. Il faut qu'il réponde en français.

B. *The Negation* ***ne ... pas non plus*** *(not ... either)*

Rewrite the following sentences according to the example.

EXAMPLE: Je ne m'ennuie pas. Et vous?
Je ***ne*** *m'ennuie* ***pas non plus.***

1. Je ne veux pas attendre. Et vous?
2. Je ne veux pas parler anglais. Et vous?
3. Je ne me rappelle pas. Et vous?
4. Je ne dîne pas au restaurant. Et vous?
5. Je ne peux pas m'y habituer. Et vous?

C. *The Pronoun* ***en***

Rewrite the following sentences according to the example.

EXAMPLE: Nous leur donnerons deux belles chambres.
Nous leur ***en*** *donnerons deux belles.*

1. Je vous demande *deux petites chambres.*
2. Vous lui donnerez *une belle chambre.*
3. On va leur donner *une chambre.*
4. Tu leur recommanderas *deux ou trois hôtels.*
5. On lui a volé *un joli portefeuille.*
6. Nous leur enverrons *une longue lettre.*

D. *The Partitive Articles* **de** *and* **des** *with Adjectives Preceding or Following the Noun*

The partitive article **de** is used when the plural adjective precedes the noun, and **des** when it follows.

Je vais commencer **d'actives** recherches.
Je vais commencer **des** recherches **actives.**

Rewrite the sentences so that the adjectives follow the nouns.

1. Je vais commencer de difficiles recherches.
2. J'ai vu d'étonnants Anglais à Paris.
3. J'ai vu d'admirables choses à Paris.
4. On peut manger d'abominables choses dans ce restaurant.
5. J'ai d'importantes courses à faire.
6. Il y a d'intéressants spectacles à voir.

E. *The Subjunctive with* **souhaiter** *and the Indicative with* **espérer**

Although **souhaiter** (*to wish*) and **espérer** (*to hope*) are somewhat related in meaning, they are not used with the same mood.

J'**espère** qu'il ne **viendra** pas d'Anglais. (*indicative*)

but:

Je **souhaite** qu'il ne **vienne** pas d'Anglais. (*subjunctive*)

Rewrite the following sentences with **souhaiter.**

1. J'espère que votre père ne viendra pas ici.
2. J'espère que vous saurez parler français.
3. J'espère que nous serons bientôt mariés.
4. J'espère qu'il y aura un interprète.
5. J'espère que vous ne direz pas de bêtises.
6. J'espère que vous m'attendrez à l'hótel.
7. J'espère que vous ne me suivrez pas à la poste.
8. J'espère que mon patron voudra m'associer.
9. J'espère que vous me conduirez à ma chambre.
10. J'espère que vous me répondrez en français.

11. J'espère que vous me comprendrez en français.
12. J'espère que votre père ne se souviendra pas de cet hôtel.

F. *Common Mistakes Made by English Speakers*

Using the footnotes as a guide, correct the following mistakes made by Betty.

1. Je sais si peu bien parler français.
2. C'est une abominable chose.
3. Vous avez parlé plus que deux fois.
4. Il a beaucoup mémoire.
5. Il doit se souvenir ce mot.
6. C'est facile se souvenir.
7. Je vais vous dire encore une terrible chose.
8. J'ai reconnu le paternel chapeau.
9. Je voudrais je fusse mariée.
10. Comment vous disiez?
11. Mon papa aurait consenti marier contre vous.
12. Vous deviez quitter tout de suite votre patron.
13. Vous serez obligé me quitter.
14. Je me ennuie pas avec vous.

COMMUNICATIVE ACTIVITY

Prepare one of the topics listed below to be discussed in class with two of your classmates. Once the topic has been thoroughly analyzed, your group should present a composite version of the discussion to the other members of the class. Be ready to read aloud lines from the play in support of the views expressed.

1. Eugène a beaucoup de présence d'esprit et d'imagination en jouant le rôle d'un interprète.
2. Betty a toujours peur.
3. Hogson est impatienté.
4. Julien et Betty s'aiment.

L'Anglais tel qu'on le parle, suite

Scène VI

HOGSON, EUGÈNE, LA CAISSIÈRE

HOGSON

(*à Eugène*) What did he say to me? (*Eugène fait un signe de tête.*)

HOGSON

(*plus fort*) What did he say to me?

EUGÈNE

Yes! Yes!

HOGSON

(*furieux*) What: yes! yes!

LA CAISSIÈRE

Qu'est-ce qu'il a dit?

EUGÈNE

Rien.

LA CAISSIÈRE

Il a l'air furieux!... Demandez-lui ce qu'il a.[3]

EUGÈNE

Non! non! Il faut le laisser tranquille. Il dit qu'il veut absolument qu'on le laisse tranquille. Il dit que si on a le malheur[4] de lui parler, il quittera l'hôtel tout de suite.

LA CAISSIÈRE

C'est un fou!

---

[3]**ce qu'il a** what's the matter with him. [4]**malheur** misfortune.

EUGÈNE

(*à part*)[5] Ou un martyr!... Non, c'est moi qui suis le martyr.

HOGSON

(*à la caissière, avec force*) Bad, bad interpreter!

LA CAISSIÈRE

Qu'est-ce qu'il dit?

HOGSON

(*avec plus de force encore*) Mauvais! mauvais interpreter!

LA CAISSIÈRE

Ah! il a dit: mauvais interprète!

EUGÈNE

(*d'un geste expressif*) Humph... Humph... Movey! Movey! Est-ce que vous savez seulement[6] ce que ça veut dire en anglais?

HOGSON

(*furieux, à la caissière*) Look here, madam... I never saw such a hotel in my blooming life. (*allant à l'interprète*) Never... and such a fool of an interpreter. Do you think I have come all the way from London to be laughed at? It is the last time... (*en s'en allant*) I get a room in your inn. (*Il sort, premier plan, à gauche.*)

LA CAISSIÈRE

Il est furieux!

EUGÈNE

Mais non!... Il est très content... (*Il donne une imitation de sa marche.*)[7] C'est un air anglais. Quand ils sont contents, ils marchent comme ça.

---

[5]**à part** aside. [6]**Est-ce que vous savez seulement... ?** Do you really know... ?
[7]**marche** walk.

LA CAISSIÈRE

Je m'en vais un instant. Essayez de rester ici et de n'en plus bouger.[8] (*Elle sort.*)

EUGÈNE

(*s'essuyant la figure avec son mouchoir et s'asseyant près du comptoir*) Ah! une petite maison de campagne[9] en Touraine,[10] tout au milieu de la France! Ici, nous sommes envahis par des étrangers... J'aurais une vie en paix... Les paysans me parleraient patois.[11] Mais je ne serais pas forcé de leur répondre. Je ne suis pas un interprète de patois.

Scène VII

EUGÈNE, BETTY

BETTY

Interpreter!

EUGÈNE

Allons! Bon![12] (*Il fait signe à Betty qu'il a mal à la* gorge.[13]) Mal... gorge... la voix... disparue... (*à part*) Elle ne comprend pas. Il faudrait lui dire ça en anglais.

BETTY

Vous ne pouvez pas parler?

EUGÈNE

(*parlant de sa voix naturelle*) Vous parlez français! Il fallait donc le dire tout de suite.

BETTY

Vous pouvez parler maintenant.

---

[8]**de n'en plus bouger** to stay put. [9]**maison de campagne** house in the country. [10]**Touraine** province lying south of Paris. [11]**patois** local dialect. [12]**Allons! Bon!** All right! [13]**avoir mal à la gorge** to have a sore throat.

EUGÈNE

(*parlant comme s'il souffrait encore d'un mal à la* gorge) Ah! pas tout à fait encore... mais ça va mieux. (*avec sa voix naturelle*) Ah! voilà! ça va bien! n'en parlons plus.

BETTY

Do you know if the post office is far from here?

EUGÈNE

Oh! puisque vous savez un peu parler français, pourquoi vous amusez-vous à parler anglais? Ce n'est pas le moyen de bien apprendre le français.

BETTY

Je sais si peu.

EUGÈNE

Parfaitement! De plus, moi, je veux vous habituer à parler français. Si vous me parlez anglais, mon parti est pris,[14] je ne répondrai pas.

BETTY

Oh! I speak French with such difficulty.

EUGÈNE

(*brusquement*) Je ne veux pas comprendre! Mon parti est pris. Je ne veux pas comprendre!

BETTY

Eh bien! je vais vous dire... (*apercevant le chapeau gris de Hogson sur la table*) Oh! Oh!

EUGÈNE

Qu'est-ce qu'il y a?

---

[14]**mon parti est pris** my mind is made up.

BETTY

Quel est ce gris chapeau?[15]

EUGÈNE

C'est un chapeau qu'un Anglais a laissé tout à l'heure.

BETTY

(*s'approchant*) Oh! (*Elle regarde à l'intérieur du chapeau.*) My father's hat! (*à l'interprète, avec émotion*) Oh! my friend is out! My friend left me alone! He is not returned yet! I am going to my room!

EUGÈNE

Oui! oui! c'est entendu.[16]

BETTY

Je vais me en aller[17] dans ma chambre.

EUGÈNE

Oui... oui... c'est ça... Partez! partez! (*Elle s'en va.*) Au moins, avec elle, il y a moyen de causer.[18] Ce n'est pas comme avec cet Anglais. Ils ne se dérangeraient pas pour apprendre notre langue, ces gens-là. Voilà bien l'orgueil[19] des Anglais!

Scène VIII

EUGÈNE, JULIEN

JULIEN

(*arrivant par la gauche*) Interpreter!

---

[15]**ce gris chapeau** (*instead of* **chapeau gris**). [16]**c'est entendu** of course. [17]**Je vais me en aller** (*instead of* **Je vais m'en aller**). [18]**il y a moyen de causer** I can talk. [19]**orgueil** pride.

EUGÈNE

Ça y est! Encore!...[20] Non! non! j'en ai assez! c'est fini! Il y a trop d'Anglais. Ils sont trop. (*à Julien*) Tête de bois! Cochon de rosbif![21] Ferme ta bouche! Tu es dégoûtant![22]

JULIEN

Tu es encore plus dégoûtant! En a-t-il du culot, celui-là![23]

EUGÈNE

(*lui serrant la main*) Ah! vous parlez français, merci! merci! Ça fait plaisir d'entendre sa langue maternelle! Répétez un peu: j'ai du culot! Dites donc![24] puisqu'enfin je retrouve un compatriote,[25] je vais lui demander un service, un grand service. Imaginez-vous que je sais très peu l'anglais. Je ne sais que l'espagnol, l'italien, le turc, le russe, et le japonais.

JULIEN

Vous savez l'espagnol?... ¿Qué hora es?[26]

EUGÈNE

Ne perdons pas de vue[27] le sujet de notre conversation!... Je vous disais donc...

JULIEN

Je vous ai posé une question. ¿Qué hora es? Répondez à ma question.

EUGÈNE

Vous voulez une réponse immédiate? Je demande un moment de réflexion.

JULIEN

Vous avez besoin de réflexion pour me dire l'heure qu'il est?

---

[20]**Ça y est! Encore!** Here we go again! [21]**Cochon de rosbif!** Dirty roast beef eater! [22]**dégoûtant** disgusting. [23]**En a-t-il du culot, celui-la!** Isn't that fellow impudent! [24]**Dites donc!** Listen! [25]**compatriote** fellow countryman. [26]**¿Qué hora es?** What time is it? (*Spanish*) [27]**perdre de vue** to lose sight.

EUGÈNE

(*avec confiance*) Il est onze heures et demie... Écoutez... Vous allez me rendre un service. Il s'agit de parler[28] à un Anglais qui est ici. Il parle un anglais que je ne comprends pas. Je ne sais pas du tout ce qu'il me veut.

JULIEN

Où est-il cet Anglais?

EUGÈNE

Nous allons le trouver... Oh! vous êtes gentil[29] de me rendre ce service.

JULIEN

Eh bien! Allons-y.[30]

EUGÈNE

Il doit être tout près. Tenez![31] Voilà ma casquette! (*Il la lui met sur la tête.*) Vous voilà interprète! (*s'approchant de la porte de gauche*) Monsieur! Monsieur!

JULIEN

Dites-lui: Seur!

EUGÈNE

Seur! Seur! (*revenant à Julien*) Je voudrais lui dire qu'il y a ici un bon interprète. Comment ça se dit-il?[32]

JULIEN

Good interpreter!

EUGÈNE

Bien! Bien! Good interpreter! (*satisfait*) Nous allons, je pense, assister à une chic[33] conversation anglaise entre ces deux

---

[28]**Il s'agit de parler...** It's about talking... [29]**gentil (gentille)** kind. [30]**Allons-y.** Let's go. [31]**Tenez!** Here! [32]**Comment ça se dit-il?** How does one say that? [33]**assister à une chic conversation** to be present at a swell conversation.

gentlemannes![34]... (*allant à la porte*) Seur! Seur! Good interpreter! (*Entre Hogson. Julien l'aperçoit et se retourne immédiatement.*)

Scène IX

LES MÊMES, HOGSON, puis L'INSPECTEUR, BETTY, LA CAISSIÈRE, LE GARÇON, UN AGENT

HOGSON

(*au dehors*) Allô! a good interpreter?... All right! (*Il entre.*)

HOGSON

(*à Julien*) Oh! is this the new man? Very well. I want my breakfast served in the dining room, but on a separate table. (*Julien gagne doucement d'abord, puis rapidement le fond et s'en va par la droite, en traversant la scène en angle.*)[35]

EUGÈNE

(*étonné*) Tiens![36] il paraît que je ne suis pas le seul que les Anglais font disparaître!

HOGSON

(*à Eugène*) What is the matter with him?

EUGÈNE

Non, mon vieux, ce n'est plus moi, c'est lui!... (*d'une voix aimable*) Au revoir, monsieur! au revoir, monsieur!

HOGSON

(*furieux*) What do you mean, you rascal, stupid scoundrel, you brute, frog-eating beggar! (*Il sort par la gauche.*)

EUGÈNE

(*seul*) Non! je ne serai jamais en bons termes avec ce rosbif-là. Je préfère en prendre mon parti une fois pour toutes. (*On entend du*

---

[34]**gentlemanne** popular term for an Englishman. [35]**en traversant la scène en angle** crossing the stage at an angle. [36]**Tiens!** What do you know!

bruit à gauche.) Qu'est-ce que c'est que ce tapage-là?[37] On s'assassine! On se bat! Ce sont des gens qui parlent français! Des compatriotes! Ça va bien. Ça ne me regarde pas.[38]

L'INSPECTEUR

(*Entre, suivi d'un agent qui tient Julien par le bras. A Eugène.*) Je tiens mon voleur! Je le tiens! Au moment où je passais devant la porte, je l'ai vu qui marchait très vite, et je l'ai reconnu par la photographie. Ah! Ah! Faites-moi chercher[39] cet Anglais! Nous allons lui montrer ce que c'est que la police française. Aussitôt connus, aussitôt pincés![40] (*à l'interprète*) Allez me chercher cet Anglais! Et revenez avec lui, puisque nous aurons besoin de vos services.

EUGÈNE

Vous faites bien de me dire ça![41]... (*à part*) Je ne connais pas le toit de l'hôtel. Je vais aller le visiter. (*Il sort par le fond à gauche.*)

JULIEN

Mais enfin![42] Qu'est-ce que ça veut dire? Vous m'arrêtez! Vous m'arrêtez! On n'arrête pas les gens comme ça. Vous aurez de mes nouvelles![43]

L'INSPECTEUR

Oh! Oh! pas de résistance! pas de colère! C'est bien vous qui vous appelez... (*Il essaie de prononcer le nom écrit dans ses notes.*) Doublevé Ka Emme Ix?... Oh! ne faites pas semblant[44] d'être étonné!... Vous vous expliquerez au bureau. (*au garçon*) Faites-moi venir cet Anglais de ce matin, ce grand monsieur, avec un chapeau gris.

---

[37]**tapage-là** that racket. [38]**Ça ne me regarde pas** It's no concern of mine. [39]**Faites-moi chercher...** (*imp.* **faire**) Go and get me... [40]**Aussitôt connus, aussitôt pincés!** No sooner known than nabbed! [41]**Vous faites bien de me dire ça!** It's a good thing you are telling me that! [42]**Mais enfin!** Come now! [43]**Vous aurez de mes nouvelles!** You shall hear from me! [44]**ne faites pas semblant...** (*imp.* **faire**) don't pretend...

JULIEN

(*essayant d'échapper à l'agent*) Avec un chapeau gris!

L'INSPECTEUR

Ah! ah! ah! Ça te dit quelque chose![45] (*à l'agent*) Tenez-le solidement!

BETTY

(*entrant par la porte de droite*) Oh! petit chéri! petit chéri!

L'INSPECTEUR

Arrêtez cette femme! Nous en tenons deux! (*L'agent prend Betty par le bras.*)

BETTY

Oh! my dear! Qu'est-ce que c'est?

JULIEN

Vous aviez raison[46] ce matin. Le chapeau gris est là... (*Betty, effrayée, essaie d'échapper, mais l'agent la tient plus solidement.*)

L'INSPECTEUR

Pas de conversation! Pas de signes! Je me souviendrai de cette histoire de chapeau gris. (*à l'agent*) Avez-vous vu leur mouvement quand on a parlé de chapeau gris? C'est une bande des plus dangereuses!

LE GARÇON

(*rentrant à gauche, premier plan, avec Hogson*) Voici ce monsieur!

HOGSON

(*Apercevant Betty qui se cache le visage. D'une voix de reproche.*) Oh! Betty! Are you still my daughter? Is that you? Have

---

[45]**Ça te dit quelque chose!** That means something to you! [46]**aviez raison** (*imperf.* **avoir**) were right.

you thought of your poor mother's anxiety and despair? (*sèchement,*[47] *à l'Inspecteur qui veut l'interrompre*) Leave me alone! (*à Betty*) Have you thought of the abominable example of immorality for your dear sisters! Have you thought... (*à l'Inspecteur, sèchement*) Leave me alone! All right! (*à Betty*) Have you thought of the tremendous scandal...

L'INSPECTEUR

Vous savez que vous perdez votre temps. Il y a assez longtemps que j'ai cessé de faire des reproches à des malfaiteurs.[48]

HOGSON

(*à l'Inspecteur, avec effusion*) My friend, I have five daughters. My second daughter, Betty, ran away from...

L'INSPECTEUR

(*montrant Julien*) C'est bon! C'est bon! C'est bien l'homme qui vous a volé votre portefeuille?

HOGSON

(*avec énergie*) Yes!

JULIEN

Comment? Il m'accuse de vol maintenant? You told this man I robbed your wallet?

HOGSON

My wallet!... but I never said such a thing!

JULIEN

Vous voyez! Il dit qu'il n'a jamais dit ça.

L'INSPECTEUR

Vous savez que je ne sais pas l'anglais. Vous pouvez lui faire raconter ce qui vous plaira... Allons! au bureau l'homme et la femme!

---

[47]**sèchement** curtly. [48]**malfaiteur** criminal.

JULIEN

(*à Hogson*) Do you know he will send your daughter to prison!

HOGSON

My daughter! my daughter to prison! (*Il retient sa fille par le bras.*)

LA CAISSIÈRE

(*arrivant*) Qu'est-ce que ça veut dire?

L'INSPECTEUR

Ah! vous m'ennuyez tous, à la fin. Je vous emballe tous.[49] Vous vous expliquerez tous au bureau.

BETTY

Mais je suis sa fille!

L'INSPECTEUR

Qu'est-ce que ça veut dire, tout ça? (*sonnerie prolongée de téléphone*)

LA CAISSIÈRE

(*à l'appareil*) On sonne de Londres.[50] M. Julien Cicandel.

JULIEN

C'est moi!

LA CAISSIÈRE

Vous vous appelez Philibert.

JULIEN

Je m'appelle aussi Cicandel.

---

[49]**Vous m'ennuyez... tous.** I'm beginning to get tired of all of you. I'll pack you off, all of you. [50]**On sonne de Londres.** There's a call from London.

L'INSPECTEUR

Et puis Doublevé Ka Emme Ix! Oh! c'est louche,[51] ça! c'est de plus en plus louche!

JULIEN

Laissez-moi répondre. (*Il vient à l'appareil, toujours tenu par l'agent.*) Allô! allô! c'est de mon patron de Londres!... yes! yes!... Il paraît qu'il a déjà téléphoné tout à l'heure et qu'on lui a donné la communication[52] avec une maison de fous![53] All right! oh! Thank you! Thank you! (*à part*) C'est mon patron qui me téléphone qu'il consent à m'associer dans la maison.

BETTY

(*sautant de joie*) Oh! papa! papa! He will give Julian an interest in the bank!

HOGSON

He will, he really...?

BETTY

Yes! oh! I am happy! I am happy!

JULIEN

Que votre père écoute lui-même! (*à Hogson*) Listen yourself!

HOGSON

(*s'approchant du téléphone, à l'Inspecteur*) Ah! It is a good thing! (*s'asseyant*) Allô! Allô! Speak louder; I can't hear you... allô! allô! all right!... If you give Julian an interest, I have nothing more to say... That is good... thank you... Good-bye. (*se levant, à Julien*) My friend, I give you my daughter. (*Betty l'embrasse et va dans les bras de Julien.*)

---

[51]**louche** suspicious. [52]**communication** connection. [53]**maison de fous** insane asylum.

EUGÈNE

(*arrivant par la gauche, premier plan*) Qu'est-ce qui se passe?

L'INSPECTEUR

Il se passe des choses pas ordinaires! Vous vous rappelez l'Anglais de tout à l'heure qui se plaignait d'avoir été volé. Eh bien! Je fais de mon mieux[54] pour lui retrouver son voleur. Je fais des recherches. Je prends mon homme. Je le lui amène.[55] Il lui donne la main de sa fille! Maintenant, tout ce qu'on me dira des Anglais, vous savez, ça ne m'étonnera plus. (*Il sort.*)

EUGÈNE

(*regardant Julien et Betty*) Vous êtes heureux?

JULIEN

Oh! oui!

EUGÈNE

C'est pourtant à cause de moi que tout ça est arrivé.

JULIEN

Comment ça?

EUGÈNE

C'est toute une histoire, vous savez... mais si vous étiez chic, vous me trouveriez une place[56] à Londres.

JULIEN

Comme interprète?

EUGÈNE

(*avec horreur*) Non! J'en ai fini avec ce métier[57] d'interprète. Je veux me mettre à apprendre les langues.

JULIEN

Mon beau-père[58] vous trouvera ça à Londres.

---

[54]**fais de mon mieux** (*pres. ind.* **faire**) do my best. [55]**amener** to bring. [56]**place** job. [57]**métier** profession. [58]**beau-père** father-in-law.

HOGSON

(*serrant la main d'Eugène*) My fellow, since you are his friend, you are my friend.

EUGÈNE

(*à Hogson*) Peut-être bien. (*à Julien*) Je voudrais lui dire quelque chose de gentil, d'aimable... que je ne comprends pas un mot de ce qu'il dit.

JULIEN

Dites-lui: I cannot understand!

EUGÈNE

(*serrant la main de Hogson*) Canote endoustan!

RIDEAU

EXERCISES

Scenes VI–IX

READING COMPREHENSION

Rewrite the following statements, where necessary, to make them agree with the facts presented in the play.

1. Hogson a réussi à faire comprendre à la caissière qu'Eugène était mauvais interprète, mais Eugène a expliqué qu'il voulait dire *movey*.
2. Eugène rêvait d'aller en Touraine, loin des étrangers.
3. Eugène a d'abord eu mal aux oreilles en entendant Betty.
4. Betty est vite partie au bureau de poste en voyant le chapeau.
5. Eugène a insulté Julien parce qu'il ressemblait à un Anglais.
6. Julien a posé une question en espagnol parce qu'il ne voulait pas qu'on comprenne leur conversation.
7. Eugène a demandé à Julien d'être interprète à sa place.
8. En voyant le père de Betty, Julien est vite sorti.

9. L'inspecteur a arrêté Julien parce qu'il l'avait reconnu par la photo.
10. Eugène est sorti pour aller chercher Hogson.
11. Julien a voulu échapper à l'inspecteur en voyant Betty.
12. L'inspecteur a également arrêté Betty.
13. On a téléphoné de Londres pour dire que Julien était devenu associé dans la banque.
14. L'inspecteur a trouvé normal que Hogson donne à Julien la main de sa fille.
15. Eugène a demandé à Julien de lui trouver une place d'interprète.

VOCABULARY STUDY

A. *Vocabulary Usage*

Match each of the situations under *Column A* with the corresponding expression under *Column B*.

A	B
1. on est sûr qu'une chose va arriver	a. allons-y!
2. on fait un compliment pour remercier	b. vous aurez de mes nouvelles!
3. on veut aller faire quelque chose	c. j'en ai assez!
4. on ne veut pas continuer	d. tiens!
5. on est surpris	e. vous êtes gentil.
6. on fait du bruit	f. ça y est!
7. on menace	g. qu'est-ce que c'est que ce tapage?

B. *The Various Meanings of* ***faire***

Translate the following sentences.

1. Eugène a fait un signe de tête.
2. Hogson a fait signe de ramener le commissaire.
3. Hogson a fait disparaître Julien.
4. Faites-moi chercher l'Anglais.
5. Ne faites pas semblant d'être étonné.
6. L'inspecteur ne fait plus de reproches aux voleurs.
7. L'inspecteur a fait de son mieux pour retrouver le voleur.
8. L'inspecteur a fait d'actives recherches.

9. Julien et Betty ne voulaient pas se faire remarquer.
10. La caissière a fait préparer la chambre.
11. La banque de Julien lui faisait trois mille francs de frais.
12. Dix francs les trois minutes, ça fait deux cents francs l'heure.
13. L'inspecteur a fait quelques pas vers la gauche pour prendre des notes.

STRUCTURES

A. *The Superlative of Adjectives*

To give emphasis to a plural adjective, the phrase **des plus** may be used.

C'est une bande **des plus** dangereuses.
It is one of the most dangerous gangs

Rewrite the following sentences, replacing **très** with **des plus** + *adjective* in the plural.

EXAMPLE: C'est un roman **très** extraordinaire.
C'est un roman ***des plus extraordinaires.***

1. C'est une personne très louche.
2. C'est une femme très chic.
3. C'est une langue très utile.
4. C'est un interprète très stupide.
5. C'est un Anglais très gentil.
6. C'est une chose très ordinaire.

B. *The Construction* ***de plus en plus*** *with Adjectives and Verbs*

The construction **de plus en plus** expresses an increase.

C'est **de plus en plus** curieux.
It is more and more curious.

Cela me surprend **de plus en plus.**
It surprises me more and more.

Rewrite the following sentences using **de plus en plus** before adjectives and immediately after verbs.

1. Eugène était content.
2. La France était envahie par les étrangers.
3. Hogson devenait furieux.
4. Nous avons besoin de vos services.
5. Les étrangers venaient en France.
6. Je me souviens.
7. Vous m'ennuyez.
8. Julien marchait vite.
9. Tout ça m'étonne.
10. C'est louche.

COMMUNICATIVE ACTIVITY

Choose one of the parts and after rehearsing it aloud, perform one of the nine scenes with classmates in front of the class.

Prepare one of the topics listed below to be discussed in class with two of your classmates. Once the topic has been thoroughly analyzed, your group should present a composite version of the discussion to the other members of the class. Be ready to read aloud lines from the play in support of the views expressed.

1. Eugène continue à avoir de la chance.
2. Le téléphone sonne à un moment critique pour Julien et pour Betty.
3. Certains détails sont relatifs à ce que les Français pensent des Anglais.
4. Certains détails sont relatifs à ce que les Anglais pensent des Français.

REVIEW EXERCISE

Review the vocabulary and the grammar points covered in *Part III*, then rewrite each sentence with the correct form of the words in parentheses.

Betty Hogson et Julien Cicandel arrivent à _____ (*article*) _____ (*noun*) de Cologne. Ils ont l'intention de se marier mais le père de

Betty veut les faire _____ (*verb*) jusqu'à ce que Julien _____ (**être**) associé dans sa maison de Londres. Julien ne s'ennuie pas à Paris et Betty ne s'ennuie pas _____ _____ (*adverb*). Eugène _____ (*verb*) l'interprète qui ne peut pas venir. Il ne sait pas _____ (*article*) _____ (*noun*) d'anglais et désire qu'il ne _____ (**venir**) pas d'Anglais. La caissière veut savoir combien de chambres on désire au téléphone et Eugène repond qu'il _____ (*pronoun replacing* **chambres**) faut quatre. Quand Hogson arrive, Eugène _____ (*verb*), puis revient quand Hogson va dans sa chambre. Voyant la _____ (*noun*) d'interprète à l'envers, la caissière lui dit de la remettre _____ _____ (*prepositional phrase*). Hogson revient et demande à Eugène d'expliquer à l'inspecteur pourquoi il est à Paris. Eugène invente une histoire de _____ (*noun*) volé. Avec les _____ (*noun*) inventés par Eugène, l'inspecteur va commencer _____ (*article*) recherches actives. Hogson devient _____ furieux (*insert construction* **de plus en plus**). Betty et Julien reviennent et Eugène est content qu'ils parlent français, leur expliquant qu'il ne _____ (*verb*) que l'espagnol et _____ _____ (*article* + **autre**) langues. Mais il est incapable de répondre _____ (*preposition*) une question _____ (*adjective*) en espagnol et Julien commence à comprendre. Dans la scène finale, Julien devient associé et pourra donc _____ _____ (*verb*) avec Betty. Eugène, lui, veut _____ _____ (*verb*) à apprendre les langues.

PART IV

Part IV introduces the reader into the world of romance and fairy tales. *Aucassin et Nicolette,* written by an anonymous writer in the Middle Ages, has always been a favorite in France. It is the story of two lovers separated for family reasons and finally united in marriage. This refreshing romance takes the reader from adventure to adventure in vividly and humorously described scenes. The author makes fun of the hero by showing him in tears several times. In contrast, he always points to the superiority of the woman. Nicolette can be seen as a very modern heroine. Then follow four fairy tales. *La Belle et la Bête* is one of the best-remembered tales by Mme Leprince de Beaumont (1711–1780). It is typical of the genre in that it proposes a lesson: beauty is not everything. *Le Chat botté* was probably written by Charles Perrault (1628–1703), who is well-known for collecting the so-called Mother Goose stories that belong to the oral tradition of French folklore. This masterpiece contains no lesson; it is the story of the financial and social progress of a poor miller's son thanks to a resourceful cat. *Pourquoi personne ne porte plus le caïman pour le mettre à l'eau* belongs to the African tradition of folktales. It was written by the Swiss novelist and poet Blaise Cendrars (1887–1961), who was a great traveller and loved children. *La Belle au bois dormant,* also by Perrault, presents a version of *Sleeping Beauty* that is different from the one the American public is familiar with.

The five selections appear in order of increasing complexity in vocabulary, but they should not present any difficulty since most of the fairy tales are also known in English. Except for

Aucassin et Nicolette, which has been abridged, the other stories are reproduced in their original version. They all use the **passé simple,** a past tense which replaces in written French the **passé composé,** which is used in spoken French. It is very important that students learn to recognize—but not produce at this point—this tense since it is so prevalent in the written language, literary and non-literary.

STUDY AIDS

The following suggestions will help you in your reading of the selections:

1. Glance over the vocabulary exercises before reading the story.
2. Be sure to review the formations of the **passé simple** (only for recognition), the immediate past, the immediate future, the progressive construction, and reflexive verbs. Review also the use and position of pronouns, possessive adjectives, possessive pronouns, and **savoir** vs. **connaître.**

Aucassin et Nicolette

ANONYMOUS

1

Le comte[1] Bougar de Valence faisait la guerre au comte Garin de Beaucaire.[2] Celui-ci avait un fils qui s'appelait Aucassin. Beau et grand, il avait des cheveux blonds et bouclés,[3] des yeux vifs et rieurs,[4] un visage lumineux[5] et un nez haut et bien planté. Il possédait tant de qualités qu'il n'y avait place en lui pour aucun défaut;[6] mais il était tombé amoureux de Nicolette et ne voulait pas être fait chevalier,[7] ni prendre les armes. Son père et sa mère lui disaient:

«Cher fils, prends donc[8] les armes, monte à cheval, défends ta terre et aide tes hommes.

—Père, répond Aucassin, si vous[9] ne me permettez pas d'épouser Nicolette, ma douce amie que j'aime tant, je n'irai pas au combat.

—Fils, dit le père, ce n'est pas possible. Renonce[10] à Nicolette: c'est une captive que le vicomte de la ville a achetée aux Sarrasins.[11] Il l'a fait baptiser et elle est devenue sa filleule.[12] Elle se mariera bientôt mais cela ne te concerne pas. Si tu veux prendre femme, je te donnerai la fille d'un roi.

—Allons donc! Père, répond Aucassin. Nicolette est si noble et généreuse qu'elle mérite d'être reine de France ou d'Angleterre.»

Comprenant qu'il ne pourrait pas arracher[13] son fils à l'amour de Nicolette, le comte alla chez le vicomte, son vassal, et lui demanda d'éloigner[14] sa filleule. Le vicomte obéit et fit emprisonner Nicolette dans un somptueux palais, en compagnie d'une vieille femme.

Pendant qu'Aucassin s'abandonnait à la douleur, le comte Bougar de Valence se dirigeait vers le château pour l'attaquer. Le comte Garin dit à son fils:

---

[1]**comte** count. [2]**Beaucaire** Valence and Beaucaire are both cities on the Rhône river in the South of France. [3]**bouclé** wavy. [4]**vif (vive) et rieur (rieuse)** quick and smiling. [5]**lumineux (lumineuse)** luminous, sunny. [6]**pour aucun défaut** for any fault. [7]**chevalier** knight. [8]**prends donc** [*imp.* **prendre**] go on and take. [9]**vous** note that Aucassin says **vous** as a sign of respect, whereas his father says **tu.** [10]**renoncer** to give up. [11]**Sarrasins** Saracens (moslems). [12]**filleule** adoptive daughter, goddaughter. [13]**arracher** to wrest, to tear away. [14]**éloigner** to take away.

«Te voilà le plus misérable des hommes car tu vois qu'on attaque ton château. Fils, prends les armes, monte à cheval, défends ta terre, aide tes hommes, va au combat.»

Aucassin refusa d'abord, puis il lui fit une proposition:

«Je prendrai les armes à condition que vous me laissiez voir Nicolette ma douce amie, le temps de lui parler un peu et de lui donner un baiser.»[15]

Le père accepta.

Aucassin était en armes sur son cheval. Il pensait tellement à Nicolette qu'il oubliait tout ce qu'il devait faire. Ses ennemis le capturèrent en peu de temps. Quand Aucassin s'aperçut de ce qui lui arrivait, il dit:

«Ha! mon Dieu, ne sont-ce pas là mes ennemis mortels qui m'emmènent[16] et qui vont bientôt me couper la tête? Mais une fois la tête coupée, je ne pourrai plus jamais parler à Nicolette, ma douce amie que j'aime tant. J'ai encore une bonne épée[17] et un cheval plein de vigueur. Il faut que je me défende par amour pour elle!»

Alors il mit la main à son épée et commença à frapper[18] à droite et à gauche, semant la mort[19] autour de lui. Voyant devant lui le comte Bougar de Valence, il le fit tomber de son cheval, le fit prisonnier et le remit[20] à son père.

«Mon père, dit-il, voici votre ennemi qui vous fait la guerre[21] depuis vingt ans. Le moment est venu de tenir vos promesses.

—Comment! Quelles promesses, mon cher fils?

—Allons![22] mon père, les avez-vous oubliées? Vous m'avez promis de voir Nicolette, oui ou non?

—Moi? dit le père, que Dieu ne me vienne jamais en aide si jamais je vous fais de telles promesses! Mais si elle était ici, je la brûlerais sur un bûcher,[23] et vous-même pourriez craindre pour votre vie.

—Est-ce vraiment votre dernier mot?

—Avec l'aide de Dieu, oui, répondit le père.»

Furieux, Aucassin rendit la liberté[24] au comte de Valence.

---

[15]**baiser** kiss. [16]**m'emmènent** (*pres. ind.* **emmener**) take me away. [17]**épée** sword. [18]**frapper** to strike. [19]**semant la mort** spreading death. [20]**remit** (*p.s.* **remettre**) handed over. [21]**guerre** war. [22]**Allons!** Come now! [23]**je la brûlerais sur un bûcher** I would burn her at the stake. [24]**rendit la liberté** (*p.s.* **rendre**) set free again.

Pour le punir, le comte Garin de Beaucaire fit alors jeter son fils dans une prison souterraine.[25]

2

Nicolette de son côté était, elle aussi, prisonnière dans sa chambre. Une nuit de mai où elle reposait[26] dans son lit, elle aperçut la lune[27] et entendit chanter le rossignol.[28] Elle se souvint d'Aucassin, son ami qu'elle aimait tant. Puis elle commença à penser au comte Garin de Beaucaire et à la haine mortelle qu'il avait contre elle. Elle décida de s'évader, craignant que le comte la retrouve et la fasse mourir.

Elle se leva, prit des draps et des serviettes[29] et en fit une corde aussi longue que possible qu'elle attacha à la fenêtre. Elle descendit dans le jardin puis sortit dans les rues de Beaucaire. Elle arriva bientôt à la vieille tour où, par une fente,[30] elle entendit son ami qui pleurait de désespoir. Après l'avoir écouté un moment, elle lui parla de son projet d'aller dans un autre pays.

«Ma très douce amie, dit Aucassin, vous ne partirez pas car ce serait me tuer. Je préférerais me jeter contre un mur et mourir de la mort la plus horrible plutôt[31] que d'apprendre un jour que vous êtes devenue la femme d'un autre homme.

—Ah! dit-elle, je ne crois pas que vous m'aimiez autant[32] que moi je vous aime.

—Allons donc! répond Aucassin, ma très douce amie, la femme ne peut aimer l'homme autant que l'homme aime la femme; car l'amour de la femme réside dans son œil et dans tout son corps, mais l'amour de l'homme est planté au fond de son cœur d'où il ne peut s'en aller.»[33]

Pendant qu'Aucassin et Nicolette se parlaient ainsi, les archers du comte Garin s'avançaient dans une rue, l'épée à la main, car on leur avait donné l'ordre de la tuer s'ils pouvaient la prendre. Le veilleur[34] de la tour qui les avait vu venir avertit[35]

---

[25]**souterrain** underground. [26]**reposer** to rest. [27]**lune** moon. [28]**rossignol** nightingale. [29]**des draps et des serviettes** sheets and towels. [30]**fente** crack. [31]**plutôt** rather. [32]**autant** as much. [33]**d'où il ne peut s'en aller** from which it cannot leave. [34]**veilleur** watchman. [35]**avertit** (*p.s.* **avertir**) warned.

Nicolette du danger qui la menaçait.[36] Obligée de quitter Aucassin, Nicolette se dirigea vers le mur du château qu'elle réussit à franchir[37] après de gros efforts. La forêt était tout près, pleine de bêtes sauvages et de serpents. Que faire? Nicolette risquait d'être mangée par les loups,[38] mais si elle restait dans la ville, elle serait certainement brûlée sur un bûcher.

EXERCISES

1–2

READING COMPREHENSION

Select the word or phrase that best completes each statement according to the text.

1. Les parents d'Aucassin étaient contre son mariage parce que Nicolette était
   a. la fille du comte Bougar.
   b. la fille du roi d'Angleterre.
   c. d'origine sarrasine.
2. Aucassin a accepté de faire la guerre parce
   a. qu'il pourrait voir Nicolette.
   b. qu'il pourrait se marier avec Nicolette.
   c. que le comte de Valence a attaqué le château où se trouvait Nicolette.
3. Aucassin a été jeté en prison parce qu'il
   a. a parlé à Nicolette.
   b. a rendu la liberté à leur ennemi.
   c. n'a pas fait prisonnier le comte de Valence.
4. Nicolette s'est évadée
   a. parce qu'Aucassin pleurait de désespoir.
   b. parce qu'elle craignait d'aller dans un autre pays.
   c. parce qu'elle craignait d'être brûlée.

---

[36]**menacer** to threaten. [37]**réussit à franchir** (p.s. **réussir**) succeeded in climbing. [38]**loup** wolf.

5. Nicolette a quitté la ville de Beaucaire
   a. parce qu'il y avait moins de danger dans la forêt.
   b. parce qu'Aucassin ne l'aimait pas autant qu'elle.
   c. parce que les archers voulaient la tuer.

VOCABULARY STUDY

Write sentences of your own with each of the following words and phrases.

la guerre:

le roi (la reine)
le comte
le vassal
le chevalier
faire la guerre
semer la mort
frapper
prendre les armes
jeter en prison
rendre la liberté
s'évader de prison
faire mourir (tuer)
faire brûler sur un bûcher

amour et mariage:

tomber amoureux de
donner un baiser
épouser quelqu'un (se marier avec quelqu'un)
prendre (une) femme
devenir la femme de quelqu'un
avoir de la haine pour quelqu'un

STRUCTURES

A. *Formation of the* ***passé simple***

Whereas the **passé composé** is largely used in spoken French, the **passé simple** is used in written French and is the preferred tense for written narratives. Its endings in the third person, singular and plural, are:

-a, -èrent → il **alla,** ils **allèrent (aller)**
-it, -irent → elle **prit,** elles **prirent (prendre)**
-ut, -urent → il **eut,** ils **eurent (avoir)**
-int, inrent → il **tint,** ils **tinrent (tenir)**

The stem of the **passé simple** is often similar to the past participle.

In order to train yourself to recognize the **passé simple,** rewrite the following sentences in the **passé composé.**

1. Le père dit à Aucassin de prendre les armes.
2. D'abord, Aucassin refusa.
3. Son père promit de le laisser voir Nicolette.
4. Alors Aucassin prit les armes.
5. Il alla au combat.
6. Les ennemis le firent prisonnier.
7. Aucassin remit le comte à son père.
8. Son père ne tint pas ses promesses.
9. Les archers s'avancèrent dans la rue.
10. Ils ne trouvèrent pas Nicolette.

B. *Indirect Discourse with Imperatives*

Rewrite the following sentences using the indirect discourse construction and making all necessary changes.

EXAMPLE: «Prends ton épée.»

*Il lui dit **de prendre** son épée.*

1. «Prends les armes.»
2. «Monte à cheval.»
3. «Aide tes hommes.»
4. «Défends ta terre.»
5. «Va au combat.»
6. «Fais la guerre.»

C. *The Conditional*

Rewrite the following sentences changing the present/future tenses to the imperfect/conditional. Follow the example.

EXAMPLE: Si Nicolette **est** ici, je la **brûlerai.**

*Si Nicolette **était** ici, je la **brûlerais.***

1. Si Aucassin et Nicolette *se marient*, nous *serons* contents.
2. Si Aucassin *épouse* Nicolette, il *aura* la fille du roi de Carthagène.
3. Si Nicolette *se perd* dans la forêt, personne ne la *retrouvera.*
4. Si Aucassin *vient* dans la forêt auprès de Nicolette, il *guérira.*
5. Si le comte de Beaucaire *reprend* Nicolette, il la *fera* mourir.
6. Si Aucassin et Nicolette *s'éloignent*, nous *pleurerons.*

D. *The Use of the Subjunctive with* ***ne pas croire que***

While the indicative is used after **croire** in the affirmative, the subjunctive is used after **ne pas croire que.**

Je crois que vous m'**aimez.** (*indicative*)
Je ne crois pas que vous m'**aimiez.** (*subjunctive*)

Rewrite the following sentences, changing **je crois** to **je ne crois pas.**

1. Je crois que l'amour de l'homme est supérieur.
2. Je crois que la femme peut aimer plus.
3. Je crois que Nicolette fait une corde pour Aucassin.
4. Je crois que le veilleur a de la haine pour elle.
5. Je crois que le veilleur avertit les archers.
6. Je crois que Nicolette entend les archers.
7. Je crois que Nicolette sort avec Aucassin.
8. Je crois que Nicolette craint le danger.

E. *Word Order with Verbs of Perception*

Verbs of perception, like **voir** and **entendre,** are followed by verbs in the infinitive.

J'**entends chanter** le rossignol.
I ***hear*** *the nightingale* ***singing.***

Rewrite the following sentences according to the example.

EXAMPLE: Je vois Nicolette qui s'enfuit.
Je vois ***s'enfuir*** *Nicolette.*

1. Le veilleur voit les archers qui viennent.
2. Le veilleur entend les archers qui avancent.
3. Nicolette entend Aucassin qui pleure.
4. Les archers n'entendent pas Aucassin et Nicolette qui parlent.
5. Les archers ne voient pas Nicolette qui part.

3

Nicolette arriva à la forêt où elle n'osa pénétrer très loin par peur des bêtes sauvages. Elle se cacha dans un épais[39] buisson[40] et s'endormit. Le lendemain, les bergers[41] sortaient de la ville avec leur troupeau.[42] Voyant une belle source[43] près de la forêt, ils s'assirent et commencèrent à manger leur pain. Nicolette s'éveilla[44] aux cris des oiseaux et des petits bergers; elle courut vers eux.

«Chers enfants, dit-elle, connaissez-vous Aucassin, le fils du comte Garin de Beaucaire?

—Oui, nous le connaissons bien.

—Dites-lui qu'il y a une bête dans cette forêt et qu'il vienne la chasser: s'il peut la prendre, on lui donnera beaucoup d'or.

—Vous rêvez![45] Il n'y a pas de bête si précieuse, ni lion, ni sanglier.[46] Et vous, vous parlez d'une montagne d'or! Vous êtes une fée,[47] nous n'aimons pas votre compagnie.

—Ah! mes chers enfants, continua-t-elle, la bête a une telle vertu qu'elle guérira[48] Aucassin de sa blessure.[49] Tenez, voici de l'argent et dites-lui qu'avant trois jours il faut qu'il se mette en chasse.[50] S'il ne la trouve pas dans ces trois jours, jamais il ne sera guéri.»

Les bergers promirent de le dire à Aucassin, et Nicolettes les quitta et prit un chemin qui traversait la forêt. Elle cueillit[51] des fleurs et des feuilles et en fit une très jolie hutte pour Aucassin. Puis elle se cacha tout près dans un épais buisson pour voir ce que ferait son ami.

Pendant ce temps, le bruit courait[52] dans tout le pays que Nicolette était perdue. Le comte Garin organisa alors une fête somptueuse dans l'espoir de consoler son fils. Mais alors que tous les invités s'abandonnaient à la joie, Aucassin restait triste. Un chevalier s'approcha de lui.

«Aucassin, dit-il, j'ai souffert du même mal que vous. Je vous donnerai un bon conseil[53] si vous voulez me croire.

---

[39]**épais** thick. [40]**buisson** bush. [41]**berger** shepherd. [42]**troupeau** flock. [43]**source** spring. [44]**s'éveilla** (*p.s.* **s'éveiller**) woke up. [45]**Vous rêvez!** You're dreaming! [46]**sanglier** boar. [47]**fée** fairy. [48]**guérir** to heal. [49]**blessure** wound. [50]**se mettre en chasse** to start hunting. [51]**cueillit** (*p.s.* **cueillir**) picked. [52]**le bruit courait** the word got around. [53]**conseil** piece of advice.

—Seigneur,[54] répondit Aucassin, merci beaucoup. Quel est votre conseil?

—Montez à cheval et allez dans la forêt. Vous y verrez des fleurs et des herbes, et vous y entendrez chanter les petits oiseaux. Cela vous fera du bien.[55]

—Seigneur, répondit Aucassin, merci beaucoup. Je vais le faire.»

Il sort de la salle, monte sur son cheval et part. Dans la forêt, il trouva les petits bergers qui mangeaient leur pain dans la joie et la gaieté. Ils lui répétèrent alors ce que la belle jeune fille leur avait dit.

Aucassin s'enfonça[56] aussitôt dans la forêt à la recherche de Nicolette. Il chevaucha[57] toute la journée: rien. La nuit vint, belle et paisible. Tout à coup, il vit devant lui la hutte de fleurs et s'arrêta.

«Ah! mon Dieu, Nicolette ma douce amie a passé par ici. C'est elle qui a fait cette hutte de ses belles mains. Je vais m'y reposer toute la nuit.»

Il pensait tant à sa très douce amie qu'il tomba lourdement[58] sur une pierre, se blessant à l'épaule.[59] Il réussit à pénétrer sur le dos[60] dans la hutte. Par un trou du toit,[61] il vit briller une étoile[62] et dit:

«Petite étoile, je te vois; Nicolette est avec toi, ma douce amie aux blonds cheveux. Comme je serais heureux si je pouvais monter tout droit[63] et être là-haut à tes côtés!»[64]

Nicolette l'entendit, entra dans la hutte, lui jeta les bras autour du cou, et le serra contre elle.[65] Quelle joie délicieuse pour les deux! Voyant qu'il s'était démis l'épaule[66] en tombant, elle la tira si bien dans tous les sens[67] qu'elle la remit à sa place.

---

[54]**seigneur** my lord. [55]**Cela vous fera du bien** It will do you good. [56]**s'enfonça** (*p.s.* **s'enfoncer**) went deep into. [57]**chevaucha** (*p.s.* **chevaucher**) rode (on horseback). [58]**lourdement** heavily. [59]**se blessant à l'épaule** hurting his shoulder. [60]**sur le dos** on his back. [61]**toit** roof. [62]**vit briller une étoile** (*p.s.* **voir**) saw a star shining. [63]**tout droit** straight up. [64]**là-haut à tes côtés** up there next to you. [65]**lui jeta les bras autour du cou et le serra contre elle** (*p.s.* **jeter**) threw her arms around his neck and hugged him close to her body. [66]**s'était démis l'épaule** had dislocated his shoulder. [67]**elle la tira si bien... sens** (*p.s.* **tirer**) she pulled on it so well in all directions.

Elle cueillit ensuite des fleurs, de l'herbe fraîche, des feuilles vertes qu'elle mit dessus avec un morceau de chemise. Dieu aime les amants et donc, Aucassin fut bientôt complètement guéri.

4

Après un long voyage, Aucassin et Nicolette arrivèrent dans le pays du roi[68] de Torelure qui les invita à rester dans son château. Les jours passaient, heureux et agréables: Aucassin n'avait-il pas à ses côtés sa douce amie qu'il aimait tant? Mais un jour, les Sarrasins attaquèrent le château qu'ils prirent et pillèrent.[69] Ils repartirent avec des prisonniers et des prisonnières, jetant Nicolette dans un navire[70] et Aucassin dans un autre. Sur mer s'éleva[71] une tempête qui les sépara.

Le navire d'Aucassin s'échoua[72] près du château de Beaucaire où les gens du pays reconnurent leur jeune seigneur. Ses parents étant morts, Aucassin devint comte de Beaucaire et commença à gouverner le pays. Il ne pouvait oublier sa douce amie au sourire lumineux, mais il ne savait pas où la rechercher.

Laissons maintenant Aucassin pour parler de Nicolette. Le navire qui l'emportait[73] appartenait au roi de Carthagène, son père. Dès qu'elle vit les murs du château, elle le reconnut car elle y avait été élevée[74] avant d'être capturée. Ses frères la conduisirent au palais au milieu des plus grands honneurs, comme il convient[75] à une fille de roi. Son père voulut la donner en mariage à un roi païen,[76] mais elle ne désirait pas se marier. Pendant trois ou quatre jours elle réfléchit à un moyen pour partir à la recherche d'Aucassin. Une nuit, elle s'enfuit[77] et descendit au bord de la mer. Elle se frotta la tête[78] et le visage avec

---

[68]**roi** king. [69]**pillèrent** (*p.s.* **piller**) ransacked, pillaged. [70]**navire** vessel. [71]**s'éleva** (*p.s.* **s'élever**) rose. [72]**s'échoua** (*p.s.* **s'échouer**) was stranded. [73]**emporter** to carry away. [74]**élevé** brought up. [75]**comme il convient** as is suited. [76]**païen** pagan. [77]**s'enfuit** (*p.s.* **s'enfuir**) fled. [78]**se frotta la tête** (*p.s.* **se frotter**) rubbed her head.

une herbe et devint toute noire: puis, déguisée en jongleur,[79] elle s'embarqua et arriva au pays de Provence.[80]

Un jour qu'Aucassin était assis sur un banc[81] de pierre, entouré de ses nobles et hauts seigneurs, il entendit un jongleur chanter l'histoire de Nicolette. Transporté de joie,[82] il lui demanda:

«Mon très cher ami, savez-vous quelque chose sur cette Nicolette dont vous venez de chanter?

—Seigneur, oui, je sais qu'elle est la plus généreuse et la plus noble créature; c'est la fille du roi de Carthagène qui veut la marier à un des plus grands rois de l'Espagne.[83]

—Ah! mon très cher ami, dit le comte Aucassin. Retournez dans ce pays pour lui dire de venir me parler. J'ai refusé de prendre femme par amour pour Nicolette et je n'épouserai qu'elle.

—Seigneur, dit Nicolette, j'irai la chercher pour vous.»

Elle alla chez son parrain[84] le vicomte. Celui-ci était mort et Nicolette raconta son histoire à la vicomtesse qui la reconnut, et la fit laver, baigner[85] et reposer pendant une semaine. Nicolette se frotta avec une herbe et redevint aussi belle qu'avant. Elle s'habilla de riches vêtements et demanda à la vicomtesse d'aller chercher Aucassin. Arrivée au palais, elle trouva Aucassin en pleurs[86] et lui dit:

«Aucassin, ne pleurez plus et venez avec moi, et je vous montrerai l'être[87] au monde que vous aimez le plus, Nicolette votre douce amie.»

Aucassin, transporté de joie, la suit[88] et retrouve Nicolette. Dès qu'il la voit, il lui tend[89] les bras, la serre tendrement contre lui, lui embrasse les yeux et le visage. Le lendemain matin, il fit d'elle sa femme et la dame de Beaucaire. Ils vécurent heureux[90] jusqu'à la fin de leurs jours.

---

[79]**déguisée en jongleur** disguised as a minstrel. [80]**Provence** province in the south of France. [81]**banc** bench. [82]**transporté de joie** overcome with joy. [83]**Espagne** Spain. [84]**parrain** godfather. [85]**baigner** (to) bathe. [86]**en pleurs** in tears. [87]**l'être** the (human) being. [88]**suit** (*pres. ind.* **suivre**) follows. [89]**lui tend les bras** [*pres. ind.* **tendre**] holds out his arms to her. [90]**vécurent heureux** (*p.s.* **vivre**) lived happily.

EXERCISES

3–4

READING COMPREHENSION

Select the phrase that best completes each statement according to the story.

1. Nicolette a parlé aux bergers d'une bête précieuse
   a. parce qu'elle ne voulait pas dire qui elle était.
   b. parce qu'ils la prenaient pour une méchante fée.
   c. parce qu'elle voulait guérir Aucassin de sa tristesse.

2. Aucassin a quitté la fête
   a. parce qu'il pensait que cela lui ferait du bien.
   b. parce que les dames ne l'intéressaient pas.
   c. parce qu'il voulait chasser le sanglier.

3. Nicolette a entendu Aucassin parce qu'il
   a. avait fait du bruit en tombant.
   b. avait parlé aux étoiles.
   c. était sorti de la hutte le matin.

4. Aucassin et Nicolette ont été séparés par
   a. le roi de Torelure.
   b. une tempête sur terre.
   c. une tempête sur mer.

5. Aucassin est devenu comte de Beaucaire
   a. parce que son père était trop vieux.
   b. parce que les gens du pays le préféraient à son père.
   c. parce que son père était mort.

6. Le roi de Carthagène voulait que sa fille
   a. parte à la recherche d'Aucassin.
   b. devienne reine.
   c. n'épouse personne.

7. Le jongleur a chanté l'histoire de Nicolette
   a. pour voir si Aucassin l'aimait toujours.
   b. pour obéir à son parrain.
   c. parce qu'elle était redevenue belle.

VOCABULARY STUDY

Write sentences of your own using the following expressions.

une forêt
un buisson
une feuille
une fleur
une herbe
une bête sauvage
un lion
un sanglier
un oiseau
un berger
un troupeau
une montagne
une étoile
un navire
s'embarquer
une tempête
s'échouer

par peur de
dans l'espoir de
à la recherche de
guérir d'un mal
(d'une blessure)
se cacher
s'approcher de
se déguiser en
réussir à
appartenir à
tout à coup
être transporté de joie

STRUCTURES

A. *The Use of the Pronouns* **y** *and* **en**

The pronoun **y** replaces groups of words introduced by prepositions like **à, dans,** and **sur,** except in the case of **de (d', de la, du, des),** where the pronoun **en** is used.

Elle va **dans la forêt.** Elle **y** va.
Elle vient **de la forêt.** Elle **en** vient.

Rewrite the following sentences, replacing the words in italics by **y** or **en** and making sure to distinguish the preposition **de** from other prepositions.

1. Nicolette arriva *dans la forêt.*
2. Elle se cacha *dans un buisson.*
3. Elle parla *d'un trésor.*
4. Elle cueillit *des fleurs.*
5. Elle fit une hutte *des fleurs.*
6. Aucassin monta *sur son cheval.*
7. Il trouva les bergers *dans la forêt.*
8. Il sortit *du château.*

B. *The Indirect Object Pronouns* ***lui*** *and* ***leur***

Lui and **leur** are used to replace animate objects following the *verb* + **à** construction.

Elle dit **à Aucassin** de venir. → Elle **lui** dit de venir.
Elle demande **aux bergers** de venir. → Elle **leur** demande de venir.

Rewrite the following sentences, replacing the words in italics with **lui** or **leur.**

1. Le chevalier donne un bon conseil *à Aucassin.*
2. Aucassin obéit *au chevalier.*
3. Les bergers obéissent *à Nicolette.*
4. Aucassin demande *aux bergers* ce qu'ils font.
5. Les bergers disent *à Aucassin* de chercher la bête.

C. *The Use of Stress Pronouns with Certain Verbs*

Indirect object pronouns cannot be used with verbs like **penser à, penser de,** or **s'approcher de** when they are followed by animate objects. The stress pronoun is used in that case.

Il pense **à l'amour.** → Il **y** pense.

but:

Il pense **à Nicolette.** → Il pense **à elle.**

Que pensez-vous **de la guerre?** → Qu'**en** pensez-vous?

but:

Que pensez-vous **d'Aucassin?** → Que pensez-vous **de lui?**

Il s'approche **de la forêt.** → Il **s'en** approche.

but:

Il s'approche **des bergers.** → Il s'approche **d'eux.**

Rewrite the following sentences replacing the words in italics with stress pronouns when they refer to animate objects and with **y** or **en** when they refer to inanimate objects.

1. Les chevaliers parlent *des bergers.*
2. Ils parlent *de la guerre.*

3. Aucassin se souvient de *sa douce amie.*
4. Il se souvient de *ses parents.*
5. Il se souvient *du château de ses parents.*
6. Nicolette pensait *à son ami.*
7. Elle ne pensait pas *au danger.*
8. Elle court vers *les bergers.*
9. Elle parle *d'un trésor.*
10. Les bergers ne courent pas *à la ville.*

D. *The Use of the Definite Article*

In French, the definite article is used with nouns describing parts of the body, whereas the possessive adjective is generally used in English.

Elle se frotte **les yeux.**
*She rubs **her** eyes.*

Translate the following sentences.

1. Elle se lave le visage.
2. Elle se frotte les yeux.
3. Les ennemis avaient l'épée à la main.
4. Ils voulaient lui couper la tête.
5. Aucassin s'est démis l'épaule en tombant.
6. Il s'est blessé à l'épaule.
7. Aucassin tend les bras à Nicolette.
8. Il lui jette les bras autour du cou.
9. Il lui embrasse les yeux.
10. Aucassin prend Nicolette par la main.

E. *The Uses of **faire***

Complete the following sentences using the appropriate form of **faire.** Translate each sentence.

1. Le comte Bougar _____ (*imperfect of* **faire la guerre**).
2. Aucassin ne voulait pas être _____ (*past participle of* **faire chevalier**).
3. Le vicomte _____ (**passé composé** *of* **faire baptiser**) Nicolette.
4. Bougar a été _____ (*passive construction of* **faire prisonnier**) par Aucassin.
5. Le comte _____ (**passé composé** *of* **faire jeter)** Aucassin en prison.

6. Aucassin _____ **(passé composé** *of* **faire tomber)** le comte Bougar.
7. Nicolette _____ **(passé composé** *of* **faire)** une corde.
8. «Allez dans la forêt. Cela vous _____.» (*future of* **faire du bien**).
9. La vicomtesse _____ **(passé composé** *of* **faire laver)** Nicolette.
10. Aucassin _____ **(passé composé** *of* **faire)** de Nicolette sa femme.

F. *The Immediate Past with* ***venir de***

Venir de + *infinitive* describes an action that has just taken place.

Vous **venez de chanter.**
You have just sung.

Rewrite the following sentences in the immediate past.

1. Le jongleur chante.
2. Nous entendons un jongleur.
3. La vicomtesse reconnaît Nicolette.
4. Elle va chercher Aucassin.
5. Aucassin prend une femme.
6. Il fait de Nicolette sa femme.
7. Je parle aux bergers.
8. Vous entendez l'histoire de Nicolette.

G. ***Connaître*** *vs.* ***savoir***

Connaître means *to know* (i.e., *to be acquainted with or familiar with people, places, or things*).

Les bergers **connaissent** Aucassin.
Ils **connaissent** le château.

Savoir means *to know as a fact* (as a result of having learned it).

Tu **sais** le nom du jongleur.
Aucassin **sait que** Nicolette l'aime.

Savoir + *infinitive* means *to know how to do something.*

Aucassin **sait faire** la guerre.

Translate the following sentences.

1. We know that she is beautiful.
2. She knows how to sing.
3. She does not know the forest very well.
4. She knows that Aucassin will come.
5. She does not know where he is.
6. She knows her father's castle.
7. She knows that the Saracens are her enemies.
8. She knows how to think (use **réfléchir**).

COMMUNICATIVE ACTIVITY

Prepare one of the topics listed below to be discussed in class with two of your classmates. Once the topic has been thoroughly analyzed, your group should present a composite version of the discussion to the other members of the class and be ready to read aloud sentences or parts of sentences in support of the views expressed.

1. Aucassin a beaucoup des qualités du héros mais il ressemble aussi un peu à un anti-héros.
2. L'héroïne est supérieure à Aucassin à plusieurs points de vue: son intelligence, ses talents, son esprit d'initiative, la force de son caractère, ses actions décisives.
3. Certains détails de l'histoire ne sont pas très crédibles.
4. L'institution du mariage semble plus importante que l'amour.
5. Certaines scènes sont comiques ou ironiques.
6. Certains mots sont répétés. Lesquels? Pourquoi?

REVIEW EXERCISE

Review the vocabulary and grammer points covered in *Part IV*, then rewrite each sentence with the correct form of the words in parentheses.

Le comte de Valence faisait _____ (*article*) _____ (*noun*) au comte de Beaucaire. Si Aucassin ne prenait pas les armes, ils _____ (*conditional of* **être**) bientôt capturés.

«J'accepte, dit Aucassin, mais je veux voir Nicolette après pour _____ (*pronoun replacing* **Nicolette**) donner un baiser.»

Il pensait tellement à Nicolette _____ (*replace* **à Nicolette** *with appropriate pronoun*) qu'il a été capturé. Mais comme il ne voulait pas qu'on _____ (*pronoun replacing* **à Aucassin**) coupe _____ (*article*) tête, il s'est défendu. De son côté, Nicolette, prisonnière, se souvenait d'Aucassin _____ (*pronoun replacing* **d'Aucassin**). Elle entendait le rossignol qui chantait _____ (*replace* **entendait... qui** *with another construction*). Si elle ne s'évadait pas, le comte la _____ (*conditional of* **faire**) mourir. Elle prit des draps et _____ (*pronoun replacing* **des draps**) fit une corde. Arrivée auprès d'Aucassin, elle _____ (*pronoun replacing* **à Aucassin**) dit:

«Je ne crois pas que vous m'_____ (*appropriate form of* **aimer**).»

Dans la forêt, elle vit des bergers et elle courut vers _____ (*stress pronoun*). Ils _____ (**connaître/savoir** *in the imperfect*) Aucassin mais ils ne _____ **(connaître/savoir)** pas si Nicolette était une fée ou pas. Pendant la fête au château, un seigneur voyant Aucassin triste s'approcha de _____ (*pronoun replacing* **Aucassin**) et lui dit d'aller dans la forêt.

«Vous _____ (*pronoun replacing* **dans la forêt**) entendrez les oiseaux. Cela _____ (*pronoun replacing* **à Aucassin** *in this context*) fera du bien.»

La Belle et la Bête

MADAME LEPRINCE DE BEAUMONT

1

Il y avait une fois[1] un marchand qui était extrêmement riche. Il avait six enfants, trois garçons et trois filles, et comme ce marchand était bon père, il leur donna toutes sortes de maîtres pour faire leur éducation.

Ses filles étaient très belles; mais la cadette[2] surtout se faisait admirer, et on ne l'appelait, quand elle était petite, que la Belle Enfant; en sorte que[3] le nom lui resta, ce qui donna beaucoup de jalousie à ses sœurs. Cette cadette, qui était plus belle que ses sœurs, était aussi meilleure qu'elles. Les deux aînées[4] avaient beaucoup d'orgueil,[5] parce qu'elles étaient riches: elles faisaient les dames[6] et ne voulaient pas recevoir les visites des autres filles de marchands; il leur fallait[7] des gens de qualité pour leur compagnie. Elles allaient tous les jours au bal, à la comédie,[8] à la promenade,[9] et se moquaient de leur cadette, qui employait la plus grande partie de son temps à lire de bons livres.

Comme on savait que ces filles étaient très riches, plusieurs gros marchands[10] les demandèrent en mariage; mais les deux aînées répondirent qu'elles ne se marieraient jamais, sauf avec un duc ou, au moins,[11] avec un comte. La Belle remercia ceux qui voulaient l'épouser; mais elle leur dit qu'elle était trop jeune, et qu'elle souhaitait tenir compagnie à son père pendant quelques années.

Un jour, le marchand perdit sa fortune, et il ne lui resta qu'une petite maison de campagne[12] bien loin de la ville.

Il dit en pleurant à ses enfants qu'il fallait aller demeurer dans cette maison et y travailler comme des paysans.[13] Les amis des deux filles aînées ne voulurent plus les regarder quand elles furent pauvres. Personne ne les aimait à cause de leur orgueil et on disait:

---

[1]**il y avait une fois** once upon a time there was. [2]**cadette** younger sister. [3]**en sorte que** so that. [4]**aînée** *n.* elder sister. [5]**orgueil** excessive pride. [6]**faisaient les dames** (*imperf.* **faire**) put on airs. [7]**il leur fallait** (*imperf.* **falloir**) they had to have. [8]**à la comédie** to the theater. [9]**promenade** walk. [10]**gros marchands** big (wealthy) merchants. [11]**au moins** at least. [12]**maison de campagne** house in the country. [13]**paysan** peasant.

«Elles ne méritent pas qu'on les plaigne;[14] elles n'ont qu'à faire les dames en gardant les moutons.»

Mais en même temps tout le monde disait:

«Pour la Belle, nous regrettons beaucoup son malheur: c'est une si bonne fille! Elle parlait aux pauvres gens avec tant de bonté! Elle était si douce, si gentille!»[15]

Il y eut même plusieurs gentilshommes[16] qui voulurent l'épouser; mais elle leur dit qu'elle ne pouvait abandonner son pauvre père dans son malheur, et qu'elle le suivrait à la campagne pour le consoler et l'aider à travailler.

2

La pauvre Belle avait été bien malheureuse de perdre sa fortune; mais elle s'était dit à elle-même:

«Même si je pleurais, mes larmes[17] ne me rendront pas mon bien;[18] il faut essayer d'être heureuse sans fortune.»

Quand ils furent arrivés à la maison de campagne, le marchand et ses trois fils cultivèrent la terre. La Belle se levait à quatre heures du matin, nettoyait[19] la maison et préparait les repas[20] de la famille. Elle eut d'abord beaucoup de peine,[21] car elle n'était pas habituée à travailler comme une servante; mais au bout de[22] deux mois elle devint plus forte, et la fatigue lui donna une santé[23] parfaite. Quand elle avait fait son travail, elle lisait, elle jouait du clavecin,[24] ou bien elle chantait. Ses deux sœurs, au contraire, s'ennuyaient à la mort;[25] elles se levaient à dix heures du matin, se promenaient toute la journée, regrettant leurs beaux habits[26] et les compagnies:

«Voyez notre cadette, elle a l'âme si basse[27] et si stupide qu'elle est contente de sa malheureuse situation.»

---

[14]**Elles ne... plaigne** they don't deserve any pity. [15]**(gentil) gentille** nice. [16]**gentilhomme** gentleman. [17]**larme** tear. [18]**ne me rendront pas mon bien** will not bring back my wealth. [19]**nettoyer** to clean. [20]**repas** meal. [21]**peine** trouble. [22]**au bout de** at the end of. [23]**santé** health. [24]**clavecin** harpsichord. [25]**s'ennuyer à la mort** to be bored to death. [26]**habits** clothes. [27]**bas (basse)** low.

Le bon marchand ne pensait pas comme ses filles. Il admirait la vertu de cette jeune fille, surtout sa patience; car ses sœurs, non contentes de lui laisser faire tout le travail, l'insultaient à tout moment.

Il y avait un an que cette famille vivait dans la solitude lorsque[28] le marchand reçut une lettre lui annonçant l'arrivée d'un navire chargé de marchandises qui lui appartenaient. Folles de joie,[29] les deux aînées le prièrent de leur apporter toutes sortes de vêtements et de bijoux.[30] La Belle ne demandait rien; car elle pensait en elle-même que tout l'argent des marchandises ne suffirait pas pour acheter ce que ses sœurs souhaitaient.

«Tu ne me pries pas de t'acheter quelque chose? lui demanda son père.

—Puisque[31] vous avez la bonté de penser à moi, lui dit-elle, je vous prie de m'apporter une rose, car il n'y en a pas ici.»

3

Le marchand partit; mais quand il fut arrivé, il perdit toutes ses marchandises dans un procès,[32] et il revint aussi pauvre qu'avant.

Il n'avait plus que trente milles à faire[33] pour arriver à sa maison; mais, comme il fallait traverser une grande forêt, il se perdit.[34]

Il neigeait horriblement, le vent était si fort qu'il le jeta deux fois à bas[35] de son cheval; et, la nuit étant venue, il pensa qu'il mourrait de faim ou de froid,[36] ou qu'il serait mangé par des loups qu'il entendait hurler[37] autour de lui. Tout à coup, il vit une grande lumière qui sortait d'un palais qui était tout illuminé.[38] Arrivé à ce château, il fut bien surpris de ne trouver personne. Son cheval qui le suivait, voyant une grande écurie[39] ouverte, entra dedans. Le marchand l'attacha, et marcha vers la

---

[28]**il y avait... lorsque** the family had been living in solitude for a year when. [29]**fou (folle) de joie** overjoyed. [30]**bijoux** jewels. [31]**puisque** since. [32]**procès** law suit. [33]**il n'avait plus que trente milles à faire** he had only thirty miles to go. [34]**se perdit** (*p.s.* **se perdre**) got lost. [35]**jeta à bas** (*p.s.* **jeter**) threw off. [36]**mourir de faim** to starve to death; **mourir de froid** to freeze to death. [37]**hurler** to howl. [38]**tout illuminé** all lit up. [39]**écurie** stable.

maison où il ne trouva personne; mais étant entré dans une grande salle, il y trouva un grand feu[40] et une table chargée de mets,[41] où il n'y avait qu'un couvert.[42]

Comme la pluie[43] et la neige l'avaient mouillé jusqu'aux os,[44] il s'approcha du feu pour se sécher,[45] et attendit le maître de la maison. Personne ne vint. Onze heures ayant sonné,[46] il ne put résister à la faim et prit un poulet[47] qu'il mangea en deux bouchées[48] et en tremblant; et, devenu plus hardi,[49] il sortit de la salle et traversa plusieurs grands appartements[50] magnifiquement meublés.[51] À la fin, il trouva une chambre où il y avait un bon lit; et comme il était minuit passé et qu'il était fatigué, il se coucha et s'endormit.

4

Il était dix heures du matin quand il s'éveilla, et il fut bien surpris de trouver un habit propre[52] à la place du sien qui était sale.[53] Il regarda par la fenêtre et ne vit plus de neige, mais des fleurs admirables.

Il rentra dans la grande salle où il avait soupé et vit une petite table où il y avait du chocolat.

«Je vous remercie, madame la fée, dit-il tout haut,[54] d'avoir eu la bonté de penser à mon déjeuner.»[55]

Après avoir pris son chocolat, il sortit pour aller chercher son cheval; en passant sous des roses, il se souvint que la Belle lui en avait demandé et cueillit une branche où il y en avait plusieurs. En même temps, il entendit un grand bruit et vit venir à lui une bête horrible.

«Vous êtes bien ingrat,[56] lui dit la Bête d'une voix[57] terrible; je vous ai sauvé la vie en vous recevant dans mon château, et

---

[40]**feu** fire. [41]**chargée de mets** covered with dishes of food. [42]**couvert** place setting. [43]**pluie** rain. [44]**mouillé jusqu'aux os** drenched to the bone. [45]**se sécher** to dry oneself. [46]**onze heures ayant sonné** when the clock struck eleven. [47]**poulet** chicken. [48]**manger en deux bouchées** to eat up in two bites (two mouthfuls). [49]**devenu plus hardi** getting bolder. [50]**appartement** room. [51]**meublé** furnished. [52]**propre** clean. [53]**sale** dirty. [54]**tout haut** in a loud voice. [55]**déjeuner** breakfast. [56]**ingrat** ungrateful. [57]**voix** voice.

puis vous me volez mes roses que j'aime mieux que toutes choses au monde. Il faut mourir pour réparer cette faute; je ne vous donne qu'un quart d'heure pour demander pardon à Dieu.»

Le marchand se jeta à genoux[58] et dit à la Bête:

«Monseigneur, pardonnez-moi; je ne croyais pas vous offenser en cueillant une rose pour une de mes filles qui m'en avait demandé.

—Je ne m'appelle pas Monseigneur, répondit le monstre, mais la Bête. Je n'aime pas les compliments, moi; je veux qu'on dise ce qu'on pense; ne croyez donc pas me toucher avec des flatteries. Mais vous m'avez dit que vous aviez des filles; je veux vous pardonner, à condition qu'une de vos filles meure à votre place. Partez. Et si vos filles refusent de mourir pour vous, jurez[59] que vous reviendrez dans trois mois.»

Le marchand n'avait pas l'intention de sacrifier une de ses filles mais il pensa:

«Au moins, j'aurai le plaisir de les embrasser encore une fois.»

Il jura donc de revenir et la Bête lui dit qu'il pouvait partir quand il voudrait.

«Mais, ajouta-t-elle, je ne veux pas que tu t'en ailles les mains vides.[60] Retourne dans la chambre où tu as couché, tu y trouveras un grand coffre[61] vide; tu peux y mettre tout ce que tu voudras, je le ferai porter chez toi.»

Ayant trouvé une grande quantité de pièces d'or,[62] le marchand remplit[63] le grand coffre, le ferma. Puis, il prit son cheval et en peu d'heures il arriva dans sa petite maison.

En revoyant ses enfants, le marchand se mit à pleurer. Il tenait à la main la branche de roses qu'il apportait à la Belle: il la lui donna et lui dit:

«La Belle, prenez ces roses, elles coûteront bien cher à votre malheureux père.»[64]

Et il leur raconta l'aventure qui lui était arrivée.

---

[58]**se jeta à genoux** (p.s. **se jeter**) fell down on his knees. [59]**jurer** to swear. [60]**vide** empty. [61]**coffre** chest. [62]**pièce d'or** gold coin. [63]**remplit** (p.s. **remplir**) filled. [64]**elles coûteront... père** they will cost your unhappy father a dear price.

EXERCISES

1–4

READING COMPREHENSION

Select the phrase that best completes each statement according to the story.

1. Pendant que les deux aînées allaient au bal, la plus jeune
   a. allait à la comédie.
   b. lisait à la maison.
   c. se moquait d'elles.
   d. faisait la dame.
2. Les deux aînées étaient jalouses de la cadette
   a. parce qu'elle seule était demandée en mariage.
   b. parce qu'on l'appelait Belle quand elle était petite seulement.
   c. parce qu'on continuait à l'appeler Belle.
   d. parce qu'elle était douce et gentille.
3. La famille est allée habiter à la campagne parce que
   a. personne ne les aimait dans la ville.
   b. les deux aînées voulaient garder les moutons.
   c. la cadette voulait épouser un gentilhomme de la campagne.
   d. le marchand devait cultiver la terre.
4. Quand la Belle se levait à quatre heures du matin,
   a. elle travaillait dans la maison.
   b. elle chantait avec ses sœurs.
   c. elle pleurait pendant des heures.
   d. elle se promenait avec son père.
5. La Belle voulait que son père lui rapporte de son voyage
   a. des vêtements et des bijoux.
   b. une marchandise très simple.
   c. un clavecin.
   d. une fleur.
6. Arrivé dans le château illuminé, le marchand
   a. a vu des loups.
   b. a mangé du poulet avec le maître de maison.
   c. s'est couché sans avoir vu personne.
   d. s'est endormi à onze heures.

7. Le monstre voulait tuer le marchand
   a. parce qu'il avait bu du chocolat sans lui.
   b. parce qu'il avait cueilli des roses.
   c. parce qu'il avait pris des pièces d'or.
   d. parce qu'il avait appelé le monstre Monseigneur.
8. Le marchand a accepté de revenir dans trois mois parce qu'
   a. il savait qu'une de ses filles irait à sa place.
   b. il croyait que la Belle ferait tout pour lui.
   c. il était sûr que la Bête lui pardonnerait.
   d. il voulait revoir sa famille avant de mourir.

VOCABULARY STUDY

Write sentences of your own by combining in as many ways possible the expressions from *Column A* with those from *Column B*.

A	B
un fils	une sœur
l'aîné(e)	une dame
le/la plus jeune	demander pardon
un frère	le cadet/la cadette
un père	une fille
un gentilhomme	se mettre à faire quelque chose
une flatterie	des vêtements
commencer à faire quelque chose	un enfant
un habit	un compliment

Select the word or expression in *Column B* that is opposite in meaning to each term in *Column A*.

A	B
haut	sale
s'éveiller	flatter
propre	bas
insulter	s'endormir
admirer	malheureux
content	se moquer de

Write sentences using one or several of the following phrases concerning time.

à tout moment	la plus grande partie (la plupart) du temps
à dix heures du matin/du soir	en même temps

à quatre heures du matin/de l'après-midi
toute la journée
un jour
tous les jours
il y avait (il était) une fois
dans trois mois
en peu d'heures
en peu de temps

Study the following expressions, then select the appropriate expression from the list to replace the near-equivalents expressed in italics in the sentences below.

extrêmement
tout
être fou de joie
être fou de rage
être mouillé jusqu'aux os
tant de
en une bouchée
mourir de faim
mourir de froid
trembler de peur

1. Le monstre était *plein de rage.*
2. Le marchand a mangé le poulet *très vite.*
3. Le vent était *très* fort.
4. Le château est *complètement* illuminé.
5. Le pauvre cheval était *très mouillé.*
6. Les sœurs avaient *beaucoup* d'orgueil.
7. Il n'y a rien à manger et *j'ai très faim.*
8. La Belle *a beaucoup de joie.*
9. Il neige et le marchand *a très froid.*
10. Le marchand *avait très peur.*

STRUCTURES

A. *The Use of the Subjunctive with* ***à condition que***

The subjunctive is used after **à condition que.**

> **À condition qu**'une de vos filles **meure** à votre place.
> *Provided one of your daughters dies in your place.*

Complete the following sentences with the appropriate form of the subjunctive of the verb in parentheses.

À condition...

1. qu'elle _____ (prendre) votre place.
2. que vous _____ (revenir) ici.
3. que vous _____ (dire) ce que vous pensez.
4. que tu _____ (être) bon.

5. que nous ______ (avoir) de la patience.
6. que tu t'en ______ (aller) d'ici.
7. qu'elle ______ (faire) ce que je dirai.
8. qu'elle se ______ (souvenir) de la rose.

B. *The Use of the Subjunctive with* ***mériter, regretter, vouloir, souhaiter, attendre, être surpris***

Complete the following sentences with the appropriate form of the subjunctive of the verb in parentheses.

1. Elles ne méritent pas qu'on les ______ (recevoir).
2. Je regrette que vous ______ (avoir) perdu votre fortune.
3. Le marchand était surpris que personne ne ______ (venir) souper avec lui.
4. Le monstre ne voulait pas que le marchand ______ (partir) les mains vides.
5. Je souhaite que tu ______ (prendre) de l'or.
6. Attendez que je ______ (faire) porter le coffre chez vous.

C. *The Use of the Conditional in Indirect Discourse*

The conditional replaces the future in indirect discourse.

«Je **suivrai** mon père,» dit la Belle.	La Belle dit qu'elle **suivrait** son père.

Rewrite the following sentences according to the model below and make all the necessary changes.

EXAMPLE: Les deux aînées répondirent: «Nous ne nous marierons jamais, sauf avec un duc.»

Les deux aînées ***qu'elles ne se marieraient jamais****, sauf avec un duc.*

1. La Belle déclara: «Il faudra travailler.»
2. Les sœurs crièrent: «On ne nettoiera pas la maison.»
3. La Belle répondit: «Je ne me marierai jamais.»
4. Les fils annoncèrent: «Nous n'irons plus à la promenade.»
5. La Belle pensa: «Mes sœurs auront beaucoup de peine.»
6. Le marchand répéta: «Elles ne seront pas contentes.»
7. La Belle et la Bête affirmèrent: «Nous essaierons d'être heureux.»
8 La fée expliqua: «La fortune reviendra.»

D. *Possessive Adjectives*

Possessive adjectives agree with the nouns they introduce.

Singular		**Plural**	
Masculine	*Feminine*	*Masculine*	*Feminine*
mon	**ma**	**mes**	
ton	**ta**	**tes**	
son	**sa**	**ses**	
notre	**notre**	**nos**	
votre	**votre**	**vos**	
leur	**leur**	**leurs**	

Fill in the blanks with the correct form of the possessive adjective.

1. Le marchand aimait _____ six enfants.
2. Les enfants avaient _____ maîtres.
3. Les aînées se promenaient avec _____ compagnie.
4. La Belle était toujours avec _____ livres.
5. Le père perdit _____ fortune.
6. Le marchand entre avec _____ cheval.
7. «Cette rose est pour _____ fille,» dit le marchand.
8. «Vous avez volé _____ roses,» dit le monstre.
9. «Merci d'avoir pensé à _____ déjeuner,» dit le marchand.
10. «Une de _____ filles doit mourir à _____ place,» dit le monstre au marchand.

E. *Possessive Pronouns*

Possessive pronouns agree with the nouns they replace.

Singular		**Plural**	
Masculine	*Feminine*	*Masculine*	*Feminine*
le mien	**la mienne**	**les miens**	**les miennes**
le tien	**la tienne**	**les tiens**	**les tiennes**
le sien	**la sienne**	**les siens**	**les siennes**
le nôtre	**la nôtre**	**les nôtres**	**les nôtres**
le vôtre	**la vôtre**	**les vôtres**	**les vôtres**
le leur	**la leur**	**les leurs**	**les leurs**

Fill in the blanks by replacing the words in italics with the correct form of the possessive pronoun.

EXAMPLE: Il trouva un habit propre à la place de *son habit*.
Il trouva un habit propre à la place ***du sien.***

1. Les nouveaux habits étaient propres. *Ses habits* étaient sales.
2. Le monstre donna au marchand de l'or pour *ses enfants*.
3. Votre maison est plus belle que *ma maison*.
4. Vos fleurs sont plus belles que *mes fleurs*.
5. Voici mon couvert. Où sont *leurs couverts*?
6. Ma chambre est grande. Et *ta chambre*?
7. Ma sœur est là. Elles ne sont pas venues, *tes sœurs*?
8. Notre compagnie est noble. *Sa compagnie* est basse.

F. *Verbs Followed by an Infinitive*

French verbs are frequently followed by an infinitive. There are three patterns:

1. *main verb + infinitive:*

aimer	**laisser**
aller	**souhaiter**
croire	**voir**
entendre	**vouloir**
falloir (il faut)	

2. *main verb +* **à** *+ infinitive:*

aider à	**se préparer à**
commencer à	**réussir à**
se mettre à	

3. *main verb +* **de** *+ infinitive:*

demander de	**prier de**
essayer de	**regretter de**
jurer de	**refuser de**
mériter de	

NOTE: Only the verbs appearing in the story are listed.

Complete the following sentences using the appropriate pattern.

1. La Belle aidait son père _____ vivre heureux.
2. Il fallait essayer _____ faire le travail.
3. Elle ne voulait pas _____ se marier.
4. Elle aimait _____ jouer du clavecin.
5. Les sœurs aînées refusaient _____ recevoir les filles de marchands.
6. Elles laissaient _____ faire à leur sœur tout le travail.
7. Elles ne méritaient pas _____ recevoir des bijoux.
8. La Belle pria son père _____ lui apporter une rose.
9. Le marchand voulut _____ chercher son cheval.
10. Il entendit _____ approcher quelqu'un.
11. Il vit _____ venir à lui un monstre.
12. Je ne croyais pas _____ vous offenser.
13. Le marchand jura _____ revenir.
14. La Bête lui demanda _____ remplir le coffre.
15. En revoyant ses enfants, le marchand se mit _____ pleurer.

5

Les deux aînées insultèrent alors la Belle, qui ne pleurait pas.

«Voyez ce que produit l'orgueil de cette petite créature! disaient-elles. Pourquoi ne demandait-elle pas des vêtements comme nous? Mais non, mademoiselle[65] voulait se distinguer. Elle va causer la mort de notre père et elle ne pleure pas!

—Pourquoi pleurerais-je la mort de notre père? Il ne périra pas. Si le monstre veut bien accepter une de ses filles, en mourant j'aurai la joie de sauver mon père et de lui montrer ma tendresse.

—Non, ma sœur, lui dirent ses trois frères, vous ne mourrez pas; nous irons trouver ce monstre et nous périrons sous ses coups[66] si nous ne pouvons pas le tuer.

—Ne l'espérez pas, mes enfants, leur dit le marchand; la force de la Bête est trop grande. Je ne veux pas exposer la Belle à la mort. Je suis vieux, il ne me reste que quelque temps à vivre.

---

[65]**mademoiselle** my young lady. [66]**coup** blow.

—Je vous assure, mon père, lui dit la Belle, que vous n'irez pas à ce palais sans moi; vous ne pouvez pas m'empêcher[67] de vous suivre.»

Ses sœurs en étaient contentes parce que les vertus de cette cadette leur avaient inspiré beaucoup de jalousie. Le marchand était si occupé de la douleur de perdre sa fille qu'il ne pensait pas au coffre qu'il avait rempli d'or. Aussitôt qu'il fut dans sa chambre, il fut étonné de le trouver à côté de son lit. D'abord il ne voulut pas distribuer cet or à ses deux aînées; mais la Belle l'encouragea à le faire parce que deux gentilshommes voulaient les épouser. Elle pria son père de les marier; car elle était si bonne qu'elle les aimait et leur pardonnait de tout son cœur le mal qu'elles lui avaient fait.

Les deux méchantes filles se frottèrent les yeux avec un oignon[68] pour pleurer lorsque la Belle partit avec son père; mais ses frères pleuraient sincèrement, aussi bien que le marchand: il n'y avait que la Belle qui ne pleurait pas, parce qu'elle ne voulait pas augmenter leur douleur.

Le cheval prit la route du palais et, en arrivant le soir, il alla tout seul à l'écurie. Le marchand entra avec sa fille dans la grande salle où ils trouvèrent une table magnifiquement servie avec deux couverts.

Le marchand n'avait pas le cœur de manger; mais la Belle, essayant de paraître tranquille, se mit à table[69] et le servit.

6

Quand ils eurent soupé, ils entendirent un grand bruit, et le marchand dit adieu à sa fille en pleurant, car il pensait que c'était la Bête. La Belle trembla en voyant cette horrible figure; puis elle resta calme. Le monstre lui ayant demandé si elle était venue volontairement, elle lui dit que oui.

«Vous êtes bien bonne, lui dit la Bête, et je vous suis bien obligé. Votre père doit partir demain matin et ne plus revenir. Adieu, la Belle.

—Adieu, la Bête,» répondit-elle, et tout de suite le monstre se retira.

---

[67]**empêcher** to prevent. [68]**oignon** onion. [69]**se mit à table** (*p.s.* **se mettre**) sat down at the table.

Pendant son sommeil,[70] la Belle vit une dame qui lui dit:

«Je suis contente de votre bon cœur, la Belle; la bonne action que vous faites, en donnant votre vie pour sauver celle de votre père, sera recompensée.»

La Belle, en s'éveillant, raconta ce rêve à son père; cela le consola un peu mais quand il dut se séparer de sa chère fille, il pleura à grands cris. Lorsqu'il fut parti, la Belle s'assit dans la grande salle, et se mit à pleurer aussi; mais comme elle avait beaucoup de courage, elle se recommanda à Dieu, pensant que la Bête la mangerait le soir. Elle voulut se promener en attendant, et visiter ce beau château. Elle fut très surprise de trouver une porte sur laquelle il y avait écrit: *Appartement de la Belle*. Elle ouvrit cette porte et elle fut éblouie[71] par la magnificence qui y régnait; mais ce qui frappa le plus sa vue[72] fut une grande bibliothèque,[73] un clavecin et plusieurs livres de musique.

«On ne veut pas que je m'ennuie, dit-elle tout bas,[74] si je n'avais qu'un jour à rester ici, on ne m'aurait pas préparé tout cela.»

Elle ouvrit la bibliothèque et vit un livre où il y avait écrit en lettres d'or:

Souhaitez, commandez, vous êtes ici la reine et la maîtresse.

«Hélas! dit-elle, je ne souhaite rien que de revoir mon pauvre père et de savoir ce qu'il fait en ce moment.» Elle avait dit cela en elle même.

Quelle fut sa surprise, en jetant les yeux sur[75] un grand miroir, d'y voir sa maison où son père arrivait avec un visage extrêmement triste; ses sœurs faisaient des grimaces[76] pour paraître tristes, mais il était évident que la mort de la Belle leur donnait de la joie. Un moment après, tout cela disparut. La Belle pensa que la Bête était bien bonne et qu'elle n'avait rien à craindre d'elle.

À midi, elle trouva la table mise,[77] et elle entendit un excellent concert, mais aucun musicien n'était visible.

---

[70]**sommeil** sleep. [71]**ébloui** dazzled. [72]**frappa sa vue** (p.s. **frapper**) struck her eye. [73]**bibliothèque** bookcase. [74]**tout bas** softly. [75]**jeter les yeux sur** to glance at. [76]**faisaient des grimaces** (*imperf.* **faire**) were making faces. [77]**mis** all set.

Le soir, comme elle allait se mettre à table, elle entendit le bruit que faisait la Bête et elle trembla.

«La Belle, lui dit ce monstre, voulez-vous bien que je vous regarde manger?

—Vous êtes le maître, répondit la Belle.

—Non, continua la Bête, il n'y a ici de maîtresse que vous; vous n'avez qu'à me dire de m'en aller si je vous ennuie,[78] je sortirai tout de suite. Dites-moi: n'est-ce pas que vous me trouvez laid?[79]

—Cela est vrai, dit la Belle, car je ne sais pas mentir; mais je crois que vous êtes très bon.

—Vous avez raison,[80] dit le monstre, et en plus, je n'ai pas d'esprit[81] car je ne suis qu'une bête.

—On n'est pas bête quand on croit ne pas avoir d'esprit: un sot[82] n'a jamais su cela.

—Mangez donc, la Belle, lui dit le monstre, et essayez de ne pas vous ennuyer dans votre maison; car tout ceci est à vous. J'aurais du chagrin si vous n'étiez pas contente.

—Je suis très contente de votre bon cœur: quand j'y pense, vous ne me paraissez plus si laid.

—Oh! oui, répondit la Bête, j'ai le cœur bon mais je suis un monstre.

—Il y a bien des hommes qui sont plus monstres que vous, dit la Belle; et je vous aime mieux avec votre figure que ceux qui, avec la figure d'homme, cachent un cœur faux,[83] corrompu, ingrat.

—Si j'avais de l'esprit, continua la Bête, je vous ferais un grand compliment pour vous remercier, mais je suis un stupide, et tout ce que je peux vous dire, c'est que je vous suis bien obligé.»

La Belle mangea de bon appétit. Elle n'avait presque plus peur du monstre; mais elle trembla de nouveau[84] quand il lui dit:

«La Belle, voulez-vous être ma femme?»

Elle ne répondit pas tout de suite: elle avait peur d'exciter la colère[85] du monstre en le refusant; elle lui dit en tremblant:

---

[78]**ennuyer** to bother. [79]**laid** ugly. [80]**avez raison** (*pres. ind.* **avoir**) to be right. [81]**esprit** mind. [82]**sot** idiot. [83]**faux (fausse)** false. [84]**de nouveau** again. [85]**colère** anger.

«Non, la Bête.»

Il fit alors un sifflement[86] épouvantable[87] et lui dit adieu. Il sortit de la chambre en se retournant de temps en temps pour la regarder encore.

La Belle, se voyant seule, sentit une grande compassion pour cette pauvre bête.

«Hélas! disait-elle, c'est bien dommage[88] qu'elle soit laide, elle est si bonne!»

EXERCISES

5–6

READING COMPREHENSION

Rewrite the following statements where necessary to make them agree with the facts as presented in the story.

1. La Belle ne pleurait pas parce qu'elle voulait sauver le vie de son père.
2. Les trois frères voulaient sauver leur père en tuant le monstre.
3. Les sœurs étaient contentes de la décision de la cadette par tendresse pour leur père.
4. La Belle voulait que son père donne de l'or à ses sœurs afin qu'elles puissent se marier.
5. Les deux aînées ont mangé un oignon quand leur père et leur sœur sont partis.
6. Arrivé au palais, le marchand a mis le cheval à l'écurie.
7. Le marchand n'avait pas beaucoup d'appétit et donc sa fille ne l'a pas servi à table.
8. Le monstre était content que la Belle soit venue volontairement.
9. Quand la Belle a raconté son rêve, son père s'est mis à pleurer à grands cris.
10. Dans l'appartement de la Belle, il y avait un clavecin et une bibliothèque.
11. La Belle a vu les grimaces de ses sœurs dans un miroir magique.
12. Les musiciens sont sortis à midi, après le concert.

---

[86]**sifflement** hiss. [87]**épouvantable** frightening. [88]**c'est dommage** it is a pity.

13. La Belle a dit au monstre qu'il était laid mais bon et qu'il avait de l'esprit.
14. La Belle a mangé avec appétit parce que le monstre était parti.
15. Le monstre a fait un sifflement parce que la Belle avait excité sa colère.

VOCABULARY STUDY

Write sentences of your own with each of the following words and phrases.

avoir de la joie
être dans la joie
pardonner de tout son cœur
faire une bonne action
s'ennuyer
avoir du chagrin
faire du chagrin à quelqu'un
mentir
exciter la colère de quelqu'un
pleurer à grands cris
ingrat
méchant
ennuyer quelqu'un
avoir de la jalousie
avoir de l'orgueil
être faux
faire du mal
corrompu
sot

STRUCTURES

A. *The Position of Pronouns with verbs + infinitive*

The pronouns **le, la, les, lui, leur, en,** and **y** are placed in front of the infinitive used with a conjugated verb.

Je vais suivre mon père.
Je vais **le** suivre.

Rewrite the following sentences replacing the words in italics with their corresponding pronouns.

1. Je ne veux pas exposer *à la mort* mes trois filles.
2. Il ne voulait pas distribuer *l'or* à ses aînées.
3. Il ne voulait pas donner *d'or* à ses aînées.
4. La Belle ne voulait pas augmenter *la douleur*.
5. La père et la fille vont aller *au palais*.
6. La Belle pria *son père* de marier ses filles.

B. *The Use of the Subjunctive with* ***c'est dommage***

Rewrite the following sentences according to the example.

EXAMPLE: La Bête est laide.

C'est dommage que la Bête ***soit*** *laide.*

1. La Bête fait un sifflement.
2. La Bête veut épouser la Belle.
3. La Bête a du chagrin.
4. Il dit adieu.
5. Il ne peut pas l'épouser.
6. Les sœurs font des grimaces.
7. Les musiciens sont invisibles.
8. La Belle ne suit pas le monstre.

C. *The Use of the Immediate Future*

Rewrite the following sentences in the immediate future according to the example.

EXAMPLE: Elle causera la mort de son père.

Elle va causer la mort de son père.

1. Je sauverai mon père.
2. Mon père ne mourra pas.
3. Je le suivrai au palais.
4. Elle partira avec lui.
5. Le cheval prendra la route du palais.
6. Le père et la fille se mettront à table.
7. La fille aura assez de courage.

D. *The Use of the Demonstrative Pronouns*

Demonstrative pronouns agree with the nouns they replace.

Singular		**Plural**	
Masculine	*Feminine*	*Masculine*	*Feminine*
celui	**celle**	**ceux**	**celles**

Rewrite the following sentences replacing the words in italics with the corresponding demonstrative pronouns.

EXAMPLE: Le palais du roi et **le palais de la Bête.**
*Le palais du roi et **celui** de la Bête.*

1. La figure de la Belle est différente de *la figure* de la Bête.
2. Vous donnez votre vie pour sauver *la vie* de votre père.
3. La tête du père est plus vieille que *les têtes* des deux sœurs.
4. Le clavecin de la Bête était plus beau que *le clavecin* de son père.
5. Les grimaces des sœurs sont aussi laides que *les grimaces* d'un cœur faux.

WRITING PRACTICE

Write a short paragraph on how well the Beast treats the Beauty. Your paragraph will be evaluated for grammatical accuracy and vocabulary usage. It should be at least fifty-five words in length.

COMMUNICATIVE ACTIVITY

Prepare one of the statements listed below to be discussed in class with two of your classmates. Once the topic has been thoroughly analyzed, your group should present a composite version of the discussion to the other members of the class and be ready to quote lines from the text in support of the view expressed.

1. La Belle domine sa peur et aime de plus en plus son séjour au château.
2. La Bête n'est pas vraiment une bête.

7

La Belle passa trois mois dans ce palais avec assez de tranquillité. Tous les soirs, la Bête lui rendait visite. Chaque fois, la Belle découvrait de nouvelles bontés dans ce monstre; l'habitude[89] de le voir l'avait accoutumée[90] à sa laideur et elle regardait souvent sa montre[91] pour voir s'il était bientôt neuf heures, s'il allait bientôt venir.

---

[89]**habitude** habit. [90]**accoutumer** to accustom. [91]**montre** watch.

Il n'y avait qu'une chose qui faisait de la peine[92] à la Belle, c'est que le monstre, avant de se coucher, lui demandait toujours si elle voulait être sa femme, et paraissait pleine de douleur lorsqu'elle lui disait que non. Elle lui dit un jour:

«Vous me faites du chagrin, la Bête; je voudrais pouvoir vous épouser, mais je suis trop sincère pour vous faire croire que cela arrivera un jour; je serai toujours votre amie, essayez de vous contenter de[93] cela.

—Il le faut bien, continua la Bête. Je sais que je suis bien horrible; mais je vous aime beaucoup. Promettez-moi que vous ne me quitterez jamais.»

La Belle rougit[94] en l'entendant; elle avait vu que son père était malade du chagrin de l'avoir perdue, et elle souhaitait le revoir.

«J'ai tant envie de revoir mon père, dit-elle, que je mourrai de douleur si vous me refusez ce plaisir.

—J'aime mieux mourir moi-même, dit le monstre, que de vous donner du chagrin; je vous enverrai chez votre père, vous y resterez, et votre pauvre Bête en mourra de douleur.

—Non, lui dit la Belle en pleurant; je vous aime trop pour vouloir causer votre mort: je vous promets de revenir dans une semaine. Vous m'avez fait voir que mes sœurs sont mariées et que mes frères sont partis pour l'armée; mon père est tout seul, permettez-moi de rester chez lui une semaine.

—Vous y serez demain matin, lui dit la Bête; mais souvenez-vous de votre promesse. Vous n'aurez qu'à mettre votre bague[95] sur une table en vous couchant quand vous voudrez revenir. Adieu, la Belle.»

Quand elle se réveilla le matin, elle se trouva dans la maison de son père. Le marchand et sa fille se tinrent embrassés plus d'un quart d'heure, tellement leur joie était grande.

La servante lui dit qu'elle venait de trouver dans la chambre un grand coffre plein de robes d'or, avec des diamants. La Belle remercia la Bête de ses attentions; elle prit la moins riche de ces robes, voulant donner les autres à ses sœurs. Le coffre disparut

---

[92]**faisait de la peine** (*imperf.* **faire**) hurt. [93]**se contentr de** to be happy with.
[94]**rougit** (*p.s.* **rougir**) blushed. [95]**bague** ring.

alors et son père lui dit que la Bête voulait que la Belle garde tout pour elle; et aussitôt les robes revinrent à la même place.

La Belle s'habilla[96] et, pendant ce temps, ses sœurs arrivèrent avec leurs maris. L'aînée avait épousé un jeune gentilhomme beau comme l'amour;[97] mais il était si amoureux de sa propre figure qu'il se regardait dans le miroir du matin au soir. La seconde avait épousé un homme qui avait beaucoup d'esprit; mais il s'en servait[98] pour critiquer tout le monde, à commencer par sa femme.

Elles furent pleines de jalousie en voyant leur sœur habillée comme une princesse et en apprenant qu'elle était heureuse au palais du monstre.

Pour se venger d'elle, elles décidèrent de la faire rester plus d'une semaine. Elles lui firent tant de caresses que la Belle promit de rester encore une semaine. La dixième nuit qu'elle passa chez son père, elle rêva qu'elle était dans le jardin du palais, et qu'elle voyait la Bête couchée sur l'herbe, et près de mourir, qui lui reprochait son ingratitude.

La Belle se réveilla en pleurant.

«Ne suis-je pas bien méchante, disait-elle, de donner du chagrin à une bête qui a pour moi tant de bontés?[99] Est-ce sa faute si elle est laide et si elle a peu d'esprit? Elle est bonne, cela vaut mieux[100] que tout le reste. Pourquoi n'ai-je pas voulu l'épouser? Je serais plus heureuse avec elle que mes sœurs avec leurs maris. Ce n'est ni la beauté ni l'esprit d'un mari qui rendent une femme contente; c'est la bonté du caractère.»

À ces mots, la Belle se lèva, mit la bague sur la table, et se coucha. Quand elle se réveilla le matin, elle vit avec joie qu'elle était dans le palais de la Bête. Elle s'habilla magnifiquement pour lui plaire[101] et attendit neuf heures du soir avec impatience; la Bête ne parut pas.

Craignant d'avoir causé sa mort, elle courut partout, pleine de désespoir. Dans le jardin, elle trouva la pauvre Bête couchée dans l'herbe, inanimée. Elle prit de l'eau dans un canal à côté et lui en jeta sur la tête.

---

[96]**s'habilla** (*p.s.* **s'habiller**) got dressed. [97]**beau comme l'amour** as handsome as can be. [98]**s'en servait de** (*imperf.* **se servir de**) used it. [99]**a des bontés** (*pres. ind.* **avoir**) is good. [100]**cela vaut mieux** it is worth more. [101]**plaire** to please.

La Bête ouvrit les yeux et dit à la Belle:

«Vous avez oublié votre promesse et j'ai voulu me laisser mourir de faim; mais je meurs content, puisque j'ai le plaisir de vous revoir encore une fois.»

—Non, ma chère Bête, vous ne mourrez pas, lui dit la Belle; vous vivrez pour devenir mon époux:[102] je vous donne ma main; je ne pourrais pas vivre sans vous voir.»

Après avoir dit cela, la Belle vit le château brillant de lumière, tout lui annonçait une fête. Elle se retourna vers sa chère Bête, dont le danger la faisait trembler. Quelle fut sa surprise! La Bête avait disparu, et elle ne vit plus à ses pieds qu'un prince plus beau que l'amour, qui la remerciait d'avoir fini son enchantement.[103]

«Une méchante fée m'avait condamné à rester sous la figure d'une bête, expliqua-t-il, jusqu'à ce qu'une belle fille consente à m'épouser. Il n'y avait que vous dans le monde assez bonne pour vous laisser toucher par la bonté de mon caractère. En vous offrant ma couronne, je ne peux m'acquitter des obligations que je vous ai.»[104]

La Belle donna la main à ce beau prince et ils allèrent ensemble au château. Elle y retrouva son père et toute sa famille que la belle dame qui lui était apparue dans les rêves avait transportés au château.

«La Belle, lui dit cette dame qui était une grande fée, venez recevoir la récompense de votre bon choix: vous avez préféré la vertu à la beauté et à l'esprit, vous méritez de trouver toutes ces qualités réunies en une même personne. Vous allez devenir une grande reine: j'espère que le trône[105] ne détruira[106] pas vos vertus. Pour vous, dit la fée aux deux sœurs de la Belle, je connais votre cœur et votre malice. Devenez des statues; mais conservez toute votre raison sous la pierre qui vous enveloppera. Vous resterez à la porte du palais de votre sœur et vous verrez son bonheur.»

Dans le moment, la fée donna un coup de baguette[107] qui

---

[102]**époux** husband. [103]**enchantement** bewitchment. [104]**En vous offrant ma couronne...** By offering you my crown, I cannot really repay you for what I owe you. [105]**trône** throne. [106]**détruire** to destroy. [107]**donna un coup de baguette** (p.s. **donner**) used her wand.

transporta tous ceux qui étaient dans cette salle dans le royaume du prince. Ses sujets le virent avec joie et il épousa la Belle, qui vécut avec lui très longtemps et dans un bonheur parfait, parce qu'il était fondé sur la vertu.

EXERCISES

7

READING COMPREHENSION

Select the phrase that best completes each statement according to the story.

1. La Belle regardait souvent sa montre pour voir si
   a. la Bête n'allait pas partir.
   b. la Bête n'allait pas venir.
   c. ses sœurs étaient déjà mariées.
2. La Belle a rougi en entendant parler le monstre
   a. parce qu'elle voulait l'épouser.
   b. parce que ses frères étaient à l'armée.
   c. parce qu'il voulait qu'elle retourne chez son père.
   d. parce qu'elle voulait revoir son père.
3. Dans le coffre il y avait des habits
   a. pour les deux sœurs.
   b. pour toute la famille.
   c. pour le père et ses filles.
   d. pour la Belle seulement.
4. La vengeance des deux sœurs était
   a. de faire partir la Belle tout de suite.
   b. de faire des caresses à leur père.
   c. de faire rester la Belle plus longtemps.
   d. d'aller au palais à la place de leur sœur.
5. La Belle a pleuré après son rêve parce qu'
   a. elle avait peur d'avour tué la Bête.
   b. elle avait fait du chagrin à la Bête.
   c. elle ne voulait pas quitter son père.
   d. elle n'avait pas trouvé un bon mari.

6. La Bête est redevenue prince parce que
   a. la bonne fée avait donné un coup de baguette.
   b. la Belle avait consenti à épouser un monstre.
   c. la méchante fée avait disparu.
   d. cent ans avaient passé.

VOCABULARY STUDY

Write sentences of your own with each of the following phrases.

aimer mieux faire une chose que de faire une autre chose
préférer une personne ou une chose à une personne ou à une chose
cela vaut mieux que
je ne pourrais pas vivre sans
essayer de se contenter de
avoir le plaisir de faire quelque chose
permettre à quelqu'un de faire quelque chose
mériter de faire
remercier quelqu'un d'avoir fait quelque chose
avoir envie de

STRUCTURES

A. *The Use of the Imperfect*

The imperfect is used to describe:

1. a condition

   Il **était** sept heures. La Belle **avait** faim.

2. an action in progress or continuing

   Pendant que la Belle **dormait,** elle fut transportée chez son père.

3. a repeated or habitual action

   Tous les soirs la Bête lui **demandait** de l'épouser.

4. indirect discourse

   La Belle lui dit qu'elle **voulait** rendre visite à son père.

Rewrite the following sentences in the imperfect. Indicate the reason for using the imperfect by noting the appropriate letter corresponding to the reasons as they are given above.

EXAMPLE: La Bête est bonne.
*La Bête **était** bonne. (a)*

1. Tous les soirs la Bête vient voir la Belle.
2. La Belle regarde souvent sa montre.
3. Le monstre lui demande toujours de devenir sa femme.
4. Il lui dit qu'il l'aime.
5. La Belle souhaite revoir son père.
6. Son père est seul.
7. Il y a un coffre dans la chambre.
8. Pendant que la Belle s'habille, ses sœurs arrivèrent.
9. Le mari de la sœur se regarde dans le miroir du matin au soir.

B. *The Use of the **passé simple***

To describe completed events or actions, the **passé simple** is used in written French, while the **passé composé** is used in spoken French.

Le marchand **est entré** dans la grande salle. (*spoken French*)
Le marchand **entra** dans la grande salle. (*written French*)

Rewrite the following sentences choosing the form of the verb that best suits the context.

La Belle _____ (passa/passait) trois mois dans le palais. La Bête _____ (vint/venait) la regarder manger tous les jours. Avant de se coucher, il lui _____ (demanda/demandait) toujours si elle _____ (voulut/voulait) être sa femme. Elle lui _____ (dit/disait) chaque fois que non. Un jour, elle _____ (voulut/voulait) partir. Son père _____ (fut/était) malade de chagrin. Quand elle se _____ (réveilla/réveillait) le matin, elle _____ (revit/revoyait) son père et elle _____ (l'embrassa/l'embrassait). Bientôt ses sœurs _____ (arrivèrent/arrivaient). Elles _____ (décidèrent/décidaient) de la faire rester trop longtemps. La dixième nuit, la Belle _____ (rêva/rêvait) que la Bête _____ (fut/était) près de mourir. Elle _____ (mit/mettait) sa bague et _____ (se réveilla/se réveillait) dans le palais. Elle _____ (trouva/trouvait) la Bête couchée dans l'herbe. Elle lui _____ (dit/disait) qu'elle _____ (l'aima/l'aimait). La Bête _____ (disparut/disparaissait). À sa place, il y _____ (eut/avait) un beau prince. Ils

_____ (allèrent/allaient) au château qui (fut/était) brillant de lumière. Les deux sœurs _____ (devinrent/devenaient) des statues. Le prince _____ (épousa/épousait) la Belle.

C. *The formation of stress pronouns +* ***même***

The construction *stress pronoun* + **même** is used to emphasize the pronoun.

J'aime mieux mourir **moi-même.**
I myself would rather die.

Its forms are:

moi-même	**nous-mêmes**
toi-même	**vous-mêmes**
lui-même	**eux-mêmes**
elle-même	**elles-mêmes**

Complete the following sentences, using the construction *pronoun* + **même** as it corresponds to the words in italics.

EXAMPLE: *Nous* aimons mieux vivre _____.

Nous aimons mieux vivre **nous-mêmes.**

1. *Il* aimait mieux mourir _____.
2. La Belle a vu *son père* _____.
3. *Les deux sœurs* étaient _____ déjà mariées.
4. *Vous* me faites _____ du chagrin.
5. *Mes frères* sont _____ partis pour l'armée.
6. *Tu* vas devenir _____ une grande reine.
7. *Nous* voulons _____ que tu restes une semaine de plus.
8. *La Bête* savait _____ qu'elle était horrible.

D. *The Use of* ***en*** *+ gerund*

Rewrite the following sentences using the gerund (**en** + *present participle*) with the verbs in parentheses.

EXAMPLE: Vous serez au palais (ouvrir) _____ les yeux.

Vous serez au palais en ouvrant les yeux.

1. Mettez votre bague sur une table _____ (aller) au lit.
2. Les deux sœurs étaient jalouses _____ (voir) leur sœur.

3. Les sœurs étaient furieuses _____ (apprendre) son bonheur.
4. Le prince remercia la Belle _____ (offrir) sa couronne.
5. _____ (dire) cela, il lui donna la main.
6. _____ (devenir) reine, la Belle trouvait sa récompense.
7. La Belle fut très heureuse _____ (recevoir) sa récompense.

E. *The Moods Used with **souhaiter/espérer***

Rewrite the following sentences using the subjunctive first with ***souhaiter*** and then the indicative with ***espérer.***

EXAMPLE: Vous revenez.

*J'espère que vous **reviendrez.***
*Je souhaite que vous **reveniez.***

1. Nous revenons.
2. Vous tenez votre promesse.
3. Elle peut revenir.
4. Vous devenez une grande reine.
5. Les sœurs sont punies.
6. Tu n'as pas de chagrin.
7. Le prince et la princesse vivent heureux.
8. La Bête ne meurt pas.

WRITING PRACTICE

Write a paragraph in French on the lesson contained in this fairy tale using the elements provided in the text. Your paragraph will be evaluated for grammatical accuracy and vocabulary usage. It should be at least sixty words in length.

COMMUNICATIVE ACTIVITY

Choose one of the following parts: **la Belle, la Bête, le père, les deux sœurs, la fée.** After preparing the corresponding lines, perform one of the following scenes with other classmates.

1. La Bête rend visite à la Belle tous les soirs et lui demande de l'épouser.
2. La Belle retourne chez son père. Elle est victime de la jalousie et de la vengeance de ses sœurs.
3. Le monologue de la Belle après son rêve.

4. La Belle retrouve la Bête au jardin. Il lui explique ce qui s'est passé.
5. La fée annonce la récompense de la Belle et la punition des deux sœurs.

REVIEW EXERCISE

Review the grammar points covered in the exercises following *La Belle et la Bête.* Then complete each sentence in the passage using the correct form of the words in parentheses.

Pendant que la cadette _____ **(lit/lisait)** de bons livres, ses deux sœurs _____ **(allèrent/allaient)** au bal. Elles disaient qu'elles ne se _____ **(marieront/marieraient)** jamais, sauf avec un duc. Un jour, le marchand dit _____ (*gerund construction with* **pleurer**) qu'ils allaient demeurer dans une maison de campagne et qu'il fallait travailler dans la maison _____ (*replace* **dans la maison** *with a pronoun*). Les gens disaient: Les aînées ne méritent pas qu'on les _____ (*form of* **plaindre**) mais c'est dommage que la Belle _____ (*form of* **être**) malheureuse. Mais la Belle se disait: Je _____ (*immediate future of* **travailler**). Sa vie était dure; au contraire, _____ (*replace* **la vie** *with demonstrative pronoun*) de ses sœurs était facile. Pendant que le marchand traversait la forêt, il _____ **(neigea/neigeait).** Il mourait _____ (*preposition*) froid et _____ (*preposition*) faim. Arrivé au château, il _____ **(mangea/mangeait)** du poulet et _____ **(s'endormit/s'endormait).** Le lendemain, il trouva un habit propre à la place du _____ (*possessive pronoun*). En passant sous les roses, il en _____ **(cueillit/cueillait)** une pour _____ (*possessive adjective*) fille. La Bête lui pardonna cela à condition qu'une de _____ (*possessive adjective*) filles _____ (*form of* **mourir**) à sa place. Le marchand accepta, **(en/à)** se disant _____ (*personal pronoun +* **même**):

«J'espère que je _____ (*form of* **revoir**) mes enfants mais je ne souhaite pas qu'ils _____ (*form of* **mourir**) à ma place.»

Le Chat botté

CHARLES PERRAULT

Un meunier[1] ne laissa pas beaucoup de biens aux trois enfants qu'il avait: son moulin,[2] son âne[3] et son chat.[4] L'aîné eut le moulin, le second eut l'âne, et le cadet n'eut que le chat. Ce dernier ne pouvait pas se consoler d'avoir un si pauvre lot.

«Mes frères, disait-il, pourront gagner leur vie[5] en se mettant ensemble; pour moi, lorsque j'aurai mangé mon chat, il faudra que je meure de faim.»

Le chat, qui l'entendit, lui dit alors d'un air sérieux:

«Ne craignez rien, mon maître, vous n'avez qu'à me donner un sac et me faire faire des bottes[6] pour aller dans la forêt, et vous verrez que votre lot n'est pas si mauvais.»

Le maître du chat l'écouta avec un certain scepticisme; mais il l'avait vu faire tant de stratagèmes pour prendre des rats et des souris,[7] comme quand il se pendait[8] par les pieds, ou qu'il se cachait dans la farine[9] pour faire le mort,[10] qu'il accepta sa demande. Lorsque le chat eut ce qu'il avait demandé, il mit ses bottes, et mettant son sac à son cou, il alla dans un endroit de la forêt où il y avait beaucoup de lapins.[11] Il mit dc la salade verte dans son sac, et restant couché et parfaitement immobile, il attendit qu'un jeune lapin encore innocent entre dans le sac pour manger ce qu'il y avait mis. Quelques instants après, un jeune lapin sans expérience s'approcha pour manger la salade. Aussitôt le chat le prit et le tua sans pitié.

Tout glorieux,[12] il alla chez la roi et demanda à lui parler. On le fit monter à l'appartement de sa Majesté, où étant entré il fit une grande révérence[13] au roi, et lui dit:

«Voilà, Sire, un lapin que Monsieur le Marquis de Carabas (c'était le nom qu'il avait inventé pour son maître) vous envoie comme présent.

—Dis à ton maître, répondit le roi, que je le remercie, et qu'il me fait plaisir.»

Une autre fois, il alla se cacher dans un champ de blé,[14]

---

[1]**meunier** miller. [2]**moulin** mill. [3]**âne** donkey. [4]**chat** cat. [5]**gagner sa vie** to make a living. [6]**botte** boot. [7]**souris** mouse. [8]**se pendre** to hang. [9]**farine** flour. [10]**faire le mort** to play 'possum, to act dead. [11]**lapin** rabbit. [12]**tout glorieux** filled with pride. [13]**révérence** bow. [14]**champ de blé** wheat field.

tenant toujours son sac ouvert; et lorsque deux perdrix[15] y furent entrées, il ferma le sac et les prit toutes deux. Il alla ensuite les présenter au roi, comme il avait fait avec le lapin. Le roi reçut encore avec plaisir les deux perdrix et lui fit donner un présent. Le chat continua ainsi pendant deux ou trois mois à porter de temps en temps au roi du gibier[16] de la chasse de son maître.

Un jour que le roi devait aller à la promenade sur le bord de la rivière avec sa fille, la plus belle princesse du monde, il dit à son maître:

«Si vous voulez suivre mon conseil, votre fortune est faite: vous n'avez qu'à vous baigner dans la rivière à l'endroit que je vous montrerai et ensuite me laisser faire.»

Le marquis de Carabas fit ce que son chat lui conseillait, sans savoir à quoi cela serait bon. Dans le temps qu'il se baignait, le roi passait, et le chat commença à crier de toutes ses forces:[17]

«Au secours,[18] au secours, voilà Monsieur le Marquis de Carabas qui se noie!»[19]

À ce cri le roi mit la tête à la portière,[20] et reconnaissant le chat qui lui avait apporté tant de fois du gibier, il ordonna à ses gardes d'aller vite au secours de Monsieur le Marquis de Carabas.

Pendant qu'on retirait le pauvre marquis de la rivière, le chat s'approcha du carrosse[21] et dit au roi que dans le temps que son maître se baignait, des voleurs avaient emporté ses habits (en réalité, le chat les avait cachés sous une grosse pierre). Le roi ordonna aussitôt à ses officiers d'aller chercher un de ses plus beaux habits pour Monsieur le Marquis de Carabas. Le roi lui fit mille compliments, et comme les beaux habits qu'on venait de lui donner ajoutaient à sa distinction naturelle (car il était beau et bien fait), la fille du roi tomba follement amoureuse de lui après deux ou trois regards un peu tendres qu'il lui jeta. Le roi voulut qu'il monte dans son carrosse, et qu'il les accompagne à la promenade.

Le chat, ravi de voir que son plan commençait à réussir, partit

---

[15]**perdrix** partridge. [16]**gibier** game. [17]**de toutes ses forces** as loud as he could. [18]**Au secours!** Help! [19]**se noie** (*pres. ind.* **se noyer**) is drowning. [20]**portière** door. [21]**carrosse** carriage.

devant,[22] et ayant rencontré des paysans dans un pré,[23] il leur dit:

«Bonnes gens, si vous ne dites pas au roi que ce pré appartient à Monsieur le Marquis de Carabas, vous serez tous coupés en petits morceaux.»

Le roi demanda à qui était le pré.

«C'est à Monsieur le Marquis de Carabas,» dirent-ils tous ensemble, car la menace du chat leur avait fait peur.

«Vous avez là une belle terre, dit le roi au marquis.

—Vous voyez, Sire, répondit le marquis, c'est un pré qui me rapporte[24] beaucoup d'argent tous les ans.»

Le chat, qui allait toujours devant, rencontra d'autres paysans, et leur dit:

«Bonnes gens, si vous ne dites pas que tous ces champs de blé appartiennent à Monsieur le Marquis de Carabas, vous serez tous coupés en petits morceaux.»

Le roi, qui passa un moment après, voulut savoir à qui appartenaient tous les champs de blé qu'il voyait.

«C'est à Monsieur le Marquis de Carabas,» répondirent les paysans, et le roi s'en réjouit[25] encore avec le marquis.

Le chat, qui allait devant le carrosse, disait toujours la même chose à tous ceux qu'il rencontrait; et le roi était étonné des grands biens du marquis.

Le chat arriva enfin dans un beau château dont le maître était un ogre, le plus riche de la région, car toutes les terres par où le roi avait passé appartenaient à ce château. Après s'être bien informé qui était cet ogre, et ce qu'il savait faire, le chat demanda à lui parler, disant qu'il n'avait pas voulu passer si près de son château sans avoir l'honneur de lui faire la révérence. L'ogre le reçut poliment.

«On m'a assuré, dit le chat, que vous aviez le don[26] de vous changer en toutes sortes d'animaux, que vous pouviez par exemple vous transformer en lion, en éléphant?

—Cela est vrai, répondit l'ogre, et pour vous le montrer, vous allez me voir devenir lion.»

---

[22]**partit devant** (*p.s.* **partir**) went ahead. [23]**pré** meadow. [24]**rapporter** to bring in. [25]**s'en réjouit** (*p.s.* **se réjouir**) rejoiced in it. [26]**don** gift.

Le chat fut si effrayé[27] de voir un lion devant lui, qu'il grimpa[28] aussitôt sur le toit du château, non sans peine et sans péril, à cause de ses bottes qui n'étaient pas très bonnes pour marcher dessus. Quelque temps après, le chat, ayant vu que l'ogre avait de nouveau sa forme ordinaire, descendit et avoua[29] qu'il avait eu bien peur.

«On m'a assuré encore, dit le chat, mais je ne peux pas le croire, que vous aviez aussi le pouvoir[30] de prendre la forme des plus petits animaux, par exemple, de vous changer en un rat, en une souris; je vous avoue que je trouve cela tout à fait impossible.

—Impossible? continua l'ogre, vous allez voir.»

Et en même temps il se changea en une souris, qui se mit à courir sur le plancher.[31] Aussitôt le chat se jeta dessus, et la mangea.

Cependant le roi, qui vit en passant le beau château de l'ogre, voulut entrer dedans. Le chat, qui entendit le bruit du carrosse qui arrivait, courut au-devant[32] et dit au roi:

«Que votre Majesté soit la bienvenue dans le château de monsieur le Marquis de Carabas.

—Comment, Monsieur le Marquis, s'écria le roi, ce château est encore à vous!»

Le marquis donna la main à la jeune princesse, et suivant le roi qui montait le premier, ils entrèrent dans une grande salle où ils trouvèrent un magnifique repas que l'ogre avait fait préparer pour ses amis qui devaient venir le voir ce même jour-là, mais qui n'avaient pas osé entrer, sachant que le roi y était. Le roi, charmé des bonnes qualités du marquis, de même que sa fille qui était folle de lui, et voyant les grands biens qu'il possédait, lui dit, après avoir bu quelques verres de vin:[33]

«Voulez-vous épouser ma fille?»

Le marquis, faisant de grandes révérences, accepta l'honneur que lui faisait le roi, et épousa la princesse. Le chat devint un grand seigneur, et ne courut plus après les souris, sauf pour s'amuser.

---

[27]**effrayé** frightened. [28]**grimpa** (*p.s.* **grimper**) climbed. [29]**avoua** (*p.s.* **avouer**) confessed. [30]**pouvoir** power, capacity. [31]**plancher** floor. [32]**courut au-devant** (*p.s.* **courir**) ran out to meet them. [33]**un verre de vin** a glass of wine.

EXERCISES

READING COMPREHENSION

Rewrite the following statements where necessary to make them agree with the facts as presented in the story.

1. Avec un âne et un moulin on peut gagner sa vie, mais avec un chat on meurt de faim après l'avoir mangé.
2. Le chat faisait le mort en se pendant par les pieds ou en se cachant dans les sacs de farine.
3. Un lapin est entré dans le sac où il y avait du blé.
4. Le fils du meunier était un pauvre marquis.
5. Le chat a porté du gibier au roi parce qu'il voulait faire la fortune de son maître.
6. Le fils du meunier se baignait dans la rivière parce que le roi et sa fille se promenaient tout près.
7. Des voleurs avaient emporté les habits du marquis.
8. La princesse est tombée amoureuse du garçon parce qu'il était marquis.
9. Le chat botté a obligé les paysans à dire que les belles terres appartenaient au marquis.
10. En réalité, elles appartenaient à l'ogre.
11. L'ogre avait le pouvoir de se transformer en animal.
12. Le chat a grimpé sur le toit du château pour voir si le carrosse arrivait.
13. L'ogre ne pouvait pas refuser de se changer en souris parce qu'il avait dit qu'il pouvait tout faire.
14. Le chat a fait préparer un magnifique repas.
15. Le fils du meunier a épousé la fille du roi et le chat est devenu un grand seigneur.

VOCABULARY STUDY

A. *Vocabulary Usage*

Study the following words, then select the appropriate word from the list to replace the near-equivalents in parentheses in the sentences below.

un lapin	un moulin
une perdrix	un paysan
une souris	la farine
un âne	un pré

le gibier
se noyer
se baigner
le blé

1. Les _____ (hommes qui cultivent) cultivent du _____ (céréale).
2. _____ (l'animal domestique) porte les sacs de blé.
3. Le meunier demeure au _____ (maison du meunier).
4. Il fait de la _____ (substance blanche) avec le blé.
5. Il y a beaucoup d'herbe dans un _____ (surface couverte d'herbe).
6. Dans une rivière, on peut se _____ (entrer dans l'eau).
7. Si on ne sait pas nager, on se _____ (mourir).
8. Après la chasse, on mange le _____ (animaux sauvages tués à la chasse).
9. Le _____ (animal sauvage à longues oreilles) aime la salade.
10. La _____ (oiseau sauvage) est un oiseau.
11. Les chats aiment beaucoup courir après les _____ (animaux plus petits que les rats).

Study the following expressions, then select the expression that corresponds to each of the situations presented below.

Au secours!
Impossible? Vous allez voir!
Soyez le bienvenu!
Ne craignez rien.
Bonnes gens, vous serez tous coupés en petits morceaux.
Vous avez là une belle terre.
J'ai eu bien peur.
C'est à Monsieur le Marquis de Carabas.

1. On veut inviter quelqu'un à entrer.
2. Le chat veut menacer des paysans.
3. Le roi fait des compliments sur un pré.
4. Le chat avoue sa peur.
5. Le chat dit à son maître de ne pas avoir peur.
6. Quelqu'un se noie dans la rivière.
7. Le roi demande à qui appartient la terre.
8. Le chat dit à l'ogre que c'est impossible.

B. *The Meanings of **faire***

Translate the following sentences after studying the uses of **faire** in the story.

1. Le chat faisait le mort pour attraper les souris.
2. On a fait monter le chat à l'appartement du roi.

3. L'ogre a fait monter le chat sur le toit quand il est devenu un lion.
4. Le marquis a fait plaisir au roi.
5. Le chat a donné les perdrix au roi comme il avait fait avec le lapin.
6. Le roi a fait donner un présent au chat.
7. La fortune de son maître était faite.
8. L'ogre a fait préparer un repas.
9. Le marquis a fait de grandes révérences.
10. Le roi lui faisait beaucoup d'honneur.
11. Le roi lui a fait mille compliments.
12. Le chat a fait dire aux paysans que les champs appartenaient au marquis de Carabas.
13. Sa menace a fait peur aux paysans.
14. Le chat a entendu le carrosse qui faisait du bruit.

STRUCTURES

A. *The Construction **n'avoir qu'à***

The construction **n'avoir qu'à** is followed by the infinitive.

> Vous **n'avez qu'à me donner** des bottes.
> *All you have to do is give me boots.*

Rewrite the following sentences according to the example.

EXAMPLE: Donnez-moi un sac.
*Vous **n'avez qu'**à me donner un sac.*

Baignez-vous.
*Vous **n'avez qu'**à vous baigner.*

1. Laissez-moi faire.
2. Écoutez-moi.
3. Dites-moi pourquoi.
4. Changez-vous en une souris.
5. Cachez-vous.
6. Faites-moi des bottes.
7. Approchez-vous.
8. Suivez-moi.

B. *The Use of the Past Infinitive*

The past infinitive is formed with **avoir** or **être,** followed by the past participle.

Il a mangé. → **Après avoir mangé...**
Il est monté. → **Après être monté...**
Il s'est baigné. → **Après s'être baigné...**

Rewrite the following sentences changing the words in italics to past infinitives as in the example.

EXAMPLE: *Il a couru* devant. Il est arrivé au château.

*Après **avoir couru** devant, il est arrivé au château.*

1. *Il est descendu.* Il avoua qu'il avait eu peur.
2. *Il s'est transformé* en souris. Il a été mangé par le chat.
3. *Il a compris* le plan du chat. Il a consenti à se baigner dans la rivière.
4. *Il s'est informé* sur les talents de l'ogre. Il lui a rendu visite.
5. *Il a parlé* au roi. Il est revenu chez lui.
6. *Il s'est marié* avec la princesse. Le marquis est devenu extrêmement riche.

C. *The Use of* **de** *after a Superlative Construction*

The preposition **de** is used after a superlative construction, even if the reference group describes a place. *Note:* In this construction, **du** is translated *in.*

C'est la plus belle princesse **du** monde.
*She is the most beautiful princess **in** the world.*

Rewrite the following sentences according to the example, then translate them.

EXAMPLE: La belle princesse **dans** le royaume.

*La plus belle princesse **du** royaume.*

1. Le jeune fils dans le moulin.
2. Le chat intelligent dans le monde.

3. Le lapin innocent dans la forêt.
4. Les belles perdrix dans le pré.
5. Les beaux habits de l'appartement.
6. Les beaux champs de blé dans le pays.

D. *The Use of the Relative Pronouns* **ce qui** *and* **ce que**

Compare these sentences:

Ce qui montre l'intelligence du chat, c'est...
What shows the cat's intelligence is...

Ce que le chat montre, c'est...
What the cat shows is...

Ce qui is the subject of **montre,** whereas **ce que** is its object.

Complete the following sentences, using **ce qui** or **ce que** and make all necessary changes.

1. Le maître ne savait pas _____ le chat voulait faire.
2. Le chat n'a pas dit _____ il voulait faire.
3. _____ est certain, c'est que le chat a réussi.
4. L'ogre ne savait pas _____ lui arriverait.
5. Le marquis a fait _____ le chat lui conseillait.
6. Le marquis a fait _____ était naturel.
7. Les paysans ne comprenaient pas _____ se passait.
8. Les paysans ne savaient pas _____ le chat cachait.

COMMUNICATIVE ACTIVITY

Prepare one of the topics listed below to be discussed in class with two of your classmates. Once the topic has been thoroughly analyzed, your group should present a composite version of the discussion to the other members of the class. Be ready to quote lines from the text in support of the views expressed.

1. *Le Chat botté* a toutes les caractéristiques du conte de fée, mais il n'y a pas de leçon. Quelles sont ces caractéristiques? Pourquoi cette histoire continue-t-elle de charmer?
2. Donnez des exemples de l'intelligence que montre le chat en dupant d'abord le gibier animal (les souris et les rats, les lapins, les perdrix); puis en dupant le gibier humain (le roi et la princesse, les paysans, l'ogre). C'est vraiment lui, le maître.

REVIEW EXERCISE

Review the vocabulary and the grammar points covered in *Le Chat botté*. Then rewrite each sentence with the correct forms of the words in parentheses.

Le chat dit à son maître qu'il n'avait qu' _____ (*preposition*) lui donner des _____ (*noun*). Le lapin est entré dans le _____ (*noun*) pour manger _____ **(ce qui/ce que)** le chat y avait mis. Après _____ _____ (*past infinitive of* **tuer**) le lapin, le chat le porta au roi. La fille du roi était la plus belle princesse _____ (*preposition*) monde. Après _____ _____ (*past infinitive of* **s'approcher**) du carrosse, le chat fit une _____ (*noun*). La princesse tomba amoureuse du marquis, _____ **(ce qui/ce que)** n'est pas difficile à comprendre. L'ogre se changea _____ (*preposition*) lion, puis il se transforma _____ (*preposition*) souris. Le chat menaça les paysans de les _____ (*verb*) _____ (*preposition*) _____ (*adjective*) _____ (*noun*).

Pourquoi personne ne porte plus le caïman pour le mettre à l'eau

BLAISE CENDRARS

Bama le caïman[1] dit:

—J'ai faim!

Et il sortit de l'eau avec ses petits pour aller chercher quelque chose à manger.

Aussitôt l'eau se retira loin derrière eux.

Ils bâillaient[2] tous de faim sur la terre, la gueule[3] ouverte, le vieux Bama et ses petits caïmans.

Craque! croque! ils faisaient claquer leurs mâchoires.[4]

Un chasseur vint à passer.

Il dit:

—Bama, comment es-tu sorti de l'eau?

Le caïman dit:

—J'étais venu me promener, me promener avec mes petits, et voilà que l'eau a baissé[5] et s'est retirée loin derrière nous. Craque! croque! J'ai faim!

Le chasseur dit:

—Si tu n'étais un ingrat, j'irais te mettre à l'eau, toi et tes petits.

—Oh! oui, dit Bama, porte-nous vite dans l'eau, moi et mes petits.

Le chasseur fit une corde avec l'écorce fibreuse[6] d'un arbre et il lia[7] le caïman pour le porter sur sa tête. Il attacha aussi tous les petits par la queue[8] pour les porter plus facilement sur le bord du fleuve.[9]

Arrivé au bord de l'eau, le chasseur demanda:

—Bama, faut-il te déposer[10] ici?

Le caïman répondit:

—Avance un peu.

L'homme fit trois pas[11] dans l'eau, et dit:

—Bama, faut-il te déposer ici?

---

[1]**caïman** alligator. [2]**bâiller** to yawn. [3]**gueule** mouth. [4]**faisaient claquer leurs mâchoires** clicked their jaws. [5]**baisser** to go down. [6]**écorce fibreuse** fibrous bark. [7]**liar** (p.s. **lier**) to fasten. [8]**queue** tail. [9]**fleuve** (major) river. [10]**déposer** to set down. [11]**fit trois pas** (p.s. **faire**) took three steps.

Le caïman répondit:

—Avance encore un peu.

L'homme fit encore trois pas. Il avait déjà de l'eau jusqu'à mi-jambe.[12] Il dit:

—Caïman, Caïman, faut-il te déposer ici?

Bama dit:

—Avance encore un peu.

L'homme fit encore trois pas. Il avait de l'eau jusqu'à mi-cuisse.[13] Il se mit à crier:

—Caïman, Caïman, faut-il te déposer ici?

Bama dit:

—Oui, dépose-moi là.

Le chasseur le déposa dans l'eau, le délia,[14] lui et ses petits.

Aussitôt le caïman le saisit par le pied:

—Enfin, je te tiens, dit-il. Quel beau morceau! J'ai faim. C'est toi que je mangerai.

—Lâche-moi[15] donc! criait l'homme.

—Non, je ne te lâcherai pas, disait Bama. Je vais calmer ma faim.

—Lâche-moi donc! criait l'homme en se débattant.[16]

Mais Bama et ses petits le tenaient ferme.[17]

Alors le chasseur dit:

—Bama, je prétends[18] que tu es ingrat.

Et il se tint coi.[19] Il avait déjà de l'eau jusqu'au ventre.[20]

Le chasseur resta immobile et ne dit plus rien.

Un petit lièvre[21] vint à passer.

Il dit:

—Chasseur, pourquoi restes-tu planté là?

L'homme répondit:

—C'est Bama qui me tient.

Le petit lièvre demanda encore:

—Pourquoi le caïman t'a-t-il pris?

---

[12]**jusqu'à mi-jambe** half way up his leg. [13]**jusqu'à mi-cuisse** half way up his thigh. [14]**délia** (*p.s.* **délier**) unfastened. [15]**lâcher** to let go. [16]**se débattre** to struggle. [17]**tenaient ferme** (*imperf.* **tenir**) held, were holding fast. [18]**prétendre** to assert, to declare. [19]**se tint** (*p.s.* **tenir**) **coi** kept still. [20]**ventre** stomach, belly. [21]**lièvre** hare.

L'homme dit très vite, car il commençait à avoir peur:

—J'étais allé sur le bord du fleuve. L'eau avait baissé et s'était retirée bien loin. Le caïman et ses petits étaient à sec.[22] Ils étaient bien ennuyés.[23] Je leur ai dit:

«—N'était[24] votre ingratitude, je vous porterais tous pour vous déposer dans l'eau.

«Le vieux m'a dit de les porter. J'ai répondu:

«—Je ne vous porte pas, vous me mangeriez.

«Le vieux m'a dit:

«—Nous ne te mangerons pas.

«Alors je les ai pris et mis à l'eau, et le vieux m'a attrapé par le pied et les autres me tirent par les jambes. Et maintenant je leur crie:

«—Lâchez-moi! Mais lâchez-moi donc!

«Et ils me répondent:

«—Non, nous ne te lâcherons pas!»

—Tu trouves que c'est juste, toi?

Le petit lièvre dit:

—Tu as pu porter le gros caïman sur ta tête?

Le chasseur répondit:

—Oui, le gros.

—Avec tous ses petits?

—Avec tous ses petits.

—Tu as pu les porter jusqu'au fleuve?

—Je l'ai pu.

—Je n'en crois rien, dit le petit lièvre.

Et il demanda en criant:

—Bama, c'est vrai, ce qu'il dit?

Le caïman répondit:

—C'est la vérité.

Le petit lièvre dit à l'homme:

—Tu sais, je n'en crois rien, si tu ne les portes devant moi.

Et il cria au caïman:

—Bama, tu veux bien qu'il te porte encore une fois sur la tête?

---

[22]**étaient à sec** (*imperf.* **être**) were left dry. [23]**ils étaient bien ennuyés** they really did not know what to do. [24]**n'était** if it were not for.

Le caïman répondit:
—J'y consens bien volontiers.

Alors le chasseur lia le gros caïman avec sa corde pour le porter encore une fois sur sa tête, et il rassembla[25] aussi tous les petits pour les attacher par la queue et les porter ainsi plus facilement à l'endroit où il les avait rencontrés la première fois, bien loin, hors de[26] l'eau, loin de la rive.[27]

Arrivé là, il allait les délier pour les remettre à la même place, quand le petit lièvre lui dit:

—Tue-les, nigaud,[28] et mange-les!

L'homme tua Bama et tous les petits du caïman. Il emporta la chair[29] à la maison et raconta ce qui lui était arrivé.

Depuis, personne ne porte plus le caïman pour le mettre à l'eau.

C'est un ingrat.

EXERCISES

READING COMPREHENSION

Rewrite the following statements when necessary to make them agree with the facts as presented in the story.

1. Les caïmans faisaient claquer leurs mâchoires parce qu'ils voulaient se promener.
2. Ils bâillaient parce qu'ils voulaient dormir.
3. Le chasseur a porté les caïmans au fleuve l'un après l'autre.
4. Bama voulait que le chasseur avance dans l'eau pour l'attraper par le pied.
5. Le lièvre a demandé au chasseur de recommencer l'opération pour l'aider.
6. Le caïman a été puni de sa gratitude.

---

[25]**rassembla** (*p.s.* **rassembler**) gathered. [26]**hors de** out of. [27]**rive** bank. [28]**nigaud** idiot. [29]**chair** flesh, meat.

VOCABULARY STUDY

Write sentences of your own with each of the following words and phrases.

la jambe
être dans l'eau à mi-jambe
la cuisse
le pied
la tête
la mâchoire
faire claquer les mâchoires
avoir faim
bâiller de faim
la chair
la queue
le lièvre

STRUCTURE

The Position of Direct Object Pronouns in the Imperative

In the affirmative, the direct object pronoun **le, la,** or **les** follows the imperative; in the negative, the pronoun precedes the verb.

Tue-**les.**
Ne **les** tue pas.

(Note the hyphen between the verb and the pronoun in the affirmative.)

Rewrite the following sentences according to the example.

EXAMPLE: Il lui dit de manger les caïmans.
Mange-les.

Il lui dit de ne pas déposer les caïmans.
Ne les dépose pas.

1. Il lui dit d'emporter la chair.
2. Il lui dit d'attacher les petits.
3. Il leur dit de ne pas lâcher le chasseur.
4. Il lui dit de lâcher la jambe.
5. Il lui dit de ne pas porter le gros Bama.
6. Il lui dit de fermer la gueule.
7. Il lui dit de ne pas lier la queue.
8. Il leur dit de ne pas claquer les mâchoires.

La Belle au bois dormant

CHARLES PERRAULT

1

Il y avait une fois un roi et une reine qui attendirent longtemps avant d'avoir un enfant. Enfin la reine devint grosse[1] et eut une fille. On fit un beau baptême[2] et on donna pour marraines[3] à la petite princesse toutes les sept fées qu'on trouva dans le pays. Si chacune d'elles lui faisait un don, elle aurait alors toutes les perfections imaginables. Après les cérémonies du baptême toute la compagnie revint au palais du roi, où il y avait un grand festin[4] pour les fées. On mit devant chacune d'elles un couvert magnifique où il y avait une cuillère,[5] une fourchette[6] et un couteau,[7] tous en or et garnis[8] de diamants et de rubis. Mais comme chacun prenait sa place à table, on vit entrer une vieille fée qu'on n'avait pas invitée parce qu'on la croyait morte depuis longtemps. Le roi lui fit donner un couvert, mais il n'était pas en or, comme celui des autres, parce qu'on n'en avait fait que sept. La vieille croyant qu'on la méprisait[9] grommela quelques menaces[10] entre ses dents. Une des jeunes fées l'entendit et, craignant qu'elle pourrait donner un mauvais don à la petite princesse, alla se cacher derrière une tapisserie,[11] afin de parler la dernière, et de pouvoir réparer autant que possible le mal causé par la vieille. Cependant les fées commencèrent à faire leurs dons à la princesse. La plus jeune lui donna pour don qu'elle serait la plus belle personne du monde, celle d'après qu'elle aurait beaucoup d'intelligence, la troisième qu'elle aurait une grâce admirable dans tout ce qu'elle ferait, la quatrième qu'elle danserait parfaitement bien, la cinquième qu'elle chanterait comme un rossignol, et la sixième qu'elle jouerait de toutes sortes d'instruments à la perfection. Le tour de la vieille fée étant venu, elle dit que la princesse se percerait[12] la main d'un fuseau[13] et qu'elle en mourrait. Ce terrible don fit pleurer toute la compagnie. À ce moment la jeune fée sortit de derrière la tapisserie et dit tout haut ces paroles:

---

[1]**grosse** pregnant. [2]**baptême** baptism. [3]**marraine** godmother. [4]**festin** feast. [5]**cuillère** spoon. [6]**fourchette** fork. [7]**couteau** knife. [8]**garni** garnished, decorated. [9]**mépriser** to despise. [10] **grommela quelques menaces** (p.s. **grommeler**) made some threats grumbling. [11]**tapisserie** tapestry. [12]**se percer** to pierce. [13]**fuseau** spindle (tool used in making thread).

«Rassurez-vous, roi et reine, votre fille n'en mourra pas; il est vrai je n'ai pas assez de pouvoir pour réparer complètement ce que mon ancienne a fait. La princesse se percera la main d'un fuseau; mais au lieu d'en mourir, elle tombera seulement dans un profond sommeil qui durera cent ans, et après le fils d'un roi viendra la réveiller.»

Le roi, pour essayer d'éviter[14] le malheur annoncé par la vieille, fit aussitôt défendre[15] dans tout le pays de filer[16] au fuseau, sous peine de mort. Au bout de quinze ou seize ans, le roi et la reine étant allés à une de leurs maisons de campagne, il arriva que la princesse, courant un jour dans le château et montant de chambre en chambre, alla jusqu'au haut[17] d'une tour où elle vit une bonne vieille femme qui était en train de filer. Cette bonne femme n'avait pas entendu parler de l'interdiction que le roi avait faite de filer.

«Que faites-vous là, ma bonne femme? dit la princesse.

—Je file, ma belle enfant, lui répondit la vieille qui ne la connaissait pas.

—Ah! que cela est joli, continua la princesse, comment faites-vous? Laissez-moi essayer.»

Elle avait à peine[18] pris le fuseau qu'elle s'en perça la main, et tomba évanouie.[19] La bonne femme, bien embarrassée,[20] crie au secours: on vient de tous côtés, on jette de l'eau au visage de la princesse, on lui frappe dans les mains; mais rien ne la faisait revenir. Alors le roi, qui était monté au bruit, se souvint de la prédiction des fées, et voyant bien que cela devait arriver, puisque les fées l'avaient dit, fit mettre la princesse dans la plus belle chambre du palais. Elle était belle comme un ange. Son visage avait gardé toutes ses couleurs; elle avait seulement les yeux fermés, mais on l'entendait respirer[21] doucement, ce qui montrait qu'elle n'était pas morte. Le roi ordonna qu'on la laisse dormir en repos[22] jusqu'à ce que son heure de se réveiller soit venue. La bonne fée qui lui avait sauvé la vie en la condamnant à dormir cent ans était dans un autre royaume quand l'accident arriva à la princesse; mais elle partit aussitôt en l'apprenant, et

[14]**éviter** to avoid. [15]**défendre** to forbid. [16]**filer** to spin. [17]**haut** top. [18]**à peine** hardly. [19]**évanoui** unconscious. [20]**bien embarrassé** not knowing what to do. [21]**respirer** to breathe. [22]**en repos** in peace.

on la vit arriver au bout d'une heure dans un chariot de feu traîné[23] par des dragons. Le roi alla lui présenter la main à la descente[24] du chariot. Elle approuva tout ce qu'il avait fait mais, pensant que la princesse n'aimerait pas être seule en se réveillant, elle toucha de sa baguette tout ce qui était dans ce château (sauf le roi et la reine): filles d'honneur, femmes de chambre, gentilshommes, officiers, cuisiniers, gardes, pages; elle toucha aussi tous les chevaux qui étaient dans les écuries, les gros chiens, et la petite Pouffe, petite chienne de la princesse, qui était auprès d'elle sur son lit.

Ils s'endormirent tous, pour ne se réveiller qu'en même temps que leur maîtresse, afin de pouvoir la servir quand elle en aurait besoin; les broches[25] même qui étaient au feu toutes pleines de perdrix s'endormirent, et le feu aussi. Alors le roi et la reine embrassèrent leur chère enfant et sortirent du château. Aussitôt après leur départ, une grande quantité d'arbres, grands et petits, poussa[26] autour du parc, de sorte qu'on ne voyait plus que le haut des tours. Le château était devenu impénétrable.

EXERCISES

1

READING COMPREHENSION

Rewrite the following statements when necessary to make them agree with the facts as presented in the story.

1. Les huit fées pouvaient donner à la princesse toutes les perfections imaginables.
2. La plus jeune des fées s'est cachée pour pouvoir parler avant les autres.
3. La vieille fée a dit que la princesse mourrait en jouant avec sa chienne Pouffe.
4. La jeune fée a condamné la princesse à dormir pendant cent ans.

---

[23]**traîné** pulled. [24]**à la descente** when she stepped out. [25]**broche** spit. [26]**poussa** (*p.s.* **pousser**) grew.

5. Les fuseaux étaient défendus dans le royaume mais la vieille femme ne le savait pas.
6. Quand la princesse est tombée évanouie, on n'a rien fait pour elle parce que ça devait arriver.
7. La jeune fée a touché tout le monde de sa baguette pour qu'ils s'endorment, sauf Pouffe.
8. Le palais est devenu impénétrable à cause d'une forêt épaisse.

VOCABULARY STUDY

Write sentences of your own with each of the following words and phrases.

prendre place à table	le cuisinier
le couvert	la fille d'honneur
une cuillère	la femme de chambre
une fourchette	chanter comme un rossignol
un couteau	

Select the word or expression in *Column B* opposite in meaning to each term in *Column A*.

A	B
s'endormir	petit
partir	vieux
tomber évanoui	entrer
jeune	revenir à soi
la vie	arriver
gros	se réveiller
sortir	la mort

STRUCTURES

A. *The Uses of* ***on***

On is an indefinite pronoun that has several English equivalents: *one, people, you, they,* and the passive voice.

> **On** fit un beau baptême.
> *A beautiful baptism was held.*
> *(They held a beautiful baptism.)*

Translate the following sentences using *they* or the passive voice.

1. On trouva sept fées dans le pays.
2. Après le baptême, on revint au palais.
3. On mit un couvert devant chacune des fées.
4. On vit entrer une vieille fée.
5. On ne l'avait pas invitée.
6. On la croyait morte.
7. On lui donna un couvert ordinaire.
8. On avait fait seulement sept couverts en or.
9. Elle croyait qu'on la méprisait.
10. On la craignait.

B. *The Use of the Imperfect after* ***si***

Si is followed by the imperfect in conditional sentences.

Si chaque fée **donnait** un don, la princesse **aurait** toutes les perfections.
If each fairy gave a gift, the princess would have all perfections.

Rewrite the following sentences in the conditional according to the example.

EXAMPLE: Si chaque fée **fait** un don, la princesse **sera** parfaite.
Si chaque fée ***faisait*** *un don, la princesse* ***serait*** *parfaite.*

1. Si la princesse a une belle voix, elle chantera comme un rossignol.
2. Si la princesse prend un fuseau, elle se percera la main.
3. Si la princesse se perce la main, elle s'endormira.
4. Si tout le monde s'endort en même temps, on se réveillera en meme temps.
5. Si tous les pages se réveillent, ils pourront servir la princesse.

C. *Reflexive Verbs in English and in French*

Simple English verbs correspond to many French reflexive verbs.

Il s'approcha du lit.
He got near the bed.

Translate the following sentences.

1. La fée se cacha derrière la tapisserie.
2. La princesse se perça la main.
3. Le roi se souvint de la prédiction.
4. La princesse s'endormit.
5. Elle se réveillera au bout de cent ans.

D. *The Progressive Construction* ***être en train de***

Être en train de + *infinitive* describes an action in progress.

Elle était **en train de filer.**
She was spinning. (She was in the process of spinning.)

Rewrite the following sentences, using the progressive construction. Then translate the sentences.

1. Elle travaillait.
2. On mangeait.
3. Toute la compagnie revenait.
4. Les fées faisaient leurs dons.
5. La fée se cachait.
6. La princesse ne mourait pas.
7. La princesse courait dans le château.
8. On mettait la princesse sur un lit.

E. *The Use of the Subjunctive with* ***ordonner*** *and* ***commander***

Rewrite the following sentences using the verb in parentheses.

1. Le roi ordonna qu'on la ______ (mettre) sur un lit.
2. Le roi commanda qu'on ______ (faire) des couverts en or.
3. La vieille fée ordonna que la princesse ______ (mourir).
4. La jeune fée commanda que personne ne ______ (prendre) un fuseau.
5. La fée ordonna que personne ne ______ (sortir) du château.
6. Elle ordonna que les femmes d'honneur ______ (s'endormir).

F. *The Use of the Preposition* ***de***

Study the various meanings of **de** and then translate the following phrases.

1. la peine de mort
2. se percer la main d'un fuseau
3. mourir de s'être percé la main
4. mourir de faim
5. garni de diamants
6. jouer d'un instrument de musique
7. sortir de derrière la tapisserie
8. toucher les officiers de sa baguette
9. avoir besoin d'être servi
10. venir de tous côtés

2

Au bout de cent ans, le fils du roi qui régnait alors, et qui était d'une autre famille que la princesse endormie, étant allé à la chasse de ce côté-là, demanda ce que c'était que ces tours qu'il voyait au-dessus d'un grand bois. Les uns répondirent que c'était un vieux château habité par des sorciers;[27] d'autres disaient qu'un ogre y emportait tous les enfants qu'il pouvait attraper pour pouvoir les manger plus facilement: personne ne pouvait le suivre dans ce château dont lui seul connaissait le passage. Le prince ne savait pas quoi penser de ces réponses quand un vieux paysan lui dit:

«Mon Prince, il y a plus de cinquante ans j'ai entendu dire qu'il y avait dans ce château une princesse, la plus belle du monde; qu'elle devait y dormir cent ans, et qu'elle serait réveillée par le fils d'un roi, à qui elle était réservée.»

Le jeune prince crut tout de suite que c'était lui que la princesse attendait et partit en direction du château, poussé[28] par l'amour et la gloire. Les grands arbres et les épais buissons s'écartèrent[29] pour le laisser passer: il marcha vers le palais qu'il voyait au bout d'une grande avenue où il entra, et à sa

[27] **sorcier (sorcière)** sorcerer (witch). [28] **poussé** driven. [29] **s'écartèrent** (p.s. **s'écarter**) bent back.

surprise il vit que personne n'avait pu le suivre, parce que les arbres s'étaient refermés[30] après son passage. Il continua son chemin et entra dans une grande cour pleine de corps d'hommes et d'animaux qui paraissaient morts. Il monte l'escalier, traverse plusieurs salles pleines de gentilshommes et de dames dormant tous, les uns debout, les autres assis; il entre dans une chambre où il vit sur un lit le plus beau spectacle du monde: une princesse qui paraissait avoir quinze ou seize ans, et dont le visage avait quelque chose de lumineux et de divin. Il s'approcha en tremblant et en admirant, et se mit à genoux auprès d'elle. Alors comme la fin de l'enchantement était venue, la princesse se réveilla; et le regardant avec des yeux tendres:

«Est-ce vous mon prince? lui dit-elle, vous vous êtes bien fait attendre.»[31]

Le prince, charmé par ces paroles, ne savait comment lui montrer son amour et sa reconnaissance;[32] il l'assura qu'il l'aimait plus que lui-même. Après quatre heures de conversation, ils ne s'étaient pas encore dit la moitié[33] de ce qu'ils avaient à se dire.

Pendant ce temps, tout le palais s'était réveillé, et comme ils n'étaient pas tous amoureux, ils mouraient de faim. La dame d'honneur, impatiente de manger, annonça à la princesse que le repas était servi. Le prince aida la princesse à se lever; elle était habillée magnifiquement, mais il ne lui dit pas qu'elle était habillée comme une grand-mère. Les violons et les hautbois[34] jouèrent des pièces excellentes, vieilles de cent ans. Après le souper, ils furent mariés dans la chapelle du château.

Le lendemain, le prince quitta la princesse pour retourner à la ville où l'attendait son père. Le prince lui dit qu'en chassant il s'était perdu dans la forêt. Le roi le crut mais pas la reine. Voyant qu'il allait presque tous les jours à la chasse, et qu'il avait toujours de bonnes excuses pour expliquer son absence de deux ou trois nuits dehors, elle ne douta plus qu'il allait voir une femme. Il vécut avec la princesse plus de deux ans et eut deux enfants d'elle, dont le premier, qui fut une fille, fut nommée l'Aurore,[35]

---

[30]**se refermer** to close up again. [31]**vous vous êtes bien fait attendre** you've been so long in coming. [32]**reconnaissance** gratitude. [33]**moitié** half. [34]**hautbois** oboe. [35]**Aurore** Dawn.

et le second un fils, qu'on nomma le Jour, parce qu'il paraissait encore plus beau que sa sœur. La reine voulait que son fils lui avoue son secret mais il n'osa pas, car il la craignait. Elle était de race ogresse, et on disait même à la cour qu'en voyant passer de petits enfants elle avait beaucoup de mal[36] à ne pas se jeter sur eux; et donc le prince ne voulut jamais rien dire. Mais quand le roi mourut deux ans plus tard, et qu'il devint le maître, il déclara publiquement son mariage, et alla en grande cérémonie chercher la reine sa femme dans son château. Elle fit son entrée[37] dans la capitale au milieu de ses deux enfants.

3

Quelque temps après, le roi alla faire la guerre à l'empereur Cantalabutte son voisin,[38] laissant la régence du royaume à la reine sa mère. Dès qu'il fut parti, la reine-mère envoya la jeune reine et ses enfants dans une maison de campagne dans les bois, pour pouvoir plus facilement satisfaire son horrible désir. Elle y alla quelques jours après, et dit un soir à son maître d'hôtel:[39]

«Je veux manger demain à mon dîner la petite Aurore.

—Ah! Madame, dit le maître d'hôtel.

—Je le veux, dit la reine (et elle le dit d'un ton d'ogresse qui a envie de manger de la chair fraîche), et je veux la manger avec une bonne sauce.»

Le pauvre homme prit son grand couteau et monta à la chambre de la petite Aurore: elle avait alors quatre ans et elle vint en riant se jeter à son cou pour l'embrasser. Il se mit à pleurer, le couteau lui tomba des mains, et il alla couper la gorge[40] d'un petit agneau.[41] Puis il le servit à la reine-mère avec une si bonne sauce qu'elle l'assura qu'elle n'avait jamais rien mangé de si bon. Il avait emporté en même temps la petite Aurore, et l'avait donnée à sa femme pour la cacher dans un logement[42] qu'elle avait au fond de la cour.[43] Une semaine après la méchante reine dit à son maître d'hôtel:

---

[36] **avait du mal** (*imperf.* **avoir**) found it hard. [37] **entrée** entrance. [38] **voisin** neighbor. [39] **maître d'hôtel** butler. [40] **gorge** throat. [41] **agneau** lamb. [42] **logement** apartment. [43] **au fond de la cour** in the back of the yard.

«Je veux manger à mon souper le petit Jour.»

Il ne dit rien, alla chercher le petit Jour et le porta à sa femme qui le cacha avec la petite Aurore. Il servit un autre animal tendre à l'ogresse, qu'elle trouva admirablement bon.

Tout était bien allé jusqu'à ce moment mais un soir cette méchante reine dit au maître d'hôtel:

«Je veux manger la reine à la même sauce que ses enfants.»

Comment allait-il faire? La peau de la reine était un peu dure après les cent vingt ans et il ne pouvait pas la remplacer[44] par un animal aussi dur. Pour sauver sa vie, il décida de couper la gorge à la reine. Il monta dans sa chambre, le couteau à la main, et lui dit avec beaucoup de respect l'ordre qu'il avait reçu de la reine-mère.

«Faites votre devoir,[45] lui dit-elle; exécutez l'ordre qu'on vous a donné; j'irai revoir mes enfants, mes pauvres enfants que j'ai tant aimés»; car elle les croyait morts depuis qu'on les avait enlevés[46] sans rien lui dire.

—Non, non, Madame, lui répondit le pauvre maître d'hotel, vous ne mourrez pas, et vous reverrez vos chers enfants chez moi où je les ai cachés, et je tromperai[47] encore une fois la reine en lui faisant manger un animal à votre place.»

Il la mena aussitôt à sa chambre où elle put les embrasser, pendant qu'il alla préparer une viande que la reine mangea avec appétit. Elle était bien contente de sa cruauté, et elle se préparait à dire au roi, à son retour, que les loups avaient mangé sa femme et ses deux enfants.

Un soir qu'elle se promenait dans toutes les cours du château pour y sentir l'odeur de la chair fraîche, elle entendit dans une chambre le petit Jour qui pleurait, et la voix de la reine et celle d'Aurore. Furieuse d'avoir été trompée, l'ogresse commanda dès le lendemain matin, avec une voix qui faisait trembler tout le monde, qu'on apporte au milieu de la cour une grande cuve,[48] qu'elle fit remplir de serpents, pour y faire jeter la reine et ses enfants, le maître d'hôtel et sa femme. On se préparait à les jeter dans la cuve quand le roi, qu'on n'attendait pas si tôt,[49] entra dans la cour à cheval, et demanda ce que voulait

[44]**remplacer** to replace. [45]**Faites votre devoir** (*imp.* **faire**) do your duty. [46]**enlever** to take away. [47]**tromper** to fool, deceive. [48]**cuve** tub. [49]**tôt** early.

dire cet horrible spectacle; personne n'osait lui expliquer, quand l'ogresse, enragée de voir ce qu'elle voyait, se jeta elle-même dans la cuve, et fut dévorée aussitôt par les bêtes. Le roi avait perdu sa mère mais il s'en consola bientôt avec sa belle femme et ses enfants.

EXERCISES

2–3

READING COMPREHENSION

Select the phrase that best completes each statement according to the story.

1. On disait qu'un ogre habitait dans le château parce qu'il
   a. ne voulait pas qu'on s'approche de la princesse.
   b. savait qu'on ne pouvait pas le suivre dans la forêt.
   c. pouvait attraper facilement des enfants au château.
   d. apportait des enfants à des sorciers.
2. Quand le prince s'est approché du chateau,
   a. les arbres se sont refermés après son passage.
   b. les arbres se sont écartés après son passage.
   c. les arbres ne l'ont pas laissé passer.
   d. un ogre l'a mangé.
3. Les gens que le prince a vus en entrant dans le château paraissaient sans vie. En réalité,
   a. ils faisaient le mort pour le tromper.
   b. ils étaient en train de se réveiller.
   c. ils ne voulaient pas obéir au roi.
   d. ils dormaient simplement.
4. La princesse était habillée comme une grand-mère
   a. parce que c'était son mariage.
   b. parce que le prince le lui avait demandé.
   c. parce que les robes avaient changé après cent ans.
   d. parce qu'elle n'avait pas d'autre robe.
5. Le prince n'a pas dit à sa mère qu'il était marié. Pourquoi?
   a. Il craignait pour ses enfants.
   b. Il ne la craignait pas.

c. Il n'avait pas de secret à avouer.
d. Elle n'aimait pas les enfants.

6. Le maître d'hôtel a caché les enfants parce qu'il craignait
   a. leur mère.
   b. leur grand-mère.
   c. sa femme.
   d. l'empereur.
7. Le maître d'hôtel a décidé de tuer la reine parce qu'
   a. elle avait la peau tendre.
   b. elle avait la peau dure.
   c. il voulait sauver ses enfants.
   d. il voulait sauver sa vie.
8. La reine-mère a compris qu'on l'avait trompée
   a. en sentant de la chair fraîche dans la cour.
   b. en mangeant l'animal préparé par le cuisinier.
   c. en entendant parler les enfants et leur mère cachés.
   d. en entendant le maître d'hôtel parler aux enfants et à la mère.
9. La reine-mère s'est jetée dans la cuve
   a. parce qu'elle aimait les serpents.
   b. parce que personne n'osait lui obéir.
   c. parce qu'elle a pu revoir son fils avant de s'y jeter.
   d. parce qu'elle savait qu'elle devait être punie.

VOCABULARY STUDY

Study the following prepositions and prepositional phrases then select the appropriate terms from the list to complete the sentences below. (One of the terms is used twice.)

au bout	au fond
le lendemain	chez
aussitôt	tôt
au milieu	depuis
dès que	demain

La princesse dormait _____ longtemps, mais _____ de cent ans elle se réveilla. Le prince et la princesse furent mariés _____. Un jour, le roi alla faire la guerre et _____ il fut parti, la reine-mère dit:

«Je veux manger le petit Jour, pas aujourd'hui mais_____.»

Alors le _____ le maître d'hôtel lui servit un animal. Il cacha le petit Jour _____ lui. Son logement était _____ de la cour.

Heureusement, le roi revint plus _____ qu'on ne pensait. À sa surprise, il vit une cuve avec des serpents _____ de la cour. En le voyant revenu, la reine-mère se jeta _____ dans la cuve.

Study the following words and phrases. Then, using the appropriate forms, select the correct expressions from the following list to complete the sentences below.

craindre	oser
avouer	[avoir] du mal à
aller chercher	[avoir] envie
à genoux	se perdre
faire son devoir	[aller] à la chasse

1. En voyant la princesse endormie, le prince se mit _____
2. La princesse était magnifiquement habillée et le prince n'_____ (*use imperfect*) pas lui dire qu'elle était habillée comme une grand-mère.
3. Le prince ne voulait pas _____ son secret à sa mère.
4. Il _____ (*use imperfect*) sa mère.
5. Il allait souvent _____, expliquait-il, mais en réalité, il allait voir la princesse.
6. Pour expliquer son absence de trois jours, il dit à son père qu'il s'était _____ (*use past participle*) dans la forêt.
7. Quand le prince devint roi, il alla _____ sa femme et ses enfants.
8. En voyant passer les enfants, la reine-mère avait _____ à ne pas satisfaire son désir.
9. Après la petite Aurore, elle dit à son maître d'hôtel qu'elle avait _____ de manger son frère.
10. «Si on veut _____, il faut exécuter les ordres,» dit la reine au maître d'hôtel.

STRUCTURES

A. *The Reflexive and the Reciprocal Construction*

Verbs preceded by **se** in the infinitive are either reflexive:

> Elle **se jeta** dans la cuve.
> *She threw herself into the tub.*

or reciprocal:

> Ils **s'aiment.**
> *They love each other.*

Translate the following sentences.

1. Nous ne devons pas nous faire la guerre.
2. Vous vous aimez tous les deux.
3. Les enfants se sont cachés dans la chambre.
4. Le roi et la reine se sont revus après quelque temps.
5. Vous croyez-vous capables de manger un enfant?
6. Les enfants se sont jetés au cou de leur père.
7. Ils se sont embrassés.
8. Même les princesses peuvent se couper à la main.
9. Nous ne nous habillons pas comme des grand-mères.
10. Le prince et la princesse se sont dit beaucoup de choses.

B. *The Uses of* ***devoir***

Devoir is used to express

1. an obligation

   La princesse **devait dormir.**
   The princess had to (was obliged to) sleep.

2. an expected action

   La princesse **devait se réveiller** au bout de cent ans.
   The princess was supposed to wake up after a hundred years.

3. a strong likelihood

   La princesse **devait être contente** de voir le prince.
   The princess must have been happy to see the prince.

Translate the following sentences.

1. La fée devait bientôt arriver.
2. Les filles d'honneur devaient servir leur maîtresse.
3. Le château devait être habité par un ogre.
4. Les pages devaient obéir aux gentilshommes.
5. Après cent ans, le château devait se réveiller.
6. Tout le monde devait mourir de faim.
7. Les enfants devaient être préparés avec une sauce.
8. Le jour où le maître d'hôtel devait servir la reine, il servit un animal.
9. Le roi ne devait pas revenir de la guerre si tôt.
10. La reine-mère devait être furieuse de le revoir.

C. *The Formation of the* **passé simple**

In order to study pattern recognition, give the appropriate past participle for the following verbs in the **passé simple.**

1. mangea
2. continua
3. traversa
4. mit
5. prit
6. sortit
7. partit
8. endormit
9. servit
10. sentit
11. dit
12. perdit
13. entendit
14. attendit
15. crut
16. vécut
17. voulut
18. put
19. connut
20. dut
21. eut
22. revint
23. fit
24. fut
25. mourut

D. *The Use of* ***entendre dire que*** *and* ***entendre parler de***

Entendre dire que means *to hear that:*

J'**ai entendu dire qu**'il y avait un ogre.
I heard that there was an ogre.

Entendre parler de means *to hear about someone or something:*

J'**ai entendu parler d'**un ogre.
I heard about an ogre.

Rewrite the following sentences, using **entendre dire que** or **entendre parler de,** and make all necessary changes.

1. J'ai entendu _____ le sorcier mangeait des enfants.
2. J'ai entendu _____ un sorcier qui mangeait des enfants.
3. Il a entendu _____ une princesse l'attendait.
4. Il a entendu _____ un château plein d'ogres.
5. La vieille femme n'avait pas entendu _____ l'interdiction.
6. On a entendu _____ la reine était une ogresse.

WRITING PRACTICE

Write a paragraph about one of the two topics listed below.

1. Vous avez sept marraines qui sont fées. Quels sont les sept dons que vous aimeriez recevoir?
2. Imaginez la conversation entre le prince et la princesse à la fin de l'enchantement.

COMMUNICATIVE ACTIVITY

Prepare one of the questions listed below to be discussed in class with two of your classmates. Once the topic has been thoroughly analyzed, your group should present a composite version of the discussion to the other members of the class.

1. Les personnages sont ou bons ou méchants. Quels sont les bons et quels sont les méchants?
2. Quelles sont les actions qui sont ordinaires et quelles sont celles qui sont magiques?
3. L'atmosphère est irréelle. Qui sont les personnages? Où et quand se passe l'histoire?
4. Certains détails sont réalistes: ce qu'on fait quand la princesse se perce la main; l'attitude du prince envers sa mère ogresse; la réaction du maître d'hôtel; l'amour du prince et de la princesse. Quels sont ces détails?
5. Cette version de *La Belle au bois dormant* n'est pas la même que celle de *Sleeping Beauty*. Quelles sont les resemblances et les différences?

REVIEW EXERCISE

Review the vocabulary and the grammar points covered in *La Belle au bois dormant*. Then rewrite each sentence with the correct form of the words in parentheses.

Au baptême de la princesse, les sept fées _____ (*translation of "were to"*) faire des dons. Si chacune en faisait un, la princesse _____ (*appropriate form of* **avoir**) toutes les perfections du monde. Une des fées dit qu'elle jouerait _____ (*preposition*) toutes sortes d'instruments. La septième fée annonça qu'elle se percerait la main _____ (*preposition*) un fuseau et qu'elle en _____ (*appropriate form of* **mourir**). Pour cette raison, le roi ordonna que personne ne _____ (*appropriate form of* **mettre**) de fuseau entre les mains de sa fille sous peine _____ (*preposition*) mort. Un jour, la princesse trouva une vieille femme qui _____ (*appropriate form of* **être en train de** + **filer**). Elle n'avait pas _____ (**entendu dire/entendu parler**) de l'interdiction. La princesse s'endormit puisque ça _____ (*translation of* "*had to*") arriver. Au bout _____ (*preposition*) cent ans, un jeune prince demanda _____ (*relative pronoun*) étaient les grandes tours du château où elle dormait. Un vieux paysan lui dit qu'il avait _____ (**entendu dire/entendu parler**) qu'il y avait une princesse qui _____ (*translation of* "*was to*") être réveillée par un prince au bout de cent ans. La belle _____ (*appropriate form of* **être en train de** + **dormir**) quand le prince se mit à genoux. Comme elle _____ (*translation of* "*must have been*") heureuse en le voyant! Alors il l'aida à _____ (*translation of* "get *up*"). Mais, le prince la quitta et retourna chez ses parents _____ (**demain/le lendemain**).

Vocabulary

To facilitate very early reading, this vocabulary includes all irregular verb forms and nearly identical cognates. Identical cognates have been excluded. Idioms are listed under the key words.

Abbreviations

adj.	adjective	*m.*	masculine
adv.	adverb	*n.*	noun
art.	article	*p.p.*	past participle
cond.	conditional	*p.c.*	**passé composé**
conj.	conjunction	*p.s.*	**passé simple**
f.	feminine	*pl.*	plural
fut.	future	*prep.*	preposition
imperf.	imperfect	*pres. ind.*	present indicative
imperf. subj.	imperfect subjunctive	*pres. part.*	present participle
imper.	imperative	*pres. subj.*	present subjunctive
inf.	infinitive	*pron.*	pronoun
inter.	interrogative	*rel. pron.*	relative pronoun
inv.	invariable	*sing.*	singular

a *pres. ind.* **avoir**
à to, at, on, with, in, into, by, of, for, from
abaisser to lower; **s'abaisser** to be lowered, decrease
abbé *m.* priest, abbé
abord: d'abord (at) first
aboyer to bark
abri *m.* shelter
absolument absolutely, entirely
accomplir to accomplish; **s'accomplir** to be accomplished
accorder to grant, allow, accord
accourir (*for forms, see* **courir**) to come running
accoutumer: s'accoutumer to get accustomed
accueillir to greet, welcome, receive
accumulateur *m.* battery
acheter to buy; **acheter à** to buy from
actionner to drive, run, set in motion (machinery)
adieu *m.* good-bye; **faire ses adieux** say good-bye
adroit(e) clever
aérien, aérienne aerial, air-____

affaire *f.* affair; *pl.* dealings, business; **raconter son affaire** to tell one's story
affirmer to swear to, assert
âgé(e) aged, old; **âgé de cent ans** a hundred years old
agent *m.* agent; **agent de police** policeman
agir to act; **il s'agit de** *(impersonal)* it is about, concerns
agneau *m.* lamb
agréable pleasant, agreeable
ai, as, a *pres. ind.* **avoir**
aie, ait *pres. subj.* **avoir**
aigu, aiguë sharp, keen, piercing
aiguille *f.* needle
aile *f.* wing
aille *pres. subj.* **aller**
ailleurs elsewhere; **d'ailleurs** besides
aimer to like, love; **aimer mieux** to prefer, like better
aîné *m.*, **aînée** *f.* elder; eldest brother (sister)
ainsi thus, so, consequently
air *m.* air, look, appearance; **avoir l'air** to seem, look like, resemble
ajouter to add
allée *f.* garden path, walk
allemand German
aller (*pres. part.* **allant;** *p.p.* **allé;** *pres. ind.* **vais, vas, va, allons, allez, vont;** *pres. subj.* **aille, allions, aillent;** *imperf.* **allais;** *imper.* **va, allez, allons;** *fut.* **irai;** *p.c. with auxiliary* **être**) to go, get along (in health); **aller au-devant de** to go to meet; **aller chercher** to fetch, go for (get); **allons!** come now! well! nonsense!; **allons bon!** all right; **allons donc!** come now; **allons-y** let's go; **s'en aller** to go away, leave; **aller** + *inf.* to be about to + *inf.*
allumer to light
alors so, then, at that time
alors que while
amant *m.*, **amante** *f.* lover (in sexual relationship)
âme *f.* soul
amener to bring
Amérique *f.* America
ami *m.*, **amie** *f.* friend; **douce amie** sweetheart
amitié *f.* friendship
amour *m.* love
amoureux, amoureuse in love; *n.m.* and *f.* lover, sweetheart; **devenir (tomber) amoureux de** fall in love with
an *m.* year
ancien, ancienne old, former
âne *m.* donkey
anglais English
année *f.* year
annonce *f.* announcement
annuaire *m.* directory
anxieux, anxieuse uneasy, anxious
août *m.* August
apercevait *imperf.* **apercevoir**
apercevoir (*pres. part.* **apercevant;** *p.p.* **aperçu;** *pres. ind.* **aperçois, aperçoit, apercevons, apercevez, aperçoivent;** *pres. subj.* **aperçoive, apercevions, aperçoivent;** *imperf.*

apercevais; *imper.* **aperçois, apercevez, apercevons;** *fut.* **apercevrai**) to see, perceive; **s'apercevoir** to see, perceive, realize

aperçut *p.s.* **apercevoir**

apparaître (*for forms, see* **paraître**) to appear

appareil *m.* telephone, apparatus, instrument, set

appartenir (*for forms, see* **tenir**) to belong

appartient *pres. ind.* **appartenir**

apparut *p.s.* **apparaître**

appel *m.* call

appeler (*pres. part.* **appelant;** *p.p.* **appelé;** *pres. ind.* **appelle, appelles, appelle, appelons, appelez, appellent;** *pres. subj.* **appelle, appelions, appeliez, appellent;** *imperf.* **appelais;** *imper.* **appelle, appelez, appelons;** *fut.* **appellerai;** *p.s.* **appelai**) to call; **s'appeler** to be named

apporter to bring

apprendre (*for forms, see* **prendre**) to learn, teach, inform

appris *p.p.* **apprendre**

approcher to approach, bring near; **s'approcher de** to approach

appuyer to press, push; **s'appuyer à (sur)** lean against (on)

après after, afterward; **d'après** according to

après-midi *m.* afternoon

argent *m.* silver, money; **argent massif** solid silver

argenterie *f.* silver plate, silverware

arme *f.* weapon, arm

armée *f.* army

armoire *f.* wardrobe

arracher to tear, wrest away

arrêter to stop, arrest; **s'arrêter** to stop

arrivée *f.* arrival

arriver (*p.c. with auxiliary* **être**) to arrive, happen

asseoir (*pres. part.* **asseyant (assoyant);** *p.p.* **assis;** *pres. ind.* **assieds (assois), assieds (assois), assied (assoit), asseyons (assoyons), asseyez (assoyez), asseyent (assoient);** *pres. subj.* **asseye (assoie), asseyions (assoyions), asseyiez (assoyiez), asseyent (assoient);** *imperf.* **asseyais (assoyais);** *imper.* **assieds (assois), asseyez (assoyez), asseyons (assoyons);** *fut.* **assiérai (assoirai)**) to sit; **s'asseoir** to sit (down)

asseyent *pres. ind.* **asseoir**

assez enough, rather

assieds-toi *imper.* **s'asseoir**

assiette *f.* plate

assis *p.p.* **asseoir;** *adj.* seated, sitting

assister to attend; **assister à** to be present at, witness

assit *p.s.* **asseoir**

attacher to attach, fasten, tie

attendre (*for forms, see* **descendre**) to wait (for), expect; **s'attendre à** to expect, await

attente *f.* wait, waiting

attirer to attract, draw

au = à + le

auberge *f.* inn
aubergiste *m.* innkeeper
aucun(e) no, not any; *pron.* none
au-devant ahead
aujourd'hui today
auprès de beside, near, close to
auquel = à + lequel *pron.*
aurai, auras, aura *fut.* **avoir**
aurais, aurait *cond.* **avoir**
aussi also, too, as, and so, therefore (*at the beginning of a sentence*); **aussi... que** as... as
aussitôt at once, immediately; **aussitôt que** as soon as, no sooner
autant as much; **autant que** as much (many) as
auteur *m.* author
autour around, round; **autour de** around
autre other, another; **je n'ai rien d'autre** I have nothing else
autrefois formerly
aux = à + les
avait *imperf.* **avoir**
avaler to swallow
avant before; **avant de** before; **avant que** before
avec with
avenir *m.* future
avertir to warn
avoir (*pres. part.* **ayant;** *p.p.* **eu;** *pres. ind.* **ai, as, a, avons, avez, ont;** *pres. subj.* **aie, aies, ait, ayons, ayez, aient;** *imperf.* **avais;** *imper.* **aie, ayez, ayons;** *fut.* **aurai;** *p.s.* **eus**) to have, get, possess; **avoir l'air de** to look like, resemble, appear, have the appearance of; **avoir besoin de** to need; **avoir faim** to be hungry; **avoir froid** to be cold; **avoir honte** to be ashamed; **avoir raison** to be right; **avoir tort** to be wrong; **il y a** (**avait,** *etc.*) there is, are (was, were); **il y a** ago; **il y avait** + *word expressing time* + **que** since, for; **qu'avez-vous donc?** what's the matter with you? **qu'est-ce qu'il y a?** what is the matter? **quel âge avez-vous?** how old are you? **avoir huit ans** to be eight years old
avouer to confess
avril *m.* April
ayant *pres. part.* **avoir**
ayez *imper.* and *pres. subj.* **avoir**

bague *f.* ring
baguette *f.* wand
bâiller yawn
bain *m.* bath; **salle de bain** bathroom
baiser to kiss
baiser *m.* kiss
baisser to lower, bend down, bow, get low
bal *m.* ball (dance)
balancer to balance, sway, flutter, swing
balle *f.* bullet, ball
banc *m.* bench
bande *f.* strip, tape
barbarie *f.* barbarism
barbe *f.* beard
barre *f.* bar, rung, line
barreau *m.* bar

bas, basse low; *n.m.* bottom; *adv.* low; **en bas** below, downstairs; **là-bas** yonder, over there, down there; **de bas en haut** from top to bottom, **tout bas** very softly
bassin *m.* basin
bataille *f.* battle
bateau *m.* boat, ship
bâtiment *m.* building, structure
bâtir to build, construct
bâton *m.* stick, club
battement *m.* beating, beat
battre to beat, strike; **se battre** to fight, struggle
beau, bel, belle fine, beautiful, handsome; **beau-père** *m.* father-in-law
beaucoup much, many, a good deal, greatly
bel, belle *see* **beau**
bercer to rock, lull
berger *m.* shepherd
besoin *m.* need; **avoir besoin** to need
bête stupid
bête *f.* beast, animal
bibliothèque *f.* library, bookcase
bien *adv.* quite, very, indeed, thoroughly, very willingly; **eh bien!** well! very well!; **bien que** although; **être bien** be comfortable
bien *m.* good, land; **faire le bien** to do good
bientôt soon; **à bientôt!** see you soon!
bienvenu *m.* welcome; **soyez le bienvenu!** welcome!
bijou *m.* jewel
blanc, blanche white
blé *m.* wheat
blesser to wound, hurt
blessure *f.* wound, injury
bleu(e) blue
bœuf *m.* ox, beef
boire (*pres. part* **buvant;** *p.p.* **bu;** *pres. ind.* **bois, bois, boit, buvons, buvez, boivent;** *pres. subj.* **boive, buvions, boivent;** *imperf.* **buvais;** *imper.* **bois, buvez, buvons;** *fut.* **boirai,** *p.s.* **bus**) to drink
bois *imper. and pres. ind.* **boire**
bois *m.* wood; *pl.* woods
boîte *f.* box
bon, bonne good, kind; **à quoi bon?** what is the good (of)? what use is it?
bonheur *m.* happiness, good luck
bonjour *m.* good morning, good day, how do you do
bonsoir *m.* good evening
bonté *f.* goodness, kindness, good will
bord *m.* board, edge, side; **à bord** on board (ship)
botte *f.* boot
bouche *f.* mouth
bouchée *f.* mouthful
bouclé(e) wavy
bouger to move, budge, stir
boulet *m.* cannon ball
bourse *f.* purse; **la Bourse** (Paris) Stock Exchange
bout *m.* end, tip, hem; **au bout de** after
bouton *m.* button
bras *m.* arm
brave brave; **un brave homme** a good man

brigadier *m.* sergeant
brillant(e) shining, gleaming
briller to shine, gleam, glisten, sparkle
brioche *m.* brioche (breakfast bun)
briser to break; **se briser** to break
broche *f.* spit (for roasting)
bronzé(e) suntanned
brûler to burn
brun(e) brown
brusque sudden
brusquement suddenly
bu *p.p.* **boire**
bûcher *m.* stake
buisson *m.* bush
bureau *m.* study, desk, department, office
but *p.s.* **boire**
buvais *imperf.* **boire**
buvant *pres. part.* **boire**

ça = cela; ah ça! I say! here!; **comme ça** that way
çà *adv.* here; **çà et là** here and there
cabinet *m.,* private study, office
cacher to hide; **se cacher** to hide
cachot *m.* dungeon, dark cell
cadavre *m.* corpse
cadet *m.,* **cadette** *f.* younger brother (sister)
caïman *m.* cayman, alligator
caisse *f.* cash, cashier's desk
caissière *f.* cashier
campagne *f.* country
capitaine *m.* captain; **capitaine de gendarmerie** police captain
car for, because
caresse *f.* caress; **faire des caresses** to show affection
carnet *m.* notebook
carrosse *m.* carriage
carte *f.* map, chart
cas *m.* case; **en tout cas** at any rate
casier *m.* set of pigeonholes
casquette *f.* cap
casser to break; **se casser** to break
casserole *f.* saucepan
cause *f.* cause; **à cause de** because of
causer to talk, chat
cave *f.* basement
ce *pron.* it, that, he, she, they
ce, cet, cette *adj.* this, that; **ces** *pl.* those
ceci *pron.* this
cela *pron.* that
celle, celui *pron.* he, she, this (one), that (one), the one; **celui-ci** this one, the latter; **ceux, celles** *pl.* those, these
cent hundred
centaine *f.* about a hundred
centime *m.* coin, one hundreth of a franc
cependant however, still, yet, nevertheless, meanwhile
cercueil *m.* coffin
cesse: sans cesse continually
cesser to cease, stop
ceux *pl.* **celui**
chacun *m.,* **chacune** *f.* *pron.* each, each one, everybody
chagrin *m.* grief; **faire du chagrin** to hurt
chair *f.* flesh, meat

chaise *f.* chair
chaleur *f.* heat, warmth
chambre *f.* room
champ *m.* field
chandelier *m.* candlestick
changement *m.* change
chanson *f.* song
chant *m.* song
chanter to sing
chanteur *m.* singer
chapeau *m.* hat
chaque each, every
charbon *m.* coal
charge *f.* load, burden
charger to load, burden, entrust; **se charger de** to take care of
charmant(e) charming
chasser to hunt, drive away (out, off), discharge, dismiss
chat *m.* cat
château *m.* castle
chaud(e) warm
chef *m.* chief, head
chemin *m.* way, path; **chemin de fer** railroad; **passez votre chemin!** go on your way!
cheminée *f.* chimney, fireplace
chemise *f.* shirt
cher, chère dear
chercher to look for, seek, search; **chercher à** + *inf.* to try to; **aller chercher** to fetch; **faire chercher** to go and get; **venir chercher** to come for
cheval *m.* horse
chevalier *m.* knight
chevaucher to ride
cheveu *m.* hair (*pl.* **cheveux**)
chez *prep.* at, in, into or to the house or office of; **chez vous** at home, in your home (house)
chic *inv.* with class, swell, nice
chien *m.*, **chienne** *f.* dog
chiffre *m.* figure, number
choisir to choose, select
choix *m.* choice
choquer to shock, offend
chose *f.* thing; **autre chose** something else; **quelque chose** *m.* something
-ci *distinguishes between "this" and "that"* **(-là); en ce moment-ci** at this moment; **à ce moment-là** at that moment
ciel *m.* sky, heaven
cimetière *m.* churchyard, cemetery
cinq five
cinquantaine *f.* about fifty
cinquante fifty
cirque *m.* circus
citoyen *m.* citizen
civière *f.* litter, stretcher
clair(e) clear, light
claquer: faire claquer to bang, crack
clavecin *m.* harpsichord
clef, clé *f.* key; **fermer à clef** to lock
cloche *f.* bell
cochon *m.* pig
cœur *m.* heart; **de tout son cœur** heartily
coffre *m.* chest
coi: se tenir coi to keep still
coin *m.* corner
colère *f.* anger; **être en colère** to be angry; **mettre en colère** to make angry
colline *f.* hill
combat *m.* fight, struggle
combien how much (many)

comédie *f.* comedy; **aller à la comédie** to go to the play
comme as, like, how; **comme ci, comme ça** so-so; **comme pour** as though to
commencement *m.* beginning
commencer to begin
comment how; **comment!** what!
commettre (*for forms, see* **mettre**) to commit
commis *p.p.* **commettre**
communication *f.* communication, connection, paper; **couper la communication** to hang up the receiver
compagnie *f.* company
compatriote *m.* or *f.* compatriot, fellow citizen
complice *m.* or *f.* accomplice
compliment *m.* compliment; **compliments!** congratulations!
composé(e) compound
composer to compose; **se composer** to be composed, consist
comprendre (*for forms, see* **prendre**) to understand
compris *p.p.* **comprendre**
comprit *p.s.* **comprendre**
compte: au compte at the expense
compter to count, expect
comptoir *m.* counter
comte *m.* count
concevoir (*pres. part.* **concevant;** *p.p.* **conçu;** *pres. ind.* **conçois, conçois, conçoit, concevons, concevez, conçoivent;** *pres. subj.* **conçoive, concevions, conçoivent;** *imperf.* **concevais;** *imper.* **conçois, concevez, concevons;** *fut.* **concevrai;** *p.s.* **conçus**) to conceive, understand, devise
conducteur *m.* driver (private)
conduire (*pres. part.* **conduisant;** *p.p.* **conduit;** *pres. ind.* **conduis, conduis, conduit, conduisons, conduisez, conduisent;** *pres. subj.* **conduise, conduisions, conduisent;** *imperf.* **conduisais;** *imper.* **conduis, conduisez, conduisons;** *fut.* **conduirai**) to lead, take, conduct, drive (a vehicle)
conduise *pres. subj.* **conduire**
conduisit *p.s.* **conduire**
conduit *p.p.* **conduire**
confiance *f.* faith, trust; **avoir confiance** to trust
confier to entrust, confide; **se confier** to confide
connaissait *imperf.* **connaître**
connaissance *f.* knowledge, acquaintance
connaître (*pres. part.* **connaissant;** *p.p.* **connu;** *pres. ind.* **connais, connais, connaît, connaissons, connaissez, connaissent;** *pres. subj.* **connaisse, connaissions, connaissent;** *imperf.* **connaissais;** *imper.* **connais, connaissez, connaissons;** *fut.* **connaîtrai;** *p.s.* **connus**) to know
connu *p.p.* **connaître**
conseil *m.* advice
conseiller advise
consens *pres. ind.* **consentir**

consentir (*for forms, see* **sentir**) to consent
conservation *f.* conservation, preservation
conspirer to plot
contenir (*for forms, see* **tenir**) to contain
content(e) pleased, happy, satisfied
continu(e) continuous
contraire *m.* contrary
contravention *f.* violation; **dresser une contravention** to serve a summons
contre against, close to
contribution *f.* contribution, tax assessment
convenir (*for forms, see* **venir**) to suit, be proper
corde *f.* rope
corps *m.* body
corrompu(e) corrupt
cortège *m.* procession
côté *m.* side, direction; **à côté de** next to, beside; **de ce côté-là** in that direction; **de l'autre côté** on the other side; **du côté de** in the direction of; **de son côté** on his side, as for him
cou *m.* neck
couche *f.* layer
coucher to lay; **se coucher** to lie (down), go to bed, set (sun, moon)
coucou *m.* cuckoo
couler run
couleur *f.* color
couloir *m.* hall, corridor; **couloir d'entrée** entrance hall
coup *m.* blow, slap, kick, stroke, knock, shot, clap (thunder), trick; **tout à coup** suddenly; **coup sur coup** one after another; **coup d'œil** glance
coupable guilty
coupe *f.* shallow cup, champagne glass
couper to cut
cour *f.* court, yard, courtyard
courageux, courageuse courageous, brave
courant *adj.* running; *n.m.* current, stream
coure *pres. subj.* **courir**
courir (*pres. part.* **courant;** *p.p.* **couru;** *pres. ind.* **cours, cours, court, courons, courez, courent;** *pres. subj.* **coure, courions, courent;** *imperf.* **courais;** *imper.* **cours, courez, courons;** *fut.* **courrai;** *p.s.* **courus**) to run
couronne *f.* crown
courrait *cond.* **courir**
courrier *m.* mail, correspondence, mail boat
cours *m.* course, stream
course *f.* errand
court(e) short
courut *p.s.* **courir**
couteau *m.* knife
coûteux, couteuse costly
couvert *p.p.* **couvrir**
couvert *m.* place setting (knife and fork); **mettez un couvert de plus** set another place
couvrir (*pres. part.* **couvrant;** *p.p.* **couvert;** *pres. ind.* **couvre, couvres, couvre, couvrons, couvrez, couvrent;** *pres. subj.* **couvre, couvrions, couvrent;** *imperf.* **couvrais;**

imper. **couvre, couvrez, couvrons;** *fut.* **couvrirai;** *p.s.* **couvris**) cover, drown

craindre (*pres. part.* **craignant;** *p.p.* **craint;** *pres. ind.* **crains, crains, craint, craignons, craignez, craignent;** *pres. subj.* **craigne, craignions, craignent;** *imperf.* **craignais;** *imper.* **crains, craignez, craignons;** *fut.* **craindrai;** *p.s.* **craignis**) to fear, be afraid

craquer to crack, groan

creuser to dig

crier to cry, exclaim

croire (*pres. part.* **croyant;** *p.p.* **cru;** *pres. ind.* **crois, crois, croit, croyons, croyez, croient;** *pres. subj.* **croie, croies, croie, croyions, croyiez, croient;** *imperf.* **croyais;** *imper.* **crois, croyez, croyons;** *fut.* **croirai;** *p.s.* **crus**) to believe, think

croiser to cross; **se croiser** to pass each other

croix *f.* cross

croquer to eat

croyant *pres. part.* **croire**

croyons *pres. ind.* **croire**

cru *p.p.* **croire**

cruche *f.* jug

crut *p.s.* **croire**

cueillir to pick

cuillère *f.* spoon

cuire to cook; **faire cuire** cook

cuisine *f.* kitchen

cuisinier *f.* cook

cuisse *f.* thigh

cuivre *m.* copper

culot *m.* impudence; **avoir du culot** to be impudent

culotte *f.* breeches, shorts

culture *f.* culture, crop, cultivation

curé *m.* parish priest

cuve *f.* vat

dame *f.* lady; **faire les dames** to put on airs

dans in, within, into

de of, from, by, with, in, to, than, some, any; **de l', de la, des, du** of (from) the, some, any

débarquement *m.* landing

débattre; se débattre to struggle

debout standing, upright; **debout!** get up!; **se tenir debout** to stand up

débris *m.* debris, wreckage, remnant, rubbish

déchirer to tear

décidé(e) resolved

décidément! *(interjection)* to be sure! one thing is sure!

décider to decide

découverte *f.* discovery

découvrir (*for forms, see* **couvrir**) to discover

décrocher to unhook, lift off

dedans within, inside

défaut *m.* fault

défendre (*pres. part.* **défendant;** *p.p.* **défendu;** *pres. ind.* **défends, défends, défend, défendons, défendez, défendent;** *pres. subj.* **défende, défendions, défendent;** *imperf.* **défendais;** *imper.* **défends, défendez, défendons;** *fut.* **défendrai;** *p.s.* **défendis**) to defend, forbid

dégât *m.* damage
dégoûtant(e) disgusting
dehors outside
déjà already
déjeuner *m.* lunch, breakfast; **petit déjeuner** breakfast
déjeuner to have lunch (breakfast)
délier to unfasten
délivrer to free, liberate
demain tomorrow
demande *f.* request
demander to ask (for)
démettre: se démettre l'épaule to sprain one's shoulder
demeure *f.* home, house
demeurer to live, inhabit, remain, stay
demi(e) half
demoiselle *f.* young (or unmarried) lady, miss
dent *f.* tooth
départ *m.* departure, leaving
département *m.* administrative division, about as big as a county
dépêcher: se dépêcher to hurry
dépenser to spend
dépoli(e) frosted, ground (glass)
déposer to set down
depuis since, for; **depuis que** since
déranger: se déranger to take the trouble
dernier, dernière last
derrière *adv.* and *prep.* behind, rear
des = de + les
dès: dès que as soon as
descendre (*pres. part.* **descendant;** *p.p.* **descendu;** *pres. ind.* **descends, descends, descend, descendons, descendez, descendent;** *pres. subj.* **descende, descendions, descendent;** *imperf.* **descendais;** *imper.* **descends, descendez, descendons;** *fut.* **descendrai;** *p.s.* **descendis**) to go down, descend
désert(e) deserted
désespoir *m.* despair
déshabiller: se déshabiller to undress
désirer to desire, wish
desséché(e) dried, withered
dessous under, underneath, beneath; **au-dessous de** underneath
dessus above, on top; **au-dessus de** above, on top of, over
détruire (*pres. part.* **détruisant;** *p.p.* **détruit;** *pres. ind.* **détruis, détruis, détruit, détruisons, détruisez, détruisent;** *pres. subj.* **détruise, détruisions, détruisent;** *imperf.* **détruisais;** *imper.* **détruis, détruisez, détruisons;** *fut.* **détruirai;** *p.s.* **détruisis**) to destroy
deux two
deuxième second
devant in front of, before; **partir devant** to go ahead
devenir (*for forms, see* **venir**) to become, grow
deviendra *fut.* **devenir**
devienne *pres. subj.* **devenir**
deviens *pres. ind.* **devenir**
devint *p.s.* **devenir**
devoir (*pres. part.* **devant;** *p.p.*

dû; *pres. ind.* **dois, dois, doit, devons, devez, doivent**; *pres. subj.* **doive, devions, doivent**; *imperf.* **devais**; *fut.* **devrai**; *p.s.* **dus**) must, to have to, expect to, owe (money)
devoir *m.* duty
dévouer to devote
devriez *cond.* **devoir**
diable *m.* devil
dictée *f.* dictation
dicter to dictate
Dieu God; **mon Dieu!** my goodness! Heavens!
difficile difficult, hard to please
digne worthy
dimanche *m.* Sunday
diminuer to decrease, diminish, lessen
dire (*pres. part.* **disant**; *p.p.* **dit**; *pres. ind.* **dis, dis, dit, disons, dites, disent**; *pres. subj.* **dise, disions, disent**; *imperf.* **disais**; *imper.* **dis, dites, disons**; *fut.* **dirai**; *p.s.* **dis**) to say, tell; **dites donc!** listen, tell me; **vouloir dire** to mean
diriger to direct; **se diriger** to make one's way, go in the direction
dis *pres. ind.* and *p.s.* **dire**
disait *imperf.* **dire**
disant *pres. part.* **dire**
discours *m.* speech
discuter to discuss; **inutile de discuter** no use arguing
dise *pres. subj.* **dire**
disparaissent *pres. ind.* and *subj.* **disparaître**
disparaître (*for forms, see* **paraître**) to disappear, vanish
disparu *p.p.* **disparaître**
distinguer to distinguish, make out
distraction *f.* amusement, pastime
dit *pres. ind.* and *p.s.* **dire**
dix ten
dixième tenth
doigt *m.* finger
dois *pres. ind.* **devoir**
domestique *m.* or *f.* servant
dommage *m.* damage, shame, pity; **c'est dommage!** it's a pity
don *m.* gift
donc therefore, indeed, so
donner to give, strike, deal (a blow), devote; **donner sur** to face, look out upon
dont of whom (which), whose, with which
dormeur *m.* sleeper
dormir (*pres. part.* **dormant**; *p.p.* **dormi**; *pres. ind.* **dors, dors, dort, dormons, dormez, dorment**; *pres. subj.* **dorme, dormions, dorment**; *imperf.* **dormais**; *imper.* **dors, dormez, dormons**; *fut.* **dormirai**; *p.s.* **dormis**) sleep
dort *pres. ind.* **dormir**
dos *m.* back
dot *f.* dowry
douanier *m.* customs officer
douceur *f.* sweetness, softness, gentleness
douleur *f.* pain, grief, suffering
douloureux, douloureuse painful, agonizing, sorrowful
doute *m.* doubt; **sans doute** no doubt, probably
doux, douce sweet, gentle, soft; **douce amie** sweetheart

douzaine *f.* dozen
drap *m.* sheet
dresser to set up, erect, raise, set (a table); **dresser une contravention** to serve a summons
droit(e) straight, right; **tout droit devant lui** straight ahead of him
droit *m.* right, law; **licence en droit** law degree
droite *f.* right hand, right side; **à droite** at (on) the right
du = de + le
dû *pp.* **devoir**
dur(e) hard
durement *adv.* hard
durer to last
dut, durent *p.s.* **devoir**

eau *f.* water
ébloui(e) dazzled
écarter: s'écarter to bend back
échange *m.* exchange
échapper to escape; **échapper à quelqu'un** to escape somebody; **s'échapper** to escape; **s'échapper de prison** to escape from prison
échelle *f.* ladder
échouer: s'échouer to run ashore
éclairer to light (up)
éclat *m.* burst, sound
éclater to burst, break out
école *f.* school
écolier *m.* schoolboy, student
économie *f.* economy; **économies** *pl.* savings
écorce *f.* bark
écouter to listen
écran *m.* screen
écrier: s'écrier to exclaim, cry out
écrire (*pres. part.* **écrivant;** *p.p.* **écrit;** *pres. ind.* **écris, écris, écrit, écrivons, écrivez, écrivent;** *pres. subj.* **écrive, écrivions, écrivent;** *imperf.* **écrivais;** *imper.* **écris, écrivez, écrivons;** *fut.* **écrirai;** *p.s.* **écrivis**) to write
écrit *pres. ind.* and *p.p.* **écrire**
écrivait *imperf.* **écrire**
écrivit *p.s.* **écrire**
écurie *f.* stable
effet *m.* effect; **en effet** indeed
effleurer to graze
effrayé(e) frightened
église *f.* church
élève *m.* or *f.* pupil, student
élever to raise; **s'élever** to arise, rise
elle she
éloigner to take away
emballer to pack away
embrasser to kiss, embrace
émetteur, emettrice *adj.* sending, transmitting
emmener to take away
empêcher to prevent, keep (from)
emploi *m.* use, employment, occupation
employer (*pres. part.* **employant;** *p.p.* **employé;** *pres. ind.* **emploie, emploies, emploie, employons, employez, emploient;** *pres. subj.* **emploie, employions, emploient;** *imperf.* **employais;** *imper.* **emploie, employez, employons;** *fut.* **emploierai;** *p.s.* **employai**) to use, utilize, employ

emporter to carry away
emprunter to borrow
en *prep.* in, into, at, to by, while, on, off; *pron.* of her (him, it, them), with it, from there, some, any; + *gerund* (= *pres. part.*) by, while, in doing something
enchantement *m.* spell
encore again, yet, still; **encore un** another
encre *f.* ink
endormi *p.p.* **endormir**
endormir (*for forms, see* **dormir**) to put to sleep, make sleep; **s'endormir** to go to sleep, fall asleep
endroit *m.* place, spot; **à l'endroit** frontwards
enfant *m.* or *f.* child
enfer *m.* hell
enfermer to lock in, shut up (in)
enfin finally, at last, well; **mais enfin** come now
enfoncer: s'enfoncer to sink in, go deep into
enfuir (*for forms, see* **fuir**) to flee; **s'enfuir** to flee
enlever to take away, remove
ennemi *m.* enemy
ennuyer (*pres. part.* **ennuyant;** *p.p.* **ennuyé;** *pres. ind.* **ennuie, ennuies, ennuie, ennuyons, ennuyez, ennuient;** *pres. subj.* **ennuie, ennuyions, ennuient;** *imperf.* **ennuyais;** *imper.* **ennuie, ennuyez, ennuyons;** *fut.* **ennuierai**) to bore, tire, bother; **s'ennuyer** to be bored
ennuyeux, ennuyeuse boring, tedious, dull
énorme huge, enormous
enregistreur, enregistreuse recording, self-registering
ensemble together
ensuite then, afterward, next
entendre (*for forms, see* **descendre**) to hear; **c'est entendu** of course, O.K.; **se faire entendre** to make oneself heard
enterrement *m.* burial
entourer to surround
entre between, among; **un d'entre eux** one of them
entrée *f.* entrance, entry; **porte d'entrée** entrance way, gateway
entrer to enter, go in (into); **faire entrer** to show in
entretenir to support, keep up
entr'ouvert(e) half open, ajar
envers toward; **à l'envers** backwards
envie *f.* envy, longing, desire; **avoir envie de** to long for, desire, feel like
environ about
envoler: s'envoler to fly away, take off
envoyer (*pres part.* **envoyant;** *p.p.* **envoyé;** *pres. ind.* **envoie, envoies, envoie, envoyons, envoyez, envoient;** *pres. subj.* **envoie, envoyions, envoient;** *imperf.* **envoyais;** *imper.* **envoie, envoyez, envoyons;** *fut.* **enverrai**) to send
épais, épaisse thick, dense
épaisseur *f.* thickness
épaule *f.* shoulder
épée *f.* sword
épouser to marry

épouvantable frightful
époux *m.* husband
épreuve *f.* test, trial
es, est *pres. ind.* **être**
escalier *m.* staircase, stairs
espèce *f.* sort, kind
espérer to hope
espoir *m.* hope
esprit *m.* mind, spirit, wit; **avoir l'esprit tranquille** to rest assured
essayer to try
essence *f.* gasoline
estomac *m.* stomach
estrade *f.* platform, stand
et and
étage *m.* story, floor
étaient *imperf.* **être**
état *m.* state
été *p.p.* **être**
été *m.* summer
éteignit *p.s.* **éteindre**
éteindre (*pres. part.* **éteignant;** *p.p.* **éteint;** *pres. ind.* **éteins, éteins, éteint, éteignons, éteignez, éteignent;** *pres. subj.* **éteigne, éteignions, éteignent;** *imperf.* **éteignais;** *imper.* **éteins, éteignez, éteignons;** *fut.* **éteindrai**) to extinguish, put out; **s'éteindre** to go out
éteint *p.p.* **éteindre**
étendre (*for forms, see* **descendre**) to stretch; **s'étendre** to stretch out, extend
étendue *f.* expanse, extent
êtes *pres. ind.* **être**
étoile *f.* star
étoilé(e) starlit
étonnant(e) astonishing
étonner to astonish
étouffer to stifle, suppress, choke
étrange strange
étranger *m.*, **étrangère** *f.* stranger, foreigner; *adj.* foreign
être (*pres. part.* **étant;** *p.p.* **été;** *pres. ind.* **suis, es, est, sommes, êtes, sont;** *pres. subj.* **sois, sois, soit, soyons, soyez, soient;** *imperf.* **étais;** *imper.* **sois, soyez, soyons;** *fut.* **serai;** *p.s.* **fus**) to be; **être à** to belong to; **être** *m.* being
étroit(e) narrow
étude *f.* study
étudier to study
eu *p.p.* **avoir**
eut *p.s.* **avoir**
eût *imperf. subj.* **avoir**
eux they, them; **eux-mêmes** themselves
évader: s'évader to escape
évanoui(e) unconscious
évasion *f.* escape
éveiller to wake up; **s'éveiller** to wake up
évêque *m.* bishop
éviter to avoid
examen *m.* examination, test
expérience *f.* experiment
expliquer to explain

fabrication *f.* make, manufacture
fabrique *f.* factory
fabriquer to make, manufacture
face *f.* face; **en face de** opposite, in front of
fâché(e) angry

fâcher: se fâcher to get (become) angry; **se fâcher contre** to be angry with (at)
facile easy
façon *f.* way, manner; **à sa façon** in one's own manner
faible weak, feeble
faiblesse *f.* weakness, yielding
faillir to nearly do something; **elle faillit l'emporter** it nearly carried it off
faim *f.* hunger; **avoir faim** to be hungry
faire (*pres. part.* **faisant;** *p.p.* **fait;** *pres. ind.* **fais, fais, fait, faisons, faites, font;** *pres. subj.* **fasse, fassions, fassent;** *imperf.* **faisais;** *imper.* **fais, faites, faisons;** *fut.* **ferai;** *p.s.* **fis**) make, do; **faire** + *inf.* to cause (have, make) someone do something, or something be done; **faire attention** to pay attention; **faire de son mieux** to do one's best; **faire des kilomètres** to walk miles; **faire entrer** to show in; **faire mal** to hurt, injure, do harm; **faire du mal à quelqu'un** to injure, do harm (to); **faire le mal** to do evil; **faire marcher** to set going, start; **faire mourir** to kill, put to death; **faire une bonne nuit** to have a good night's sleep; **faire peur** to frighten, scare; **faire de la peine** to hurt; **faire de la place** to make room; **faire plaisir** to give pleasure; **faire une promenade** to take a walk; **faire des questions** to ask questions; **faire savoir** to inform; **faire semblant** to pretend; **faire un somme** to take a nap; **faire venir** to send for; **faire voir** to show; **se faire** to take place, happen, become, come about; **ça ne vous fait rien** it does not matter to you; **comment se fait-il?** how come?; **faites-vous arrêter** get yourself arrested; **il fait chaud** it is warm; **il fait froid** it is cold; **il fait mauvais temps** the weather is bad; **le mariage se fait** the wedding takes place; **pourquoi faire** what for; **que faire?** what is to be done?; **qu'est-ce que ça me fait?** what difference does that make to me?; **s'il se peut faire** if it can be done; **il se fait tard** it is getting late
faisais, faisait *imperf.* **faire**
faisant *pres. part.* **faire**
fait *p.p.* and *pres. ind.* **faire**
faites *pres. ind.* **faire**
falloir *(impersonal)* to be necessary, must
fasse *pres. subj.* **faire**
fatigué(e) tired, weary
fatiguer to tire; **se fatiguer** to get (become) tired
faudra *fut.* **falloir**
faudrait *cond.* **falloir**
faut *pres. ind.* **falloir**
faute *f.* mistake, fault
fauteuil *m.* armchair
faux, fausse false, wrong
femme *f.* woman, wife
fenêtre *f.* window
fente *f.* crack
fer *m.* iron; **chemin de fer** railroad

ferai *fut.* **faire**
ferme *f.* farm
ferme fast, firmly
fermer to close, shut
festin *m.* feast
fête *f.* holiday, feast, celebration
feu *m.* fire
feuille *f.* leaf, sheet, page
février *m.* February
fiancé *m.*, **fiancée** *f.* betrothed
fiancer to engage, betroth; **se fiancer** to get engaged
fidèle faithful, loyal
fier, fière proud
figure *f.* face
fil *m.* thread; wire
filer to spin
fille *f.* girl, daughter
filleul *m.*, **filleule** *f.* godson (goddaughter)
fils *m.* son
fin *f.* end; **à la fin!** after all!
finir to finish, end; **finir de parler** to finish speaking; **finir par** + *inf.* to finally do something, end up doing something; **en finir avec** to have done with, put an end to; **finissons-en!** let's put an end to it!
finissait *imperf.* **finir**
fit, firent *p.s.* **faire**
fixe fixed, staring
fleur *f.* flower
fleuve *m.* river
fois *f.* time; **une fois** once; **à la fois** at a time, at the same time
fol, folle *see* **fou**
fonction *f.* function, duty, office; **relever de ses fonctions** to relieve of someone's duties
fonctionnaire *m.* official, state employee
fond *m.* bottom, back; **au fond** in the back; **gagner le fond** to go backstage
fondre to melt
font *pres. ind.* **faire**
fontaine *f.* fountain
force *f.* force, strength, might; **de toutes ses forces** with all his might
forêt *f.* forest
formidable dreadful, formidable
fort(e) strong; **être fort en** be good at; **ça, c'est trop fort** that's too much
fossé *m.* ditch
fou, fol, folle mad, insane; **fou de** crazy about; **fou de joie** overcome with joy
fou *m.* lunatic
foule *f.* crowd
fraîcheur *f.* freshness, coolness
frais, fraîche fresh, cool
frais *m.pl.* expenditure, cost
franc, franche frank
franc *m.* franc (French currency)
français French
franchir to get over
frapper to hit, strike, knock; **frapper la vue** to strike one's eye
frère *m.* brother
froid(e) cold
froid *m.* cold; **avoir froid** to be cold; **il fait froid** it is cold
front *m.* forehead
frotter to rub
fuir (*pres. part.* **fuyant;** *p.p.* **fui;** *pres. ind.* **fuis, fuis, fuit,**

fuyons, fuyez, fuient; *pres. subj.* **fuie, fuyions, fuient;** *imperf.* **fuyais;** *imper.* **fuis, fuyez, fuyons;** *fut.* **fuirai;** *p.s.* **fuis**) to flee
fumée *f.* smoke
fumer to smoke
fus, fut *p.s.* **être**
fuseau *m.* spindle
fût *imperf. subj.* **être**

gagner to win, gain, take possession of, reach, go; **gagner sa vie** to make a living
gaiement merrily
galères *f.pl.* galleys, hard labor
galérien *m.* convict
gant *m.* glove
garçon *m.* boy, waiter, porter
garde *m.* guard, watchman, warden
garde *f.* watch, guard, attention, heed, care; **prendre garde** to heed, to be on one's guard
garder to keep, watch over, take care of
gardien *m.* keeper, warden
gare *f.* station (railway)
garnir to furnish, fit, garnish
gâteau *m.* cake
gâter to spoil, ruin
gauche *adj.* and *n.f.* left; **à gauche** on the left
gendarme *m.* gendarme (semi-military police corps)
gendarmerie *f.* semi-military police corps; **capitaine de gendarmerie** police captain
gendre *m.* son-in-law
genou *m.* knee; **se jeter à genoux** to go down on one's knees
gens *m.* and *f. pl.* people; **jeunes gens** young people
gentil, gentille nice, kind
gentilhomme *m.* gentleman
geôlier *m.* jailer
geste *m.* gesture
gibier *m.* game
glace *f.* ice
glissement *m.* slipping, gliding
glisser to slip, glide; **se glisser** to slip
glorieux, glorieuse proud
gloussement *m.* cluck
gorge *f.* throat
goût *m.* taste
goûter to taste
goutte *f.* drop
grâce *f.* grace, thanks; **grâce à** thanks to
grade *m.* rank; **monter en grade** to be promoted
grand(e) big, large, tall, great; **grand ouvert** wide open
grandeur *f.* size
gratte-ciel *m.* skyscraper
grave grave, serious
grille *f.* grid, grating
grimace *f.* face (facial expression)
grimper to climb
gris(e) grey
grommeler to grumble
gros, grosse big, stout, plump, fat, pregnant
guère hardly, scarcely (*with* **ne**)
guérir to heal, cure, become well
guerre *f.* war
gueule *f.* mouth

habiller to dress; **s'habiller** to dress, get dressed
habit *m.* coat, clothing; *pl.* clothes
habitant *m.* inhabitant, dweller
habitation *f.* dwelling, house, residence
habiter to inhabit, live in, dwell in
habitude *f.* habit
habituer to accustom; **s'habituer** to get accustomed (used) to
haie *f.* hedge
haine *f.* hatred, hate
hardi(e) bold
haut(e) high, tall, loud; *n.m.* top
hautbois *m.* oboe
hauteur *f.* height; **à la hauteur de** at the level of
hein! eh! what?
hélas! alas, unfortunately
herbe *f.* grass
héritage *m.* inheritance
heure *f.* hour, o'clock; **de bonne heure** early; **tout à l'heure** shortly
heureusement fortunately, happily
heureux, heureuse happy, fortunate; **c'est heureux que** it is a good thing that
hier yesterday
histoire *f.* history, story
hiver *m.* winter
homme *m.* man
honnête honest, honorable
honneur *m.* honor
honte *f.* shame; **avoir honte** to be ashamed
horaire *m.* timetable
hors (de) out of, without
huit eight
humide damp, wet
hurler to howl
hutte *f.* hut, hovel

ici here; **par ici** this way
idée *f.* idea
il he, it, there; **ils** they
île *f.* island
importer to matter; **que m'importe?** what does it matter to me? **n'importe** no matter; **n'importe où** anywhere
impôt *m.* tax
inconnu(e) unknown; *n.m.* stranger
indiquer to indicate
infini(e) infinite
ingrat(e) ungrateful
inquiéter to worry; **s'inquiéter** to become worried, worry
inquiétude *f.* uneasiness, worry
instant *m.* instant, moment, minute; **à l'instant** instantly; **à l'instant même** at this very moment; **par instants** now and then
instruit(e) educated, learned
intéresser to interest; **s'intéresser** to become (be) interested
intérêt *m.* interest
interroger to question
interrompre to interrupt
inutile useless
invité *m.*, **invitée** *f.* guest
irai, iras, ira *fut.* **aller**

jais *m.* jet (used in making beads)

jamais never, ever; **ne... jamais** never
jambe *f.* leg
janvier *m.* January
jardin *m.* garden
jaune yellow
je I
jeter to throw, hurl, cast, fling; **jeter les yeux** to glance; **jeter un cri** to utter a cry
jeune young
jeunesse *f.* youth
joie *f.* joy
joignit *p.s.* **joindre**
joindre to clasp, join
joint *p.p.* **joindre**
joli(e) pretty
jongleur *m.* entertainer, minstrel
jouer to play, gamble
jour *m.* day; **tous les jours** every day
journal *m.* newspaper
journée *f.* day; **toute la journée** all day long
joyeux, joyeuse joyful, happy, merry
juge *m.* judge
juger to judge
juillet *m.* July
jupe *f.* skirt
jurer to swear, curse
jusque until; **jusqu'à** until, as far as; **jusqu'à ce que** until; **jusqu'à minuit** to midnight
jusque-là until then
juste *m.* just (upright) person; *adj.* just, correct, fair

la *art.* the; *pron.* her, it
là there; **-là** *distinguishes between "that" and "this"* **(-ci); ce matin-là** that morning
lâche coward
lâcher to let go
laid(e) ugly, plain, homely
laine *f.* wool
laisser to let, leave, allow; **laisser dire** to let someone talk; **laisser tomber** to drop; **laisser voir** to show
lait *m.* milk
langue *f.* tongue
lapin *m.* rabbit
large wide; **une large place** a large place
larme *f.* tear
laver to wash
le *art.* the; *pron.* him, it
lecture *f.* reading
léger, légère light
léguer to bequeath
légume *m.* vegetable
lendemain *m.* next day, the day after
lent(e) slow
lenteur *f.* slowness
lequel, lesquels, laquelle, lesquelles *rel. pron.* who, whom, which, that; *inter. pron.* which one, who, whom
les *pron.* them; *art.* the
leur *pron.* them, to them; *adj.* their
lever to raise, lift; **se lever** to get up, rise
levier *m.* lever
lèvre *f.* lip
libérer to free
liberté *f.* freedom; **rendre la liberté** to set free

libre free; **pas libre** the line is busy
lier to bind, tie
lierre *m.* ivy
lieu *m.* place, spot; **au lieu de** instead of
lièvre *m.* hare
ligne *f.* line, row
lire (*pres. part.* **lisant;** *p.p.* **lu;** *pres. ind.* **lis, lis, lit, lisons, lisez, lisent;** *pres. subj.* **lise, lisions, lisent;** *imperf.* **lisais;** *imper.* **lis, lisez, lisons;** *fut.* **lirai**) to read
lisait *imperf.* **lire**
lit *pres. ind.* **lire**
lit *m.* bed
livre *m.* book
loger to house; **se loger** to penetrate
loi *f.* law
loin far, far away; **au loin** far off, in the distance; **de loin** from a distance; **loin de là** far from it
lointain *adj.* distant, far off
long, longue long; **le long de** along, the length of
longtemps long, a long time
longueur *f.* length
louche suspicious
loup *m.* wolf
lourdement heavily
lui he, him, for him, to him, from him, for her, to her, from her; **lui-même** himself
lumière *f.* light
lune *f.* moon; **rayon de lune** moonbeam
lunettes *f.pl.* eye glasses
lutte *f.* struggle, fight
lutter to struggle, fight

ma *see* **mon**
mâchoire *f.* jaw
madame (Mme) madame, Mrs. + name
magasin *m.* store, shop
mai *m.* May
maigre thin, lean
main *f.* hand; **à la main** in one's hand
maintenant now
maintenir (*for forms, see* **tenir**) to keep, maintain
maire *m.* mayor
mairie *f.* town hall
mais but, however; **mais!** why!; **mais non!** of course not!
maison *f.* house, home, firm; **maison de fous** lunatic asylum
maître *m.*, **maîtresse** *f.* master, mistress, teacher; **maître d'hôtel** butler
mal *adv.* badly, ill, wrong, bad; **avoir mal à la gorge** to have a sore throat; **avoir du mal** to find it hard (difficult); **faire mal** injure, hurt; **pas mal** quite a lot
mal *m.* evil; **faire le mal** to do evil; **mal de mer** sea sickness
malade ill, sick
maladie *f.* illness, sickness, disease
malfaiteur *m.* criminal
malheur *m.* misfortune, bad luck, unhappiness
malheureux, malheureuse unhappy, unfortunate
manche *m.* handle
manger to eat
manquer to lack, be wanting, fail; **vous me manquez** I miss you

manteau *m.* cloak
marchand *m.* shopkeeper, merchant
marche *f.* motion, movement, walk, progress; **mettre en marche** to start; **se mettre en marche** to start out, set out
marcher to walk, go, advance, step
marée *f.* tide
mari *m.* husband
marier to marry, wed; **se marier** to get married
marin *m.* sailor
marraine *f.* godmother
massif, massive massive, solid; **argent massif** solid silver
matelas *m.* mattress
matin *m.* morning
maudire (*pres. part.* **maudissant;** *p.p.* **maudit;** *pres. ind.* **maudis, maudis, maudit, maudissons, maudissez, maudissent;** *pres. subj.* **maudisse, maudissions, maudissent;** *imperf.* **maudissais;** *imper.* **maudis, maudissez, maudissons;** *fut.* **maudirai;** *p.s.* **maudis**) to curse
maudit *p.p.* **maudire**
mauvais(e) bad, wretched
me me, to me, from me, myself, to myself
mécontent(e) displeased
médecin *m.* physician, doctor
meilleur(e) better, best
même *adj.* same, very; *pron.* -self (**moi-même,** *etc.*); *adv.* even; **tout de même** just the same
mener to lead
mentir (*pres. part.* **mentant;** *p.p.* **menti;** *pres. ind.* **mens, mens, ment, mentons, mentez, mentent;** *pres. subj.* **mente, mentions, mentent;** *imperf.* **mentais;** *imper.* **mens, mentez, mentons;** *fut.* **mentirai**) to lie, tell a lie
mépriser to despise
mer *f.* sea
merci thanks, thank you
mère *f.* mother
mériter to deserve
mes *see* **mon**
messieurs *m. pl.* (*sing.* **monsieur**) gentlemen
métier *m.* trade, profession
mètre *m.* meter
mets *m.* dish, food
mettre (*pres. part.* **mettant;** *p.p.* **mis;** *pres. ind.* **mets, mets, met, mettons, mettez, mettent;** *pres. subj.* **mette, mettions, mettent;** *imperf.* **mettais;** *imper.* **mets, mettez, mettons;** *fut.* **mettrai;** *p.s.* **mis**) to put, put on, place, set; **mettre un couvert** to set a place; **se mettre** + *inf.* to begin (start) to + *inf.*; **se mettre au lit** to go to bed; **se mettre en route** to start out; **se mettre à table** to sit down to table
meuble *m.* piece of furniture
meublé(e) furnished
meunier *m.* miller
meurs *pres. ind.* and *imper.* **mourir**
meurt, meurent *pres ind.* **mourir**
midi noon
mien, mienne mine

mieux better, best; **le mieux** (*n.m.*) the best; **faire de son mieux** to do one's best
milieu *m.* middle, midst; **au milieu de** in the middle of
mille thousand
mine *f.* appearance, air; **de belle mine** good-looking
minuit *m.* midnight
minutieux, minutieuse thorough
mis *p.p.* **mettre**
mis, mit, mirent *p.s.* **mettre**
misérable wretched; *n.m.* wretch, scoundrel
misère *f.* misery, poverty, distress
mît *imperf. subj.* **mettre**
mode *f.* style, fashion; **à la mode** in style
moi I, me
moindre *adj.* less, least
moins *adv.* less, least; **au moins** at least; **de moins en moins** less and less
mois *m.* month
moitié *f.* half; **à moitié** partly, half
moment *m.* moment; **du moment que** seeing that
mon, ma, mes my
monde *m.* world; crowd; **tout le monde** everybody
monnaie *f.* currency
monseigneur *m.* your or his Grace (*to a bishop*)
monsieur *m.* sir, Mr. + name
montagne *f.* mountain
montant *m.* amount
montant *m.* door post
monter to go up, rise, mount, ascend; **monter à bord** to board
montre *f.* watch
montrer to show, point out (at)
morceau *m.* piece, morsel
mort *m.* dead man; **faire le mort** to pretend to be dead, play 'possum
mort *f.* death
mort *p.p.* **mourir**
mot *m.* word; **sans mot dire** without saying a word
mouiller to wet, moisten, dampen
moulin *m.* mill
mourant *m.* dying person
mourant *pres. part* **mourir**
mourir (*pres. part.* **mourant;** *p.p.* **mort;** *pres. ind.* **meurs, meurs, meurt, mourons, mourez, meurent;** *pres. subj.* **meure, mourions, meurent;** *imperf.* **mourais;** *imper.* **meurs, mourez, mourons;** *fut.* **mourrai**) to die
mourrai *fut.* **mourir**
mouton *m.* sheep
moyen, moyenne average, middle
moyen *m.* means, way, measure; **au moyen de** by means of
mur *m.* wall
muraille *f.* wall

nager to swim
naître to be born
navire *m.* ship, boat
ne: ne... pas no, not; **ne... jamais** never; **ne... plus** no more, no longer; **ne... que**

only; **ne... pas non plus** not either; **ne... personne** no one, nobody; **ne... rien** nothing, not anything; **ne... ni... ni** neither... nor; **ne... guère** scarcely, hardly, barely
né *p.p.* **naître**
neige *f.* snow
neiger to snow
nettoyer to clean
neuf nine
nez *m.* nose
ni nor; **ne... ni... ni...** neither... nor
nigaud *m.* idiot, fool
noce *f.* wedding
noir(e) black
noix *f.* nut, walnut
nom *m.* name
nombreux, nombreuse numerous, many
nommer to call, name, appoint
non no
nord *m.* north
notre (*pl.* **nos**) *adj.* our
nôtre (le nôtre) *pron.* ours
nourrir to feed, nourish
nourriture *f.* food, nourishment
nous we, us, ourselves, to ourselves, each other, to each other, one another; **nous-mêmes** ourselves
nouveau, nouvelle new; **de nouveau** again
nouvel *see* **nouveau**
nouvelle *f.* piece of news; **de leurs nouvelles** news of them
noyer: se noyer to drown
nu(e) naked
nuage *m.* cloud
nuire to hurt, be harmful
nuit *f.* night
numéro *m.* number

obéir to obey
objet *m.* object, thing
obscur(e) obscure, dark
obtenir (*for forms, see* **tenir**) to obtain, get, achieve
occuper to occupy; **s'occuper de** to occupy (busy, trouble) oneself with
odeur *f.* smell, odor
œil *m.* eye; **donner des coups d'œil** look at
offert *p.p.* **offrir**
offrir (*for forms, see* **couvrir**) to offer
oignon *m.* onion
oiseau *m.* bird
ombre *f.* shade, shadow, darkness
on one, someone, we, you, they, people
ont *pres. ind.* **avoir**
onze eleven
opposition *f.* opposition; **faire opposition** to stop payment
or *m.* gold; **rouler sur l'or** to be rolling in money
orage *m.* storm
ordinaire ordinary, common, usual; **d'ordinaire** usually
oreille *f.* ear
orgueil *m.* pride
orthographe *f.* spelling
oser to dare
ôter to remove, take away
ou or
où where, when; *rel. pron.* in (to) which, to which, whither; **d'où** from where

oublier to forget
ouest *m.* west
oui yes
outil *m.* tool, instrument
ouvert *p.p.* **ouvrir**
ouverture *f.* opening
ouvrier *m.* workman
ouvrir (*for forms, see* **couvrir**) to open

pain *m.* bread
paisible peaceful
paix *f.* peace
palais *m.* palace
panneau *m.* panel
papier *m.* paper
paquebot *m.* liner
par by, through, in, on, out, of; **par jour** a day; **par la fenêtre** out of the window; **par là** that way; **par semaine** weekly
paradis *m.* Paradise
paraissait *imperf.* **paraître**
paraître (*pres. part.* **paraissant;** *p.p.* **paru;** *pres. ind.* **parais, parais, paraît, paraissons, paraissez, paraissent;** *pres. subj.* **paraisse, paraissions, paraissent;** *imperf.* **paraissais;** *imper.* **parais, paraissez, paraissons;** *fut.* **paraîtrai;** *p.s.* **parus**) to appear, seem; **il paraît que** apparently
parce que because
pareil, pareille such, like, similar, the same
parent *m.* parent, relative
paresseux, paresseuse lazy
parfait(e) perfect
parler to speak, talk
parmi among
parole *f.* word, speech
parrain *m.* godfather
part *f.* part, share; **à part** aside; **quelque part** somewhere
parti: prendre son parti to make up one's mind
partie *f.* part, portion; **la plus grande partie** most
partir (*pres. part.* **partant;** *p.p.* **parti;** *pres. ind.* **pars, pars, part, partons, partez, partent;** *pres. subj.* **parte, partions, partent;** *imperf.* **partais;** *imper.* **pars, partez, partons;** *fut.* **partirai;** *p.s.* **partis;** *p.c. with auxiliary* **être**) to leave; **partir devant** to start ahead
partout everywhere
paru *p.p.* **paraître**
parut *p.s.* **paraître**
pas *m.* step, pace
pas no, not; *see* **ne**
passager *m.* passenger
passant *m.* passer-by
passé *m.* past
passer to pass, spend (time); **passer un examen** to take an exam; **se passer** to take place, happen; **se passer de** to do without; **passez votre chemin** to go on your way
patois *m.* local dialect
patrie *f.* homeland, fatherland
patron *m.* boss
pâturage *m.* pasture
pauvre poor, wretched; *n.m.* poor person, beggar
payer to pay (for)
pays *m.* country
paysage *m.* landscape
paysan *m.* peasant
peau *f.* skin

pêche *f.* fishing
pêcher to fish
peine *f.* difficulty; **à peine** hardly, scarcely, barely; **faire de la peine** to hurt
peint(e) painted
peinture *f.* painting
pendant during, for; **pendant que** while
pendre (*pres. part.* **pendant;** *p.p.* **pendu;** *pres. ind.* **pends, pends, pend, pendons, pendez, pendent;** *pres. subj.* **pende, pendions, pendent;** *imperf.* **pendais;** *imper.* **pends, pendez, pendons;** *fut.* **pendrai;** *p.s.* **pendis**) to hang; **se pendre** to hang oneself
pénible painful, distressing
pensée *f.* thought
penser to think, reflect
percer: se percer to pierce
perdre (*pres. part.* **perdant;** *p.p.* **perdu;** *pres. ind.* **perds, perds, perd, perdons, perdez, perdent;** *pres. subj.* **perde, perdions, perdent;** *imperf.* **perdais;** *imper.* **perds, perdez, perdons;** *fut.* **perdrai;** *p.s.* **perdis**) to lose, undo, ruin; **perdre de vue** to lose sight of; **se perdre** to get lost; **se perdre en** to waste time in
perdrix *f.* partridge
père *m.* father
personne *f.* person; **ne... personne** nobody, no one
perte *f.* loss
peser to weigh
petit(e) small, little
pêtrole *m.* oil
peu little, few, not very
peuplier *m.* poplar tree
peur *f.* fear; **avoir peur** to be afraid; **faire peur** to frighten
peut-être perhaps, maybe
peux *pres. ind.* **pouvoir**
phare *f.* lighthouse
phrase *f.* sentence
pièce *f.* piece, coin, room; **pièce de théâtre** play
pied *m.* foot; **à pied** on foot
pierre *f.* stone
piller to ransack
pilule *f.* pill
pincer to nab
piquer to prick, stitch
piqûre *f.* injection, shot
pire worse, worst
pis worse, worst; **tant pis** too bad
pitié *f.* pity; **avoir pitié** to pity, have pity
placard *m.* closet
place *f.* place, square, job; **en bonne place** well placed
plaignait *imperf.* **plaindre**
plaindre (*pres. part.* **plaignant;** *p.p.* **plaint;** *pres. ind.* **plains, plains, plaint, plaignons, plaignez, plaignent;** *pres. subj.* **plaigne, plaignions, plaignent;** *imperf.* **plaignais;** *imper.* **plains, plaignez, plaignons;** *fut.* **plaindrai;** *p.s.* **plaignis**) to pity; **se plaindre** to complain, groan
plaine *f.* plain
plaint *pres. ind.* and *p.p.* **plaindre**
plaire (*pres. part.* **plaisant;** *p.p.* **plu;** *pres. ind.* **plais, plais, plaît, plaisons, plaisez, plaisent;** *pres. subj.* **plaise,**

plaisions, plaisent; *imperf.* **plaisais;** *imper.* **plais, plaisez, plaisons;** *fut.* **plairai;** *p.s.* **plus**) to please; **s'il vous plaît** (if you) please
plaise *pres. subj.* **plaire**
plaisir *m.* pleasure
plan: au premier plan in the foreground
planche *f.* board, plank
plancher *m.* floor
plaque *f.* plate, sheet
plâtre *m.* plaster
plein(e) full
pleur *m.* tear
pleurer to weep, cry
pluie *f.* rain
plupart: la plupart most
plus more; **le plus** most; **plus que** more than; **plus de** more than; **de plus** in addition, more, besides, moreover; **de plus en plus** more and more; **non plus** either, neither; **ne... plus** no longer, no more
plusieurs several
poche *f.* pocket
point *m.* point; **point du jour** daybreak
poisson *m.* fish
poitrine *f.* chest
politique *f.* politics
pont *m.* bridge, deck
porte *f.* door
porte-clefs *m.* turnkey, jailer
portefeuille *m.* wallet
porter to carry, bear, wear, bring
porteur *m.* bearer
portière *f.* door
poser to lay, put, place; **poser une question** to ask a question; **se poser** to land
posséder to possess
poudre *f.* powder
poulet *m.* chicken
pour for, to, in order to; **pour que** in order that, so that
pourquoi why
pourrai *fut.* **pouvoir**
pourrais *cond.* **pouvoir**
pourtant however
pousser to push, grow, drive; **pousser un cri** to scream, utter a cry
poussière *f.* dust
pouvoir *m.* power, might
pouvoir (*pres. part.* **pouvant;** *p.p.* **pu;** *pres. ind.* **peux (puis), peux, peut, pouvons, pouvez, peuvent;** *pres. subj.* **puisse, puissions, puissent;** *imperf.* **pouvais;** *fut.* **pourrai;** *p.s.* **pus**) can, may, be able; **il se peut** it may be
pratique practical
pré *m.* meadow
précédent(e) preceding, before
précis(e) precise, exact; **à six heures précises** at exactly six o'clock
prédire to predict
préfecture *f.*: **préfecture de police** police headquarters
premier, première first
prenais *imperf.* **prendre**
prendre (*pres. part.* **prenant;** *p.p.* **pris;** *pres. ind.* **prends, prends, prend, prenons, prenez, prennent;** *pres. subj.* **prenne, prenions, prennent;** *imperf.* **prenais;** *imper.* **prends, prenez, prenons;** *fut.* **prendrai;** *p.s.* **pris**) to take

(up, on), seize, catch, capture; **prendre garde** to take care, beware, heed; **prendre au mot** to take at one's word; **prendre au sérieux** to take seriously; **se prendre au sérieux** to take oneself seriously
prenne *pres. subj.* **prendre**
prénom *m.* first name
près near, nearly; **près de** near, almost, close
présenter to present, introduce; **se présenter** to introduce oneself
presque almost
pressé(e) in a hurry
presser to press, squeeze; **se presser** to hurry
pression *f.* pressure
prêt(e) ready
prétendre to claim, assert
prêtre *m.* priest
preuve *f.* proof
prier to pray, beg, ask
prière *f.* prayer
pris *p.p.* **prendre**
prisonnier *m.* prisoner
prit *p.s.* **prendre**
prix *m.* price, value; **à bas prix** at a low price, cheap
procès *m.* law suit
prochain(e) next
produire (*pres. part.* **produisant;** *p.p.* **produit;** *pres. ind.* **produis, produis, produit, produisons, produisez, produisent;** *pres. subj.* **produise, produisions, produisent;** *imperf.* **produisais;** *imper.* **produis, produisez, produisons;** *fut.* **produirai;** *p.s.* **produisis**) produce, create, cause
produisit *p.s.* **produire**
profond(e) deep, profound
profondeur *f.* depth
projet *m.* project
promenade *f.* walk, promenade; **faire une promenade** to take a walk
promener: se promener to take a walk
promesse *f.* promise
promettre (*for forms, see* **mettre**) to promise
promis, promit *p.s.* **promettre**
propager to spread, propagate
proposition *f.* proposal
propre own (preceding *n.*); clean (following *n.*)
protéger to protect
pu *p.p.* **pouvoir**
puis then, after
puis *pres. ind.* **pouvoir**
puisque since
puisse *pres. subj.* **pouvoir**
put *p.s.* **pouvoir**
pût *imperf. subj.* **pouvoir**

qu' = que
quand when; **quand même** anyway
quarantaine *f.* about forty
quarante forty
quart *m.* quarter, one fourth
quartier *m.* district, quarter
quatorze fourteen
quatre four
quatrième fourth
que *rel. pron.* whom, which, that; *inter. pron.* what?; *adv.* how! what! (*in exclamations*);

conj. that, than, as, whether, so, that; **ce que** what, that which, which; **ne... que** only
quel, quelle *adj.* what, which, what! what a...! (*in exclamations*)
quelque *adj.* some, a few, any
quelquefois sometimes
quelqu'un someone, somebody, anybody, anyone; **quelques-uns** some
qui *rel. pron.* who, whom, which, that; *inter. pron.* who?, whom? **ce qui** what, which, that which
quinze fifteen
quitter to leave
quoi *pron.* what, which; **quoi!** what!
quoique although, though

raconter to tell, relate
rage *f.* rage, fury, madness; **mettre en rage** to enrage, madden
raide stiff
raison *f.* reason; **avoir raison** to be right; **perdre la raison** to lose one's mind; become insane
ralentir to slow down, reduce, lessen
rallumer to light again
ramasser to pick up
ramener to bring back
rang *m.* rank, row, line
rangée *f.* row, line
rappeler to recall, call back; **se rappeler** to remember
rapporter to bring in
rassembler to gather
rassurer to reassure
rayon *m.* radius, ray; **rayon de lune** moonbeam
réaliser to carry out
récepteur *adj.* receiving; *n.m.* receiver (telephone)
recevoir (*pres. part.* **recevant;** *p.p.* **reçu;** *pres. ind.* **reçois, reçois, reçoit, recevons, recevez, reçoivent;** *pres. subj.* **reçoive, recevions, reçoivent;** *imperf.* **recevais;** *imper.* **reçois, recevez, recevons;** *fut.* **recevrai;** *p.s.* **reçus**) to receive
recharger to recharge, reload, load again
recherche *f.* search
rechercher to search, seek
reçois, reçoit, reçoivent *pres. ind.* **recevoir**
recommencer to start again, begin again
récompense *f.* reward
récompenser to reward
reconnaissable recognizable
reconnaissance *f.* gratitude
reconnaissant(e) grateful
reconnaissent *pres. ind.* **reconnaître**
reconnaissiez *imperf.* and *pres. subj.* **reconnaître**
reconnaître (*for forms, see* **connaître**) to recognize, admit
reconnu *p.p.* **reconnaître**
reconnut *p.s.* **reconnaître**
reçu *p.p.* **recevoir**
reculer to back up
reçut *p.s.* **recevoir**
redescendre to come (go) down again

redevenir (*for forms, see* **devenir**) to become again
redire (*for forms, see* **dire**) to repeat, say (tell) again
réduire to reduce
refermer to close again; **se refermer** to close up again
réfléchir to think about
refroidir to cool, get cold
regagner to go back, regain, recover
regard *m.* look, glance
regarder to look, concern; **cela me regarde** that concerns me
région *f.* region, area
règlement *m.* rule, regulation
régler to regulate, settle, adjust
regretter to regret, be sorry
reine *f.* queen
réjouir: se réjouir to rejoice
relever to pick up again; **relever de ses fonctions** to relieve from one's duties; **se relever** to rise again
relire to reread, read again
remarquer to notice, remark; **se faire remarquer** to get noticed
remède *m.* remedy, medicine
remercier to thank
remettre (*for forms, see* **mettre**) to put back again, replace, hand over; **remettre à l'endroit** put back on frontwards; **remettre en liberté** to set free
remis *p.p.* **remettre**
remit *p.s.* **remettre**
remonter to climb (up) again, go back up, come up again
remplacer to replace
remplir to fill
remuer to stir, move
rencontre *f.* meeting; **aller à la recontre** to go to meet
rencontrer to meet, encounter, hit (an obstacle)
rendez-vous *m.* appointment, meeting
rendormir: se rendormir (*for forms, see* **dormir**) to go back to sleep
rendre to give back, return, render, make
renoncer to give up
renseignement *m.* information
rentré(e) sunken
rentrée *f.* return
rentrer to go back in, come back, return, go back home
renvoyer to send back, dismiss
reparaître (*for forms, see* **paraître**) to reappear, appear again
répartir to distribute
reparu *p.p.* **reparaître**
repas *m.* meal
repasser pass again; **passer et repasser** go back and forth
repêcher rescue
répondre (*pres. part.* **répondant;** *p.p.* **répondu;** *pres. ind.* **réponds, réponds, répond, répondons, répondez, répondent;** *pres. subj.* **réponde, répondions, répondent;** *imperf.* **répondais;** *imper.* **réponds, répondez, répondons;** *fut.* **répondrai;** *p.s.* **répondis**) to answer, reply; **répondre de** to answer for
réponse *f.* answer, reply
repos *m.* rest

reposer to rest, lie; **se reposer** rest
reprendre (*for forms, see* **prendre**) to take back, take (up) again, seize again, recapture
représentation *f.* performance
reprirent *p.s.* **reprendre**
respiration *f.* breathing
respirer to breathe
rester to remain, stay (*p.c.* with auxiliary **être**)
retard *m.* delay; **être en retard** to be late
retenir (*for forms, see* **tenir**) to keep back, retain, hold back; **se retenir** to control oneself
retient *pres. ind.* **retenir**
retint *p.s.* **retenir**
retirer: se retirer to withdraw
retomber to fall back, fall back again, fall again
retour *m.* return
retourner to return, turn (again), go back; **se retourner** to turn round
retrouver to find again, recover; **se retrouver** to be again, find oneself
réunion *f.* meeting, gathering
réussir to succeed
rêve *m.* dream
rêver dream
réveil *m.* awakening
réveiller to awaken; **se réveiller** to awake, wake up
revenir (*for forms, see* **venir**) to come back, return
rêver to dream
reverrai *fut.* **revoir**
reviendrait *cond.* **revenir**
reviendriez *cond.* **revenir**
revient, reviennent *pres. ind.* **revenir**
revins, revint *p.s.* **revenir**
revivre come to life again
revoir (*for forms, see* **voir**) to see again; **au revoir** good-bye, see you
revu *p.p.* **revoir**
richesse *f.* wealth
rideau *m.* curtain, screen
rien nothing, anything; **ne... rien** nothing
rieur, rieuse smiling
rire (*pres. part.* **riant;** *p.p.* **ri;** *pres. ind.* **ris, ris, rit, rions, riez, rient;** *pres. subj.* **rie, ries, rie, riions, riiez, rient;** *imperf.* **riais;** *imper.* **ris, riez, rions;** *fut.* **rirai;** *p.s.* **ris**) to laugh; **rire de tout son cœur** to laugh heartily; *n.m.* laugh
rive *f.* bank
robe *f.* dress, gown
roc *m.* rock
rocher *m.* rock
roi *m.* king
roman *m.* novel
rond(e) round
rose *f.* rose
rose pink
rossignol *m.* nightingale
rôti(e) roasted; **poulet rôti** roasted chicken
roue *f.* wheel
rouge red
rougir to blush
rouler to roll
rouvrir (*for forms, see* **couvrir**) to open again
royaume *m.* kingdom
rue *f.* street

sa *see* **son**
sable *m.* sand
sac *m.* bag; knapsack
sachant *pres. part.* **savoir**
sache *pres. subj.* **savoir**
sain(e) healthy
sais *pres. ind.* **savoir**
saisir to seize
sale dirty
salle *f.* room, hall; **salle à manger** dining room; **salle de bain** bathroom
salon *m.* living room
saluer to greet
sang *m.* blood
sanglier *m.* boar
sans without; **sans que** without
santé *f.* health
Sarrasin *m.* Saracen
satisfaire (*for forms, see* **faire**) to satisfy
satisfait *p.p.* **satisfaire**
sauf except
saura *fut.* **savoir**
sauter to jump
sauvage wild
sauver to save; **se sauver** to escape, run off
savant *m.* scientist
savant(e) learned
savoir (*pres. part.* **sachant;** *p.p.* **su;** *pres. ind.* **sais, sais, sait, savons, savez, savent;** *pres. subj.* **sache, sachions, sachent;** *imperf.* **savais;** *imper.* **sache, sachez, sachons;** *fut.* **saurai;** *p.s.* **sus**) to know, know how, can, be able; **ne savoir que dire (faire)** not to know what to say (do); **faire savoir** to inform
scène *f.* stage
se himself, herself, itself, oneself, themselves, to himself, *etc.* to each other, one another
sec, sèche dry
sèchement curtly
sécher to dry; **se sécher** to dry oneself
secouer to shake
secours *m.* help; **au secours!** help!
seigneur *m.* lord
seize sixteen
séjour *m.* stay, sojourn
sel *m.* salt
selon according to
semaine *f.* week
semblable similar, like; *n.m.* fellow creature
semblant *m.* semblance; **faire semblant** to pretend
sembler to seem
semer to sow, spread
sentiment *m.* feeling
sentir (*pres. part.* **sentant;** *p.p.* **senti;** *pres. ind.* **sens, sens, sent, sentons. sentez, sentent;** *pres. subj.* **sente, sentions, sentent;** *imperf.* **sentais;** *imper.* **sens, sentez, sentons;** *fut.* **sentirai;** *p.s.* **sentis**) to feel, smell
sept seven
serai *fut.* **être**
serait *cond.* **être**
serrer to clasp, press, squeeze, clutch; **serrer la main** to shake hands
serrure *f.* lock
serviette *f.* napkin, towel
servir (*pres. part.* **servant;** *p.p.* **servi;** *pres. ind.* **sers, sers,**

sert, servons, servez, servent; *pres. subj.* **serve, servions, servent;** *imperf.* **servais;** *imper.* **sers, servez, servons;** *fut.* **servirai;** *p.s.* **servis**) to serve, be useful; **servir de** to serve as; **se servir** to help oneself; **se servir de** to use, make use of

serviteur *m.* servant

ses *see* **son**

seuil *m.* doorstep, threshold

seul(e) alone, single, only

seulement only, however, but

si if, whether, so

siècle *m.* century

sien, sienne (le sien, la sienne, *etc.*) his, hers, its

sifflement *m.* hiss

siffler to whistle

silencieux, silencieuse silent, quiet

sixième sixth

sœur *f.* sister

soie *f.* silk

soif *f.* thirst; **avoir soif** to be thirsty

soigner to care for, look after, attend to

soin *m.* care, attention

soir *m.* evening

soirée *f.* evening

sois *pres. subj.* and *imper.* **être**

soixante sixty

sol *m.* floor

solaire solar

soldat *m.* soldier

soleil *m.* sun

solide strong, solid

sombre dark, somber, gloomy, dismal

somme *m.* nap; **faire un somme** to take a nap

sommeil *m.* sleep; **avoir sommeil** to be sleepy

sommes *pres. ind.* **être**

son, sa, ses his, her, its

son *m.* sound

sonner to ring, strike, sound

sonnerie *f.* ringing, ring, sound of a bell

sonore loud, sonorous

sont *pres. ind.* **être**

sorcier *m.*, **sorcière** *f.* sorcerer (witch)

sorte: en sorte que so that

sortir (*pres. part.* **sortant;** *p.p.* **sorti;** *pres. ind.* **sors, sors, sort, sortons, sortez, sortent;** *pres. subj.* **sorte, sortions, sortent;** *imperf.* **sortais;** *imper.* **sors, sortez, sortons;** *fut.* **sortirai;** *p.s.* **sortis;** *p.c. with auxiliary* **être**) to go out, come out, leave, issue

sot *m.* idiot

sou *m.* cent (*rough equivalent; a sou is worth five centimes; the word is no longer in use*)

soucier: se soucier to care, worry about

soudain sudden

souffert *p.p.* **souffrir**

souffrir (*pres. part.* **souffrant;** *p.p.* **souffert;** *pres. ind.* **souffre, souffres, souffre, souffrons, souffrez, souffrent;** *pres. subj.* **souffre, souffrions, souffrent;** *imperf.* **souffrais;** *imper.* **souffre, souffrez, souffrons;** *fut.* **souffrirai;** *p.s.* **souffris**) to suffer

soulever to lift, raise up

soumettre (*for forms, see* **mettre**) to submit, subject, undergo
souper *m.* supper
soupir *m.* sigh
source *f.* spring
sourd(e) dull, muffled
sourire (*for forms, see* **rire**) to smile; *n.m.* smile
souris *f.* mouse
sous under
sous-lieutenant *m.* second lieutenant
souterrain(e) underground; *n.m.* underground passage
souvenir: se souvenir (*for forms, see* **venir**) to remember, recall
souvent often
soyez *imper.* and *pres. subj.* **être**
squelette *m.* skeleton
stupéfait(e) astonished, amazed
stupeur *f.* daze, amazement
su *p.p.* **savoir**
sud *m.* south
suffire (*pres. part,* **suffisant;** *p.p.* **suffi;** *pres. ind.* **suffis, suffis, suffit, suffisons, suffisez, suffisent;** *pres. subj.* **suffise, suffisions, suffisent;** *imperf.* **suffisais;** *imper.* **suffis, suffisez, suffisons;** *fut.* **suffirai;** *p.s.* **suffis**) to suffice, be sufficient
suis *pres. ind.* **être**
suis, suit *pres. ind.* **suivre**
suite *f.* succession; **tout de suite** at once, right away
suivant(e) following, according to
suivre (*pres. part.* **suivant;** *p.p.* **suivi;** *pres. ind.* **suis, suis, suit, suivons, suivez, suivent;** *pres. subj.* **suive, suivions, suivent;** *imperf.* **suivais;** *imper.* **suis, suivez, suivons;** *fut.* **suivrai;** *p.s.* **suivis**) follow
sujet *m.* subject; **au sujet de** on the subject of, about, concerning
supérieur(e) higher, superior
supporter to stand
supprimer to suppress, do away with, abolish
sur on, upon, over, above
sûr(e) sure
surprendre (*for forms, see* **prendre**) to surprise
surpris *p.p.* **surprendre**
surtout above all, especially
surveiller to watch (over), keep an eye on
sut *p.s.* **savoir**
sût *imperf. subj.* **savoir**

ta *see* **ton**
tabac *m.* tobacco
tableau *m.* painting
tache *f.* spot, stain
tant so much (many), so; **tant de** so many; **tant pis** too bad; **tant que** as long as
tapage *m.* racket
taper to type
tapisserie *f.* tapestry
tard late
tas *m.* heap, pile
te you, to (for, from) you, yourself, to yourself
teinte *f.* shade, tint

teinté(e) colored, tinted
teinter to tint, color
tel, telle, tels, telles as, such, so; **un tel** such a
téléphoniste *f.* operator
temps *m.* time, weather; **de temps en temps** from time to time; **à temps** in time; **il fait mauvais temps** the weather is bad; **en même temps** at the same time; **de mon temps** in my day
tendre (*for forms, see* **descendre**) to stretch, extend, spread; **tendre la main** to hold out one's hand
tenir (*pres. part.* **tenant;** *p.p.* **tenu;** *pres. ind.* **tiens, tiens, tient, tenons, tenez, tiennent;** *pres. subj.* **tienne, tenions, tiennent;** *imperf.* **tenais;** *imper.* **tiens, tenez, tenons;** *fut.* **tiendrai;** *p.s.* **tins**) to hold, keep, have, remain; **tenir bon** to stand firm; **tenez!** look here! now look!; **tiens!** look here! now look; **se tenir coi** keep still; **se tenir (debout)** to stand (up); **se tenir tranquille** to stand still, keep quiet
terrain *m.* soil, ground, field
terre *f.* land, ground, earth; **par/à terre** on the ground
tes *see* **ton**
testament *m.* will
tête *f.* head
tien, tienne (le tien, la tienne, les tiens, les tiennes) yours
tiendra *fut.* **tenir**
tiens *pres. ind.* and *imper.* **tenir**
tint *p.s.* **tenir**
tirer to draw, pull out, take out of, fire (gun); **se tirer** to escape, recover
tiroir *m.* drawer
titre *m.* title
toi you; **toi-même** yourself
toit *m.* roof
tomber to fall; **tomber sur** to come across, hit; **laisser tomber** to drop, let fall; **se laisser tomber** to drop (*p.c.* with auxiliary **être**)
ton, ta, tes your
tonnerre *m.* thunder; **coup de tonnerre** thunderclap
tort *m.* wrong; **avoir tort** be wrong
tôt early
toujours always; **toujours pas** still not; **pas toujours** not always
tour *f.* tower
tournant *m.* turn, bend
tout, tous, toutes, toutes *adj.* and *pron.* all, the whole, every, everyone, everything; *adv.* very, quite, entirely, wholly; **rien du tout** nothing at all; **pas du tout** not at all; **tout à coup** suddenly; **tout à fait** quite, wholly, completely; **tout à la fois** all at once; **tout de même** just the same; **tout le monde** everybody; **tous les deux** both; **tout en** + *gerund* while + *gerund*
toux *f.* cough
traîner to drag, crawl, wander, pull
traiter to treat
tranchant(e) sharp, cutting

tranquille quiet, still; **soyez tranquille** don't worry
tranquillité *f.* quiet, peace
travail m. work
travailler to work
travers: à travers across, through
traverser to cross, go (come) through
treize thirteen
treizième thirteen
tremblement *m.* quake
trente thirty
très very, quiet
tribunal *m.* court, tribunal
triste sad
tristesse *f.* sadness
trois three
troisième third
tromper to deceive; **se tromper** to be mistaken
tronc *m.* trunk
trône *m.* throne
trop too much (many), too
trotter: se trotter to run
trou *m.* hole
troublé(e) disturbed
troupeau *m.* flock, herd
trouver to find, judge, think; **se trouver** to be found, be, happen to be; **se trouver mieux** to feel better
tu you
tuer to kill
tuyau *m.* pipe

un, une *art.* a, an; *adj.* one; **l'un l'autre** each other; **les uns les autres** each other, one another
unième first
unir to unite
utile useful

va *pres ind.* and *imper.* **aller**
vague *f.* wave
vais *pres ind.* **aller**
valeur *f.* value, worth
valoir (*pres. part* **valant;** *p.p.* **valu;** *pres. ind.* **vaux, vaux, vaut, valons, valez, valent;** *pres. subj.* **vaille, valions, vaillent;** *imperf.* **valais;** *fut.* **vaudrai**) to be worth; **il vaut mieux** it is better, it is worth more
vase *m.* bowl, vase
vaudrait *cond.* **valoir**
vaut *pres. ind.* **valoir**
vécu *p.p.* **vivre**
vécut *p.s.* **vivre**
veille *f.* day (evening) before
veiller to watch, keep an eye on, take care
veilleur *m.* watchman
vendre (*for forms, see* **descendre**) to sell
venir (*pres. part.* **venant;** *p.p.* **venu;** *pres. ind.* **viens, viens, vient, venons, venez, viennent;** *pres. subj.* **vienne, venions, viennent;** *imperf.* **venais;** *imper.* **viens, venez, venons;** *fut.* **viendrai;** *p.s.* **vins;** *p.c.* with auxiliary **être**) to come; **venir de** + *inf.* to have just + *p.p.*
vent *m.* wind
ventre *m.* belly
venue *f.* coming, approach
vérité *f.* truth
verrai *fut.* **voir**

verre *m.* glass
vers toward, to, about
vert(e) green
veste *f.* jacket
vêtement *m.* garment; *pl.* clothes
vêtir to clothe, dress
veuille *pres. subj.* and *imper.* **vouloir**
veux, veut *pres. ind.* **vouloir**
viande *f.* meat
vicomte *m.*, **vicomtesse** *f.* viscount (viscountess)
vide empty
vider to empty
vie *f.* life
vieil *see* **vieux**
vieillesse *f.* old age
vieillir to get old
viendrai *fut.* **venir**
viendrais, viendrait *cond.* **venir**
vienne, viennes *pres. subj.* **venir**
vieux, vieil, vieille old, former; **mon vieux** old chap, pal
vif, vive alive, quick, lively
ville *f.* town, city
vin *m.* wine
vingt twenty
vint *p.s.* **venir**
vis *imper.* **vivre**
vis, vit, virent *p.s.* **voir**
vis, vit, vivent *pres. ind.* **vivre**
visage *m.* face
vite quick, fast
vitesse *f.* speed; **à toute vitesse** at full speed; **à grande vitesse** at a great speed
vivant(e) alive, living
vivement quickly
vivre (*pres. part.* **vivant;** *p.p.* **vécu;** *pres. ind.* **vis, vis, vit, vivons, vivez, vivent;** *pres. subj.* **vive, vivions, vivent;** *imperf.* **vivais;** *imper.* **vis, vivez, vivons;** *fut.* **vivrai;** *p.s.* **vécus**) to live, be alive
vivres *m. pl.* food
voici here is (are), that is, those are
voir (*pres. part.* **voyant;** *p.p.* **vu;** *pres. ind.* **vois, vois, voit, voyons, voyez, voient;** *pres. subj.* **voie, voies, voie, voyions, voyiez, voient;** *imperf.* **voyais;** *imper.* **vois, voyez, voyons;** *fut.* **verrai**) to see; **faire voir** to show
voisin(e) next, near-by, neighboring; *n.m.* neighbor (*f.* **voisine**)
voiture *f.* car, cart
voix *f.* voice; **à/d'une voix basse** in a low voice
vol *m.* theft
vol *m.* flight
voler to steal
voler to fly
volet *m.* shutter
voleur *m.* thief
volonté *f.* will power, will
vont *pres. ind.* **aller**
votre your
vôtre (le vôtre, la vôtre, les vôtres) yours
voudrai *fut.* **vouloir**
voudrais *cond.* **vouloir**
vouloir (*pres. part.* **voulant;** *p.p.* **voulu;** *pres. ind.* **veux, veux, veut, voulons, voulez, veulent;** *pres. subj.* **veuille, voulions, veuillent;** *imperf.* **voulais;** *imper.* **veuille, veuillez,**

veuillons; *fut.* **voudrai)** to will, want, wish, like; **vouloir bien** be willing; **vouloir dire** to mean; **je veux bien!** with pleasure!; **que voulez-vous!** what do you expect! what can you do!

voulut *p.s.* **vouloir**

vous you; **vous-même (vous-mêmes)** yourself (yourselves)

voyage *m.* trip, travel

voyageur *m.* traveler

voyant *pres. part.* **voir**

voyons *pres. ind.* **voir**

vrai(e) true, real

vu *p.p.* **voir**

vue *f.* view, sight; **frapper la vue** to strike the eye; **perdre de vue** lose sight

y there, at it, in it, to it, at them, to them; **il y a** there is (are); **il y a deux mois** two months ago; **il y a deux mois que je suis ici** I have been here two months

yeux *m. pl.* (**œil** *sing.*) eyes; **jeter les yeux** to glance; **ouvrir de grands yeux** open one's eyes wide, stare in astonishment

4 5 6 7 8 9